하모닉 이론

TECHNICAL ANALYSIS
HARMONICS

차트 분석의 새로운 패러다임
하모닉 이론

하모린 지음

주가의 흐름을 읽는
새로운 차트 분석법

HARMONIC PATTERNS IN THE STOCK MARKETS

피보나치 비율과 패턴을 사용해
시장의 잠재적 반전 지점을 파악하라!

원앤원북스

　이 책은 하모닉 이론에 대한 개념과 정의를 세우고 전반적인 내용을 실질적인 매매에 적용할 수 있도록 정리하는 데 초점을 맞추었다. 하모닉 패턴 구조의 측정을 살펴보고, 예측 가능한 잠재적인 변곡점을 제시한다. 그뿐만 아니라 다양한 상황에 대응할 수 있도록 전략을 제시하고, 미리 투자 계획을 세울 수 있도록 돕는다.

　하모닉 이론은 단순한 하모닉 패턴 식별을 넘어서서 실행, 관리에 이르기까지 진행되는 과정을 강조한다. 식별은 단순한 시작일 뿐이며, 실행 및 관리 영역에서의 판단이 모든 계획을 결정짓는 중요한 열쇠다.

　이론이라는 학문에 대한 이해는 단순하지 않으며, 이 모든 것은 시간과 연구, 훈련이라는 인고의 시간이 필요하다. 균일하게 적용되는 일관성 있는 이론만이 혼란을 최소화시킬 수 있다. 이 패턴은 자연의 법칙으로부터 파생된 피보나치 비율을 존중하며, 자연이 주는 유한한 한계 내에서 해답을 찾는다. 또한 모든 시간과 모든 시장에서 동일하게 적용 가능하다.

　현재 우리가 공부하고 있는 기술적 이론의 근간은 대부분 1900년대에 등장한 다우 이론을 바탕으로 구성되어 있다고 보아도 무방하다. 또한 이 이론은 전반에 걸쳐 추세의 중요성을 설명하고 있으며, 추세에 대한 이해는 어떠한 이론이든 상관없이 핵심이자 꼭 필요하다고 할 수 있다.

　또한 1900년대 정립된 여러 이론은 피보나치 비율을 바탕으로 좀 더 정확한 가격을 측정할 수 있도록 설계되어 있다. 이것은 필요에 의해 생겨났다. 측정할 수 없는 이론은 고도의 정밀을 요하는 실전 매매에서는 적용시키기 어렵기 때문이다. "피보나치 비율은 자연의 섭리이고, 세상 만물은 자연의 법칙을 따르며 금융 시장 또한 다르지 않다."라는 것이 전제 조건이다.

금융 시장에서 시장을 움직이는 것은 결국 수요와 공급이다. 결국 수요와 공급을 구성하고 있는 시장 참여자들이 주인공이다. 따라서 우리는 항상 심리에 대한 연구도 게을리해서는 안 된다. 유럽 증권가에서 유명한 앙드레 코스톨라니는 "나는 이 가르침을 잊어본 적이 없다. 모든 것은 공급과 수요에 달려 있다."라고 말하며 그의 모든 주식투자 이론은 여기에서 비롯되었다고 했다.*

또한 다우 이론의 창시자 찰스 다우는 시장의 주도 세력들조차 시장이 어떻게 될지 확실히 알지 못하며, 시장이 어떻게 움직일지 안다고 주장하는 주식 브로커가 있다면 그 사람은 전혀 믿을 가치도 없다고 했다.**

그럼에도 불구하고 미래를 예측하려는 이러한 기술적 분석은 왜 알아야 하는가? 기술적 분석은 미래를 예측하려고 하는 학문이 아니다. 많은 이가 기술적 분석을 공부함으로써 미래를 예측해 억만장자가 되는 꿈을 꾸기도 한다.

---

* 앙드레 코스톨라니 저/한윤진 역,『돈, 뜨겁게 사랑하고 차갑게 다루어라』 미래의창, 2015

** 찰스 다우 등저/박정태 역,『주가의 흐름』 굿모닝북스, 2010

그러나 필자는 기술적 분석은 미래를 예측하는 것이 아닌, 소중한 자산을 오래도록 지키기 위해 위험을 줄이기 위함이라 말하고 싶다. 기술적 이론을 이해하는 것은 굉장히 중요하며 공부는 필수라 생각한다.

왜 하모닉 이론 공부를 시작하려 하는가. 하모닉 이론으로 무엇을 얻으려고 하는가. 금융 시장에서 투자해 본인이 원하고자 하는 궁극적인 목표가 무엇인가에 대해 꼭 생각해 보길 바란다.

인생의 여정은 길다. 인생이란 살면서 많은 어려움과 시련을 만나게 될 수 있으며 반대로 살면서 좋은 기회들을 만나게 될 수도 있다. 투자에서도 마찬가지다. 투자라는 것을 너무 단편적으로만 생각하지 말고, 길게 시장을 바라보고 자신의 인생 사이클에 대한 계획과 목표를 세운 뒤 금융 시장에 뛰어들길 바란다.

금융 시장의 수많은 사업가는 이 투자로 얼마를 벌 수 있는지에 초점을 맞춘다. 대부분의 투자자들에게 자연스러운 사고의 과정이다. 그러나 여기서 간과되는 가장 중요한 한 가지 측면이 있다.

'이 투자로 얼마나 많은 것을 잃을 수 있는가.'

이것을 인지하는 것은 사실 굉장히 중요하다. 자산 관리는 투자 설계와 계획에 있어 가장 중요한 요소다. 금융 시장의 투자자는 '확실'이 아닌 '확률'의 관점에서 생각하는 법을 알아야 한다.

모든 일에는 용기가 필요하지만, 또 한편으로는 경계가 필요하다. 자금 관리와 기술적 이론 학문을 익히는 것은 다른 문제다. 둘 다 목표는 같다고 할 수 있다. 자산을 늘려 이루고자 하는 목표에 근접해 그 상태를 지속할 수 있는 삶을 꿈꾸는 것이다. 그러나 세상 그 어떠한 기술적 이론도 완벽할 수 없으며, 그 어떠한 논리도 세상 만물의 이치를 꿰뚫어 볼 수 없다. 그렇기 때문에 자산 배분과 자금 관리 방법에 대한 연구를 병행하길 바란다.

프랑스의 철학자 조제프 주베르(Joseph Joubert)는 "가르치는 것은 두 번 배우는 것이다(To teach is to learn twice)."라고 했다. 필자는 이 책을 집필하는 과정에서 많이 배우며 스스로 성장할 수 있는 계기가 되어 기쁘게 생각한다. 또한 이 이론에 대한 연구를 계속할 수 있었던 것은, 하모린을 응원해주는 수많은 분에 대한 고마움에서 우러나오는 책임감이었던 것 같다. 이 책이 세상에 나오기까지 도와주신 많은 분에게 진심으로 감사하다는 말을 전하고 싶다.

하모린

목차

서론 하모닉 이론에 대하여

1장 하모닉 패턴 시작하기

2장 하모닉 제1단계: 식별

3장 하모닉 제2단계: 실행

4장 뱀 이론에 대하여

5장 하모닉 제3단계: 관리

결론 하모닉스(HARMONICS)

HARMONICS

서론

하모닉 이론에 대하여

서론

하모닉 이론이란 무엇인가

추세

•

하모닉 이론은 하모닉 패턴으로 주가의 반전 영역을 측정해, 추세 변환의 변곡점을 잡아내는 기술을 바탕으로 만들어졌다. 하모닉 패턴 구조는 과거의 역사를 바탕으로 미래의 예측 가능한 결과를 가정해보고, 기대되는 상황에 대한 가격의 움직임을 일관성 있고 객관성 있게 잡아낼 수 있다. 즉 하모닉 패턴은 자연의 흐름 속에 추세 변화 지점을 정의하는 중요한 변곡점을 제공하며, 자연의 유한성을 포함하고 있다. 중요한 변곡점에 대한 단편적인 예를 든다면, 흔히 말하는 대상승장이 오기 전의 눌림목 자리를 찾아 큰 수익을 얻을 수 있는 지점, 그 영역을 찾는 전략과 대응 및 관리 기술이 포함된다 할 수 있다.

하모닉 패턴은 가격 흐름 추세의 반전을 나타낼 수 있는 가능성이 높은 PRZ를 식별하기 위해 파동의 피보나치 비율을 계산하는데, 주가의 가격과 흐름은 '반복성을 가지는 보편적인 자연의 법칙'을 동일하게 따르며, 하모닉 패턴 또한 이러한 자연의 현상을 따르고 반복성이 있다는 전제하에 만들어졌다. 반전 가능성 있는 하모닉 패턴들을 식별 후, 가격의 흐름을 파악해 올바르게 판단하는 것이 이 이론의 핵심이라 할 수 있다. 또한 반드시 기억해야 할 점은 이 이론은 결국 시장 참여자들의 수요와 공급이라는 심리 속에서 발생되는 지지 또는 저항의 영역을 바탕으로 추세를 읽고 판단하는 것이다. 지지와 저항, 추세에 대한 올바른 이해가 가장 중요하며, 결국 '추세'가 핵심이다.

피보나치(Fibonacci)

•

하모닉의 기원을 제시한 사람은 월스트리트의 유명한 금융가였던 해럴드 M. 가틀리(Harold M. Gartley, 1899~1972)다. 그의 저서『주식 시장의 이익(Profits in the Stock Market)』(1935)에서 처음으로 하모닉 패턴의 기원과 매매 원리를 제시했다. 그러나 하모닉의 기원이 된 패턴에서, 현재 하모닉 이론에서 주된 구성 요소인 피보나치 비율이 제시된 것이 아니다.

오늘날 우리가 사용하고 있는 하모닉 패턴은 중세 시대의 위대한 수학자였던 레오나르도 피보나치(Leonardo Fibonacci, 1170~1250 추정)가 제시한 피보나치수열을 따른다. 엘리어트 파동 이론으로 유명한 랠프 넬슨 엘리어트(Ralph Nelson Elliott, 1871~1948)는 그가 남긴 마지막 저서『자연의 법칙-우주의 신비(The Nature's Law-The Secret of the Universe)』(1946)의 '4장 인간 활동의 특성'에서 인간의 활동에는 모양(패턴), 시간 및 비율이라는 3가지 특성이 있으며, 각 특성은 피보나치의 숫자 시퀀스를 따른다는 것을 강조했다.

가틀리가 초기의 하모닉 패턴의 틀을 제시한 이후 하모닉 연구를 왕성하게 펼친 대표적인 선구자들은 브라이스 길모어(Bryce Gilmore), 래리 페사벤토(Larry Pesavento), 윌리엄 가렛(William Garrett), 스콧 카니(Scott Carney) 등이 있다. 그들의 연구로 하모닉 패턴은 애매모호한 영역이 아닌 정확한 수치를 재어 일관성 있게 활용할 수 있도록 피보나치 비율이 입혀지게 되었고, 여러 패턴으로 세분화되었다.

　브라이스 길모어는 그의 저서『시장의 기하학(Geometry of Markets)』(1989)에서 피보나치수열에 입각한 자연적 법칙을 연구해 이를 주가의 변화 법칙에 대입시켰다. 래리 페사벤토는 그의 저서『패턴 인식을 사용한 피보나치 비율(Fibonacci Ratio with Pattern Recognition)』(1997)을 통해 피보나치 비율로 가틀리의 패턴을 개선했으며, 트레이딩(Trading)하는 법에 대한 이론을 확립했다고 밝혔다. 하모닉 이론의 선구자 중 가장 활발한 활동을 펼치고 있는 스콧 카니 역시 피보나치 비율의 중요성을 강조하며, 연구 저서에 이렇게 글을 남겼다.

　　피보나치 측정의 분석을 금융 시장에 적용했을 때, 이것은 트레이딩의 자연적인 순환 성장 한계에 대한 가격 작용 범위를 정의할 수 있다.
　　　　　　　-스콧 카니,『하모닉 트레이딩 1(Harmonic Trading vol.1)』(2004)

　그리하여 현재 우리가 흔히 부르는 하모닉 패턴 이론은 피보나치수열로 측정되는 비율을 이용해 특정 구조 인식을 하고 이 식별된 패턴을 활용하도록 설계되어 있다.

하모닉 트레이딩을 위해 알아야 할 것

하모닉 트레이딩의 정의

•

하모닉 연구가로 가장 활발한 활동을 펼치고 있는 스콧 카니는 하모닉 트레이딩를 이렇게 정의했다.

> 하모닉 트레이딩은 하모닉 패턴을 정량화하고 검증하는 뚜렷한 연속적인
> 피보나치 비율 정렬을 갖는 특정 구조의 인식을 활용하는 방법론이다.
> -스콧 카니, 『하모닉 트레이딩 1』(2004)

초기의 가틀리가 제시한 형태만으로는 실전 매매에서는 정확성이 매우 떨어지기 때문에 현실적으로 대입하기 매우 어려웠다. 이에 하모닉 선구자들에게는 하모닉 이론에 피보나치 비율을 입혀 정확한 수학적 근거를 바탕으로 좀 더 정밀한 매매를 할 수 있게끔 패턴을 발전시키는 것은 피할 수 없는 과제였다. 이 패턴의 기원에 자연 순환의 이론이 담긴 피보나치 비율을 결합해 지금의 하모닉 패턴 구조의 틀을 마련했고, 시간이 흘러감에 따라 자연스레 세분화 및 전략화되었다. 그중 스콧 카니는 이를 패턴에 그치지 않고 더욱 발전시

켜 명확한 가능성을 총체적으로 제시하는 하나의 종합적인 측정 접근법의 필요성을 느꼈다. 그리하여 20년 이상의 연구 결과 끝에 초기 개념을 확장시켰고, 패턴 식별 후 실행 및 관리 전략까지 연결되는, 포지션 진입부터 포지션을 정리할 때까지 하나의 이론으로 일관성 있게 해결할 수 있도록 통합된 이론을 제시했다.

시장의 역사에 대한 기본적인 인식은 모든 방법론의 중요한 기반이다. 이 패턴이 수년간 크게 성장했다는 것은, 그만큼 이 이론의 틀이 잘 정립되었고 어느 정도 신뢰성을 정확하고 또렷하게 입증했음을 나타낸다. 모든 방법론이 동일하겠지만, 이 패턴에는 반전의 지점을 잡을 때, 어떠한 가격 흐름을 설명할 수 있는 측정 매개 변수가 발생해야 한다. 또한 여러 가지 요소를 복합적으로 고려해 패턴 구조에 대한 평가를 보다 구체적으로 분석해야 하는 것은 매우 중요하다. 모든 상황이 생각처럼 흘러가지 않을 수 있으므로, 언제나 균형 잡힌 사고방식과 일관성을 가지는 매매 원칙이 필요하다.

하모닉 패턴 식별 전략의 이점은 바로 여기에 있다. 각 패턴에는 고유한 설정 비율이 있다. 어떠한 상황에도 하모닉 패턴은 일관되게 비율의 상대적인 측정에 따라 나타난다. 또한 이 이론의 모든 기법은 모든 시간, 모든 시장에서 동일한 방식으로 적용된다. 일관성은 훌륭한 매매(Trading) 전략에 있어 매우 중요하며, 이 일관성을 활용할 수 있게끔 총괄적인 이론 전략에 대한 전반적인 이해는 필수다.

하모닉 이론에 대한 올바른 이해

•

이 이론을 실질적으로 사용하려 한다면, 패턴 식별뿐 아니라 전반적인 3가지 단계의 과정과 본질에 대해 이해해야 한다. 패턴은 꽤 정확하지만 이 기회를 성공적으로 완료하기 위해선 반드시 현실적으로 합리적인 근거들이 있어야 한다. 이 이론에 도전하는 사람 중 일부는 대표적인 잘못된 상식 중 하나인, 패턴이 식별된다면 매번 반대 추세로 엄청난 가격 흐름을 보여줄 것이라는 막연한 기대를 가진 채 입문하기도 한다. 패턴은 피보나치 비율에 따라 일관성 있게 식별되는 영역일 뿐이며, 이후의 단계가 트레이더의 역량이 발휘되는 이 이론의 진정한 꽃이다.

스콧 카니는 패턴 식별을 넘어 이후 패턴 실행 영역에서의 분석과 판단, 관리에 이르기까지 트레이딩의 전반에 걸쳐 총괄적인 방법론을 제시했다. 패턴이 식별되었다 해서 언제나 그 패턴대로 반전하는 것이 절대적으로 아니다. 우리는 패턴의 완료 영역을 의미하는 PRZ(Potential Reversal Zone)의 의미에 대해 깊게 생각해보아야 한다.

PRZ라는 것은 잠재적인(Potential) 반전(Reversal) 영역(Zone)이다. 즉 잠재적이라는 말은 어디까지나, 패턴 이후 추세가 반전할 가능성이 있다는 것을 내포하고 있다는 뜻일 뿐이다. 모든 경우의 수에 동일하게 반전할 것이라 단정 지어선 절대로 안 된다. 단정 짓는 순간, 이 패턴 이론은 쓸모없어진다. 이것을 이해하는 것은 매우 중요하므로 반드시 기억해야 한다.

하모닉 트레이딩의 세 단계*

•

하모닉 이론을 효과적으로 사용하기 위해선, 다음과 같은 세 단계의 방식을 꼭 거쳐야 한다.

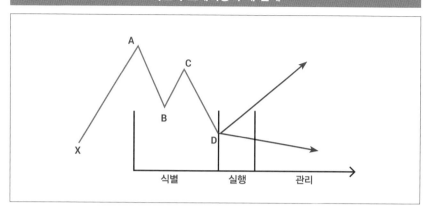

하모닉 트레이딩의 세 단계

식별   실행   관리

식별(Identification)

하모닉 패턴은 과거로부터 입증된 역사의 반복성에 의해 이루어진 결과물들로 되어 있다. 규칙에 따라 일관성 있게 패턴을 식별하는 이 단계를 통해, 잠재적인 추세 반전의 기회를 생각해볼 수 있다. 패턴은 이후 반전 유무에 상관없이 일관성 있는 규칙과 정해진 규격에 따라 식별된다. 개인의 의견을 가지고 만들어 낼 수 있는 것이 아님을 다시 한번 강조한다.

실행(Execution)

패턴이 완성되었다면, 그 패턴의 반전 실행 유무를 판단해야 한다. 1단계의 완성은 단지, 자연의 유한성 내에 찾을 수 있는 반전 가능성이 식별된 상태인 것이다. 2단계에서 비로소 추세 반전의 가능성이 있는 지점에서 패턴의 반전

---

*   Scott Carney, The Harmonic Trader, 1999, HarmonicTrader.com, L.L.C.

실행 유무를 결정한다. 올바르게 패턴이 식별되었으나 최종 평가가 방법론에 따라 나오지 않는다면, 패턴의 반응에 대해 재고해 보아야 한다. 실행 단계는 3단계 중 가장 짧은 시간에 형성되고, 빠른 시간 내에 정확한 판단을 요구한다. 그리고 가장 고도의 집중력이 필요한 단계다.

관리(Management)

2단계까지 진행이 잘 되었다면 마지막 단계가 남아 있다. 3단계의 목표는 관리를 통해 손실은 최소화하면서 이익을 극대화시키는 것에 있다. 거래의 마무리를 성공적으로 마칠 수 있도록 거래 및 자금을 관리해야 한다.

이 이론이 제시하는 반전 지점은 확정적인 것이 아니라 가능성이 있는 잠재적인 영역을 나타내며, 반드시 이 세 단계를 함께 생각하고 훈련을 통해서 전략과 함께 상황에 맞게 사용해야만, 비로소 올바른 이해를 할 수 있으며 반쪽짜리가 아닌 온전한 하모닉 이론을 활용하게 되는 것이다.

하모닉 이론의 장단점

하모닉 이론의 장점

•

하모닉 패턴은 이전의 가격 움직임을 비교해 미래의 기회를 측정하기 위한 접근법을 제시하고, 특정한 하모닉 패턴으로 확인된 구조들은 잠재적인 가격 움직임을 제공하며, 핵심 반전을 활용할 기회를 제공한다. 또한 변곡점을 이용해 미리 전략을 세울 수 있도록 도와준다. 선행성이 있어 계획을 미리 세울 수 있다는 것은, 트레이더들에게 매력적인 부분이라 할 수 있으며, 하모닉 패턴들은 자연의 법칙을 바탕으로 한 피보나치수열을 사용해 일관성 있게 어느 정도의 정확한 가격 수준을 제공하고, 신뢰도 있는 가격 진입, 손절 및 목표 정보를 제공해 준다. 이러한 이유로 많은 사람이 하모닉 이론을 찾는다 할 수 있다.

하모닉 이론을 공부하면 어떠한 점이 좋은가에 관한 질문은 많은 사람이 생각하고 있는 보편적인 물음이다. 대표적인 장점을 소개하면 다음과 같다.

- 하모닉 이론은 미래의 가격 흐름을 예상할 수 있는 선행성이 있다.
- 가능성 있는 핵심 반전 지점에 대한 전망을 구체적으로 제시한다.

- 하모닉 패턴들은 피보나치 비율로 규격화되어 있어, 객관성을 유지한다.
- 자연의 법칙을 따르며 모든 시간대와 모든 시장에서 사용할 수 있다.
- 거래의 시작부터 종료까지 단계별로 수치화되어 있어, 계산해 사용하기 용이하도록 설정되어 있다.

하모닉 이론의 주된 논리는 '피보나치 비율의 상관관계로 제시된 5개의 XABCD점을 통해 시간, 비율, 가격의 균형을 추종하는 움직임'이라는 것이다. 이 기본적인 개념을 바탕으로 고점, 저점에 따른 반전 지점, 가격 행동의 되돌림과 확장까지 연결된다. 또한 핵심 반전의 가격이나 긴 추세의 변곡점을 어느 정도 구체적으로 나타내기 때문에 오늘날 많이 사용되고 있다.

하모닉 이론의 단점

•

하모닉 이론의 단점은 전반적인 단계에 걸쳐 기술적 분석학의 다양한 이론에 대한 어느 정도 사전 지식이 요구되어 진입 장벽이 높을 수 있다는 것이다. 또한 이를 위해서는 훈련과 경험의 반복을 통한 인내심이 요구되며, 이 이론이 제시하고 있는 통찰력을 전반적으로 이해해야 한다. 예를 들어 RSI 뱀(BAMM) 이론 같은 경우, RSI에 대한 기본적 지식을 요구하며 관리 단계의 추세선을 긋는 부분도 기본적으로 추세라는 개념에 대한 이해가 필요하다.

또 다른 단점으로는 하모닉 패턴들이 진화라는 이름으로 끊임없이 창조되고 있다는 것이다. 그러나 이 패턴 중 대부분은 누가 만들었는지조차 알기 어려울 때도 있으며, 무분별한 사용은 오히려 역효과가 날 수도 있다. 그러므로 어디서부터 어디까지 신뢰해야 할지가 정확하지 않으며, 새로 나온 패턴들에

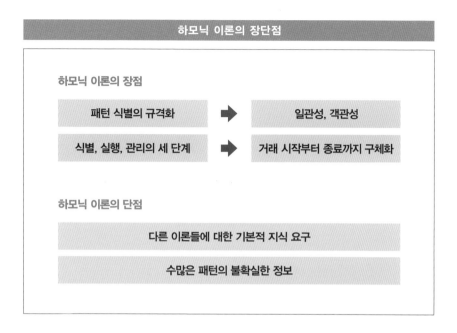

하모닉 이론의 장단점

하모닉 이론의 장점

| 패턴 식별의 규격화 | ➡ | 일관성, 객관성 |

| 식별, 실행, 관리의 세 단계 | ➡ | 거래 시작부터 종료까지 구체화 |

하모닉 이론의 단점

다른 이론들에 대한 기본적 지식 요구

수많은 패턴의 불확실한 정보

대한 정확한 연구 결과 정보 또한 수집하기가 어렵다. 그러므로 최소한의 기준을 세워야 하며, 본인만의 기준과 철학이 있어야 할 것이다. 무엇보다도 패턴은 식별의 영역이며 이론의 시작 단계일 뿐이다.

하모닉 패턴을 이해하기 위한 준비

자연의 순환 법칙

•

하모닉 패턴을 이해하기 위해서는 자연이 주는 유한한 한계성을 이해해야 한다. 자연에는 일정한 주기를 지닌 반복되는 순환 흐름이 있다. 금융 시장도 자연의 일부임을 인정하고, 자연이 가진 흐름이 있는 것처럼 금융 시장에서의 흐름도 일정한 주기를 지녔으며 반복성이 있다는 사실을 전제로 받아들여야 한다.

물론 경제 시장 분석의 효용성에 대해서는 다양한 견해가 있다. 미국의 경영학자인 나심 니콜라스 탈레브(Nassim Nicholas Talab)의 저서 『블랙스완(Black Swan)』(2007)에서는 흥미로운 견해를 발견할 수 있다. 세상에는 전혀 예상할 수 없던 큰 사건이 실제로 발생하면, 질서가 재편되거나 패러다임을 바꿀 수 있는데, 이러한 상황은 전혀 예측하지 못한 변동에 의해 야기되며, 사건 발생 후 사후적으로 원인에 대해 서로 앞다투어 분석하지만, 정작 다음번의 새로운 블랙스완이 언제 어떻게 나타날지에 대해서는 그 누구도 전혀 예측할 수 없기 때문에 무의미하다는 비판적 시각을 가진 이론이다. 더불어 그는 '블랙스완 투자 전략'이라 부르는 새로운 흥미로운 전략을 제시하는데, 이것은 자신의 자금의 90%는 안전한 곳에 넣어 보수적인 투자를 하고, 나머지 10% 자금은 공격적인 투자를 하는 전략을 말한다. 위험하지만, 한번 발생하면 크나큰 폭풍이 발생하므로 큰 이익을 줄 수 있다는 것이다.

하모닉 이론을 이해하려면 우리는 자연이 주는 유한성을 인정하고 이 안에서 일어나는 법칙을 존중해야 한다. 그러므로 그 과정에서 동일하게 반복적으로 나타나는 하모닉 패턴 비율의 중요성을 깨닫고 받아들여야 하며, 이 이론에서는 자연의 유한성을 인정하므로 모든 흐름을 판단하는 것이 아니라, 자연이 주는 한계에 따라 패턴을 식별해 자연적인 수준의 위반으로 손절 값 등을 정할 수 있다는 것이다.

본질적으로 트레이딩에서는 일관된 규칙을 정하고, 그 규율을 정확하게 따르는 일관성 있는 거래 방식을 구사해야만 한다. 그렇기 때문에 구체화 및 표준화된 측정 기법은 꽤 정확한 수준을 표시해 어느 정도 기계적인 거래가 가능하게 해주며, 이렇게 제시된 현실적인 기대치는 예상치 못한 상황에서 대처하기 용이하게 해준다. 패턴 완성 이후 어떠한 요소가 자연적인 한계 내에서 결정적으로 중요한지, 흐름을 읽는 전략 또한 중요하다 할 수 있다.

하모닉 이론의 핵심은 자연의 반복되는 순환 구조가 금융 시장에도 동일하게 적용되며, 하모닉 규칙을 통해 이 현상을 분석하는 것이다. 하모닉 이론은 어떠한 환경의 시장이든 어떠한 시간이든 동일하게 적용되며, 이러한 환경적인 조건에서도 시장의 가격 행동을 이해할 수 있는 전략의 틀의 필요성에 의해 만들어졌다. 그러므로 모든 금융 시장, 모든 시간 프레임에서 동일하게 일관성 있게 적용된다.

하모닉스(HARMONICS)

•

하모닉 패턴에 대한 연구와 진화는 날이 갈수록 발전되고 있다. 하모닉 패턴에서 시작해, 하모닉 패턴을 다듬고 실질적인 전략을 담아낸 세 단계, 그리고 하모닉 패턴에서 추가된 개념인 뱀(BAMM) 이론까지, 이러한 연구와 전략들은 오늘날 금융 시장에서 하모닉스라는 새로운 개념으로 불리며 하나의 이론이 되었다.

시장에서는 균일한 측정을 일관되게 적용할 수 있는 표준화된 규칙 기반의 접근법을 따르는 것이 필수적이다. 수많은 연구가는 이러한 방법론의 기반을 다지는 동시에 개선시키기 위한 많은 노력을 했으며, 하모닉 패턴에 대한 현실적인 기대를 가지고 실질적으로 실행시키기 위해, 균형 잡힌 구조를 좀 더 정교하게 다듬어 왔다.

지속적으로 성공을 지켜낼 수 있는 트레이딩이라 함은 예상 가능한 반복성 있는 움직임 내에서 시도되어야 한다. 이러한 이유로 하모닉 이론은 꾸준히 성장해왔고, 미래의 가능성 있는 결과를 예측하고 상황에 대한 정확한 기대 설정이 가능하며, 가격 움직임의 잠재적인 기회 윤곽을 구체적으로 그려준다.

이 방법론의 열쇠는 패턴 완성 시에 어떠한 요소들이 결정에 중요하며, 이후 기회를 최적화시키기 위해 어떤 요소가 중요한 단서를 제공하는지, 어떻게 영향을 미치는지를 알아야 한다. 사실 이 이론은 본질적으로, 시장은 기술적 분석으로 정확하게 분류될 수 있다는 이해에서 시작되어 나날이 발전하고 있으며, 자연의 법칙이 제시해주는 한계 내에서 식별할 수 있는 유한한 기회를, 하모닉 패턴의 판별을 통해 금융 시장의 상황을 판독하고 거래할 수 있도록 되어 있다. 볼린저 밴드(Bollinger Band)로 유명한 기술적 분석가인 존 볼린저

(John Bollinger)는 "이론 분석에는 크게 기술적 분석, 기본적 분석, 그리고 이 두 가지를 모두 존중해 그 교집합 점을 찾는 합리적 분석이 있다."라고 했다.* 물론 이 분석들 사이에 예기치 못한 뉴스에 대한 것은 예외로 남아 있을 수도 있다. 하모닉 이론을 이해하기 위해선 반드시 패턴의 비율 판별과 측정에만 초점을 두는 것이 아닌, 금융 시장에 적용된 총체적인 자연의 과정을 이해하는 데에 초점을 맞춰야 할 것이다.

시장의 여러 가지 가능성에 대한 열린 자세와 균형 잡힌 사고방식을 유지하고, 이론에 대한 사전적인 이해뿐 아니라 통찰력을 잘 파악해, 거래 시작부터 완료까지 제시하는 이 종합적인 접근법으로 성공적인 투자의 길을 만들어 나가길 바란다.

---

*   John Bollinger, Bollinger on Bollinger Bands, 2001, McGraw-Hill Companies Inc.

HARMONICS

1장

하모닉 패턴
시작하기

하모닉 패턴의 기원

기술적 분석의 기원

•

오늘날의 기술적 분석학(Technical Analysis)의 대부분은 1900년대부터 퍼져나간 기술적 분석학을 따른다. 이 분야는 1900년대에 미국의 월스트리트(이후 월가)를 중심으로 유행하며 발전하게 되었으며, 당시의 여러 학문은 후세대의 지속적인 연구를 통해 현대까지 이어지고 있다.

물론 기술적 분석학의 시초가 1900년대에 발생한 것은 아니다. 기술적 분석은 고대부터 원시적인 형태로 존재해왔다고 하며, 고대 그리스 시장에서도 보였다고 한다. 17세기 네덜란드 시장에 대한 조셉 드 라 베가(Joseph de la Vega)의 설명에서 기술적 분석의 실마리가 있다. 그가 1688년에 쓴 저서는 현대 기술 분석을 위한 지침이 되었다. [*]

아시아에서 가장 오래된 기술적 분석의 예는 18세기 초로 거슬러 올라간다. 일본 에도 시대의 쌀 거래로 경제를 뒤흔들며 거래의 신[**]이라 불리던 초기 행동 경제학자인 혼마 무네히사(Honma Munehisa)는 분석가들의 주요 차트

---

[*]   Joseph de la Vega, Confusion de Confusiones, 1688
[**]   혼마 무네히사 저/이형도 편저, 『거래의 신, 혼마』, 이레미디어, 2008

도구인 캔들 차트를 개발했다. 또한 그는 다양한 기술적 패턴을 설명했다. 추세와 반전이 시장 행동을 반영한 인간의 감정과 관련이 있다고 했으며, 캔들 차트로 사람의 심리와 시장의 에너지를 표현했다. 무엇보다도 이익을 얻기 위해서는 치밀한 전술과 서두르지 않는 거래의 중요성을 강조했다.[*]

기술적 분석학의 아버지 '찰스 다우'

이후 1900년대가 지나서 월가에서는 기술적 분석학이 유행하기 시작하는데, 이 역사의 중심에 찰스 다우가 있다. 1900년대의 기술적 분석학의 뿌리는 찰스 다우로부터 시작되었다 해도 과언이 아니다. 1851년에 태어난 찰스 다우는 기술적 분석의 근간을 세운 인물이다. 그는 찰스 다우의 '다우(Dow)'와 그의 친구 에드워드 존스(Edward Davis Jones)의 '존스(Johns)'의 이름으로 세운 경제 뉴스 통신사 다우존스앤컴퍼니(Dow Jones & Company)의 설립자이며, 〈뉴욕타임즈〉 〈워싱턴 포스트〉와 함께 미국의 3대 신문 중 하나로 손꼽히는 〈월스트리트 저널(The Wall Street Journal)〉의 창간자다.

사업의 시작은 미약했으나, 뛰어난 글솜씨와 탁월한 분석으로 그의 칼럼은 엄청난 인기를 끌게 되었고 그의 사업은 나날이 번창했다. 다우의 분석은 시장에서 12개의 우량 기업을 선별해 주가의 평균 값을 산출해 분석했는데, 이는 나스닥, S&P와 함께 현재 미국의 3대 지수 중 하나인 다우 존스 지수로 이어지게 되었다. 오늘날의 다우 지수는 미국의 증권 거래소에 상장된 30개의 우량 기업 주식 종목들로 구성되어 있다.

다우가 사망한 뒤 〈월스트리트 저널〉의 편집장 윌리엄 해밀턴(William Peter

---

[*]   The candlestick trading bible, 2020

Hamilton)과 로버트 레아(Robert Rhea) 등은 그의 분석학을 연구해 다우 이론(Dow Theory)이라 명명했고, 다우 이론은 현대 기술적 분석학의 고전적인 기본서가 되었다.

다우 이론에서 가장 중요한 핵심은 '추세(Trend)'다. 다우 이론[*] 은 여러 전략을 서술하는데 대부분 추세의 흐름에 대한 이해에 그 초점이 맞춰져 있다. 다우가 제시한 3가지 주가 흐름과 박스권의 중요성, 이중 천장(Double Top)과 이중 바닥(Double Bottom)

기술적 분석학의 아버지 '찰스 다우'

에 관한 내용은 다우 이론의 대표적인 추세 추종 전략이다.

많은 후세대 연구가들은 이를 발전시켜 독창적인 이론들을 발표하기도 했는데, 그들의 이론들은 앞서 말한 이유로 찰스 다우로부터 받은 영향이 고스란히 나타난다. 즉 대부분의 이론은 다우 이론에서 중요시하게 다루어진 '추세', 그중에서도 추세 파악 또는 예측이 기본 개념과 과제로 자리 잡고 있다. 이 이론을 바탕으로 1930년대에는 엘리어트 파동이론(Elliott Wave), 1935년에는 갠(W. D. Gann)의 기하학 이론이 발전했으며, 하모닉 패턴의 뿌리를 세운 가틀리(H. M. Gartley)는 『주식 시장의 이익』(1935)이라는 책을 통해 추세와 거래량에 대한 기술적 분석 저서를 남겼다. 또한 이 책은 하모닉 패턴의 기원이 되는 패턴을 제시해 오늘날 하모닉 이론을 정립할 수 있는 근간을 마련했다.

---

[*]   로버트 레아 저/박정태 역, 『다우 이론』, 굿모닝북스, 2005

"주가의 흐름은 일단 방향을 정하면 주식 시장 그 자체가 모멘텀을 잃고, 방향을 바꾸기 전까지 꾸준히 그 방향을 지속하는 경향이 있다."

"어느 주식의 내재가치를 안다는 것은 현재 주식 시장의 흐름이 어떤 의미인지를 이해하는 것이다."

-찰스 다우*

해럴드 맥킨리 가틀리의 생애

하모닉 패턴의 기원은 해럴드 맥킨리 가틀리(H. M. Gartley, 1899~1972)로부터 출발한다. 그는 하모닉 패턴의 전신이 된 원리를 제시한 인물로, 유명한 월가의 금융분석가였다. 1899년 뉴저지에서 태어났고 자랐으며, 뉴욕 대학교에서 상업 과학 학사 학위 및 경영학 석사를 받았고, 1912년부터 월가에서 일을 시작했다. 그는 증권 시장에서 활동하는 분석가였고, 많은 사람들에게 강의한 재무 고문 및 교육자이기도 했다. 또한 뉴욕 증권 시장 분석가 협회의 활발한 회원이자 설립자 중 한 명이다. 1969년 은퇴하기 전까지 자신의 금융회사의 회장직을 지냈으며, 1972년 73세의 나이로 세상을 떠났다. 사후에 1980년에 기술적 분석학에 기여한 공로를 인정받아 시장 기술자 협회(Market Technicians Association)의 연례상을 수여받았다. 추세와 다우 이론, 삼각형 패턴 등 다양한 기법과 이론이 담긴 그의 저서 『주식 시장의 이익(Profits in the stock market)』(1935)은 오늘날 그의 최고의 작품으로 평가되고 있으며, 많은 전문가의 수집품으로 높은 소장 가치를 자랑한다. 그는 이 저서에서 한 가지 중요한 패턴을 소개했는데, 이 한 장의 그림 연구에서 그의 이름을 딴 '가틀리'라는 패턴이 만들어지게 된다. 이후 많은 연구가가 발전시키고 여러 전략을 결합해 나가는 과정을 거쳐 오늘날의 하모닉 패턴이 되고, 다양한 하모닉 패턴들로 세분화 및 진화되었다.

---

* 찰스 다우 등저/박정태 역, 『주가의 흐름』, 굿모닝북스, 2010

하모닉 패턴의 기원

•

가틀리는 저서 『주식 시장의 이익』 222쪽에서 한 그림을 게재했는데, 이 그림 한 장이 하모닉 패턴의 기원이 되었다. 시간이 지나면서 사람들은 가틀리의 책에서 패턴이 나온 쪽수를 붙여 이 패턴을 '가틀리 222'라고 부르기 시작했으며, 고전적인 패턴의 정확성을 높이기 위해 피보나치 비율을 패턴에 적용하기 시작했다. 초기의 그림은 우리가 알고 있는 하모닉 패턴의 피보나치 비율이나 5개의 점으로 이루어져 있지 않고, 형태 위주의 묘사로 기술되어 있다.

가틀리 패턴의 초기 형태의 중 그림 A는 하락 추세가 지속적으로 펼쳐지다가 최저점을 만들게 되고, 이후 살짝 올라갔다가 다시 내려오며 눌리게 되는데, 이때 저점을 갱신하지 않고 지지하고 다시 올라가는 형태다. 바로 이 자리가 아주 좋은 매수 자리이니, 이 원리를 이해해 가격의 흐름에 이런 자리가 오면 매수하라는 뜻이다.

그림 B는 반대로 상승 추세를 이어가다 고점을 생성하고, 하락을 살짝 한 후 다시 가격을 상승시켜 보지만 상승 힘이 약해 새로운 고점을 만들지 못했고, 이 지점이 바로 매도 자리라는 것이다. 저 형태에서 가틀리 패턴은 BC선으로부터 눌림목을 포함하고 있는 부분까지에 걸쳐 형성된다는 것이다.

그러나 1930년대의 초기 가틀리 패턴에는 한계점이 드러나게 된다. 피보나치 비율이 없었기 때문에, 정확한 위치를 판별함에서 어려움을 겪었다. 또한 형태가 세분화되어 있지 않아, 많은 경우의 수에 대입해 대중적으로 사용하기에는 어려움이 있었다. 그래서 시간을 거듭하며 기술적 분석학 이론 연구가들이 이에 피보나치 비율을 도입해 정확성을 더했고 X, A, B, C, D라는 5개의 점을 만들어 이 패턴의 형태를 구체화 시키고 비율별로 차별화를 두어 대중적으

그림 1-1 | 가틀리 222

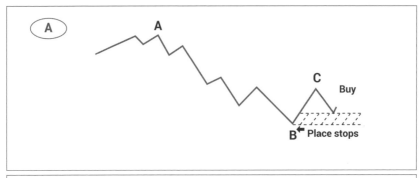

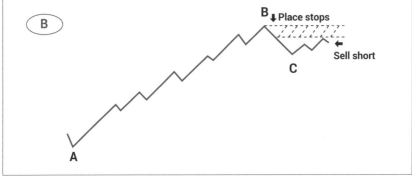

다음 설명은 가틀리의 저서 『주식 시장의 이익』 222쪽에서 일부 발췌한 것이다.

기본 원리 가격의 흐름은 추세 안에 있고, 그 추세는 '봉우리와 계곡(peak and valleys)'의 연속이다. 만약 상승 추세 안에서 점점 높아지는 봉우리와 계곡(고점과 저점)을 가진다면 상승 추세에 있고, 지속적으로 하락하는 고점과 저점을 가진다면 하락 추세에 있다.

위 그림 중 A 해석

요약 B점이 가틀리의 X점이 된다.

도표와 같이 중장기 추세에서 하락이 한동안 지속되며 활동이 마르는 경향을 보인 후, 하락이 종료되면 소규모 랠리가 시작되고, B점에서 거래량의 상승 폭이 확대된다. 그 이후 또다시 작은 감소세를 보이며 계곡을 만든다. 이때 바닥은 지난번 바닥의 1/3이나 2/3의 자리이며, 이때가 바로 주식을 매수할 수 있는 진짜 기회가 제시된다. 눌림목 이후 그 흐름에서 재차 랠리를 펼친다. 이 조건은 이중 바닥과 이중 천장(Double bottom and Double top), (역)헤드앤숄더((Reversal) Head and shoulers) 패턴에서 자주 발견된다.

그림 1-2 | 가틀리의 기원을 실제 차트에 적용한 모습

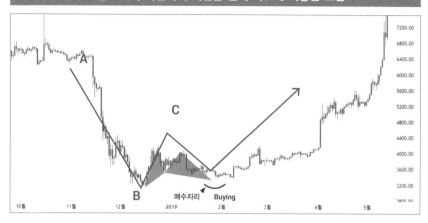

로 쓰일 수 있도록 발전시켰다.

몇 가지 실전 예시를 살펴보자. 시장의 반복성이라는 것은 더 우세한 확률의 추세에 대한 통계는 있지만, 100%의 가능성을 의미하는 것이 아니다. 그렇기 때문에 가틀리 패턴은 극저점 진입이 아니라, 수익의 욕심을 조금 줄이더라도 위험을 줄여 되돌림 진입을 하고, 바닥을 확인한 후 진입하는 저위험(Low Risk) 관리 전략을 강조했다(그림 1-2).

다음의 골드 차트 예시를 살펴보자(그림 1-3). 저점이 형성될 당시에는 주가의 바닥이 어디인지 확실하게 알 수 없었지만, 차분히 흐름을 지켜보며 기다리다가 되돌림을 통해 저점을 지지하고 올라가는 것이 보이면 좋은 매수 자리가 보인다는 것을 의미한다. 다시 말해 가틀리가 이 패턴을 통해 제시하고 있는 중요한 요점은, 트레이더들에게 저점 고점 진입이 아닌 '추세의 확인을 통해 되돌림 진입을 노려라!'라는 위험 요소를 낮추는 전략이라는 것이다.

요약하면 패턴화, 정량화를 시켜 일관된 거래를 위한 기반을 다지고, 되돌

그림 1-3 | 가틀리의 매수 전략(골드 차트)

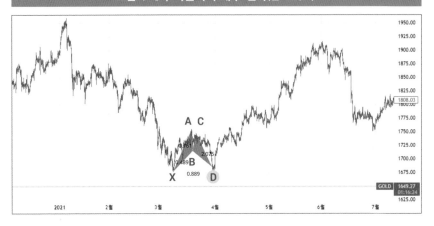

림 시 지지 또는 저항을 확인한 후 진입하는, 투자의 위험성을 낮추는 거래 전략 기회를 제공하는 것이 이 패턴의 목표라 할 수 있다.

라이트닝 볼트*, AB=CD 패턴의 기원

●

가틀리는 책 『주식 시장의 이익』(1935)에서 가틀리 패턴과 더불어 추세선과 평행선의 중요성에 대해 기술하며 이 패턴을 소개했다.

이 그림은 추세선을 설명하는 부분에서 추세선의 주요 용도를 설명하는 예시로 나온다. 따라서 추세선에 대한 기본 이해가 필요하다. 그림 1-4를 설명하자면 상승 추세에서 상향 평행 채널을 형성하며, 일정한 각도를 유지한 채 A-B-C-D의 지그재그 형태로 올라간다. D점에 도달하면, 일단 좋은 매도 자

---

* 우리말로는 번개, 낙뢰를 뜻한다.

그림 1-4 | AB=CD 패턴의 기원

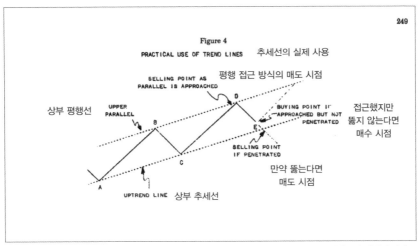

자료: 가틀리, 「주식 시장의 이익」

리임을 알려준다. 이후 주가는 올라갈 수도 있고 내려갈 수도 있다. 보통은 이러한 경우에 바로 더 올라갈 경우보다 추세 채널의 상단 저항에 부딪힐 확률이 더 크다. 그러나 만약 살짝 되돌린 후 E 지점에서 다시 올라가면, E 지점을 지지받는 걸 확인하고, 재진입해서 매수하면 된다. 그러나 E 지점을 지나 추세 채널을 뚫으며 가속화된다면, 좋은 가격에 잘 매도했다고 생각할 수 있다는 것이다.

이 패턴은 '라이트닝 볼트(Lightning Bolt)'라는 별명을 얻어 널리 사용되고 있다. 이 전략 또한 가틀리 패턴의 기원과 마찬가지로 거래의 분석에 100% 확신이라는 것은 존재하지 않으니, "돌다리도 두들겨 보고 건너라."라는 한국 속담이 있듯, 위험(risk)을 확인하고 위험 요소를 줄이는 매매를 해야 한다는 가틀리의 지혜가 담겨 있다고 볼 수 있다.

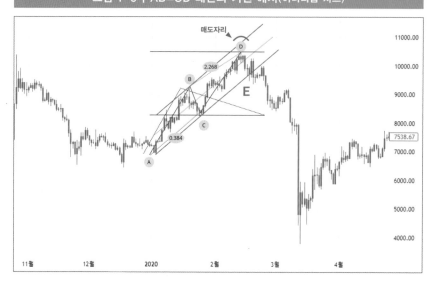

그림 1-5 | AB=CD 패턴의 기원 예시(이더리움 차트)

그림 1-6 | AB=CD 패턴의 실제 적용 예시(이더리움 차트)

AB=CD 패턴의 의미를 되새겨 그림 1-5를 살펴보면, 고점을 만든 후 '일단 좋은 매도 자리가 만들어졌으니 팔아라.'라는 신호를 감지할 수 있다. 욕심을 버리고 이익을 취함으로써 만약 강한 하락이 나온다면, 이익을 잃게 될 가능성을 최소화하는 전략을 세워볼 수 있다.

그림 1-6 또한 당시 가격의 위치가 고점일지 아닐지 모르지만, 리스크를 줄여 일단 이익을 챙겼다면, 가격 행동을 살피면서 다시 올라갈 듯하면 재진입을 하면 된다. 그렇지 않다면 잘 정리했다는 생각이 들 것이다. 이런 예시를 통해 욕심을 버리고 손실을 최소화하는 전략의 중요성을 살펴볼 수 있다.

덧붙여 이 패턴은 추세 이탈을 통해 가속화된다면 가격이 빠르게 빠질 가능성을 염두에 두고 포지션을 정리해야 함을 알 수 있다. 무엇보다 가장 중요한 것은 손실의 최소화다.

하모닉 비율

피보나치 수열과 비율

이탈리아 수학자 '레오나르도 피보나치'

하모닉 패턴은 이탈리아의 수학자, 레오나르도 피보나치의 피보나치수열 (Fibonacci sequence)을 기반으로 한 피보나치 비율을 바탕으로 규격화 시켜 놓은 패턴들이다. 따라서 피보나치 비율에 대한 기본 이해는 필수적인 과정이라 할 수 있다.

하모닉 비율에 들어가기에 앞서 간단하게 피보나치수열에 대해 잠시 살펴보자. 피보나치수열이란 수학에서 중요하게 사용되는 어휘로, 이 수열의 각 항목을 피보나치 수(Fibonacci number)라 부르며, 다음과 같은 공식으로 수열을 구성하도록 짜여 있다.

$$F_0 = 0,\ F_1 = 1,$$
$$F_{n+2} = F_{n+1} + F_n$$

피보나치 숫자의 기본 규칙은 아주 단순하다. 기준이 되는 수와 이전 결과의 수를 더하면 다음 수가 된다. 즉 0 → 0+1=1 → 1+1= 2 → 1+2=3 → 2+3=5 → 3+5=8… 이런 식으로 시작해 그 구성은 무한대까지 뻗어나간다. 이러한 과정에서 발생한 수열에서 수학적 비율 관계를 가진 피보나치의 비율들이 생겨나게 되었다. 예를 들면 피보나치 숫자인 34 나누기 55를 한다면 0.618에 가까운 수가 나오게 되며, 55 나누기 34를 한다면 1.618의 값에 가까운 수가 나타난다.

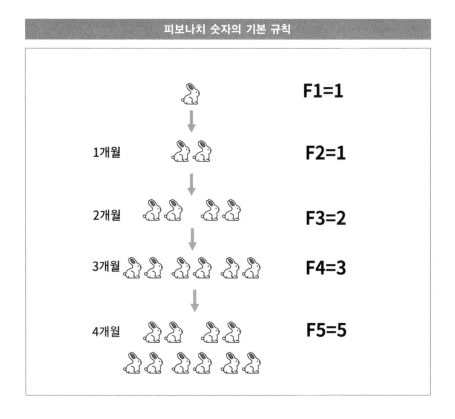

피보나치 숫자의 기본 규칙

하모닉 비율

•

이러한 피보나치 비율 중 하모닉 이론에서 주로 사용되는 비율들이 있다. 이 비율들을 바로 하모닉 비율이라 통칭해 사용하며, 각 숫자를 어떠한 나눗셈 공식으로 외우기보다는 하모닉 패턴에서 각 비율 숫자가 어떤 의미를 지니고 있는지 알고 있는 것이 중요하다. 예를 들면, 0.886이라는 숫자는 짐 캐인(Jim Kane)과 스콧 카니(Scott Carney)가 가틀리 패턴 연구 초기에 '모든 가틀리 패턴이 같지 않다'라는 연구를 통해, 0.786과 구분되며 생겨난 의미 있는 값이다. 단일 피보나치 비율의 의미는 다음과 같다.

단일 피보나치 비율의 의미

<u>0.618</u>: 가장 대중적인 숫자이며, 하모닉 비율에서 기본 비율에 해당하는 숫자다.

<u>1.618</u>: 황금 비율(Golden Ratio). 가장 완벽한 숫자, 이상적인 비율이라 불리며, 이 수보다 크다면 힘이 과하다 할 수 있다. 이 이상의 수는 자연의 이상적인 숫자로부터 초과되므로 자연의 한계에 부딪히며 향후 강렬한 반전을 기대해볼 수도 있다.

<u>3.14</u>: 원주율 파이(Pi)라 부르는 숫자로 1.618에서 파생된 아름답고 신비로운 숫자다.

<u>0.382</u>: 0.618과 더해지면 1을 만드는 숫자로서의 의미가 있다.
 (0.382+0.618=1)

<u>1.13</u>: 성공 혹은 실패를 판가름 짓는 영역. 이전 기준이 되었던 1은 겨우 넘

었으나, 스톱 헌팅(Stop Hunting)*의 의미를 지니고 있다.

<u>0.786</u>: 0.618의 제곱근에서 나온 비율 (0.786×0.786=0.618)로 가장 기본이
된 가틀리 패턴의 비율이다.

<u>0.886</u>: 1의 비율로 완전히 되돌리기 이전 마지막 되돌림 하모닉 비율이라는
의미가 있다.

<u>1.27</u>: 1.13과는 달리, 이 비율은 1을 넘어 안정된 후 새로운 저항/지지를 찾
는 영역이라 할 수 있다.

<u>0.5, 1, 2.0</u>:이러한 숫자들은 피보나치수열에서 직접적으로 파생되지 않았
기 때문에, 안정된 정적인 숫자를 의미한다.

<u>1.902</u>: 이집트 피라미드에서 발견된 황금 직사각형의 숨겨진 비율, 대각선
을 뜻하는 황금 삼각형의 비율을 의미한다.

이외에 2.24, 2.618, 1.414, 0.707 등이 부수적으로 사용되고 있다.

하모닉 비율의 조합: 반비례 관계 비율(Reciprocal Ratios)

하모닉 비율은 개별적으로도 쓰이지만, 2가지가 서로 특유의 인과성을 가
진 반비례 비율들이 있다. 즉 2개의 숫자가 대칭성을 이루며 조화롭게 짝을
이루어 사용되는데, 이 대칭성의 조화를 이루고 있는 하모닉 비율의 조합을
기억해야 한다.

초기 하모닉 비율의 주 조합은 2가지, '0.618과 1.618', '0.786과 1.27' 이렇
게 4가지의 비율 숫자, 2개의 쌍으로 나누어지는 비율의 형태가 기본이다.

---

* 세력(Market maker)이 물량을 빼앗기 위해 손절가 주문이 많은 영역을 건드려 몰아낸 뒤, 높은 변동
성을 일으켜 추세를 움직이는 행위를 의미한다.

그림 1-7 | 이상적 형태의 퍼펙트 AB=CD 패턴

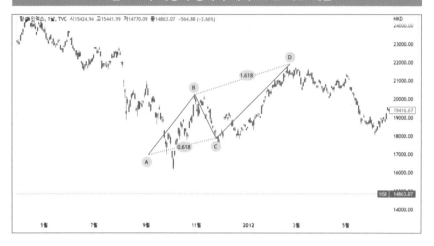

가장 기본적인 하모닉 비율의 조합: 0.618과 1.618

가장 기본적이면서도 완벽한 하모닉 비율의 조합은 0.618과 1.618이다. 0.618은 과거부터 가장 대중적인 피보나치 숫자로 작은 파이(Little Phi)라 불리고, 1.618은 파이(Phi)라 부르는 피보나치 완전한 비율 숫자인 황금 비율이다. 이 두 숫자의 조합은 가장 이상적인 형태인 퍼펙트(Perfect) AB=CD 패턴을 이루고 있는 조합이다. 이렇게 하모닉 비율은 2개의 피보나치 비율이 서로 짝을 이루고 있는 기본 숫자가 정해져 있다.

하모닉 비율 조합

•

주요 비율과 확장 비율을 정리하자면 다음과 같다.

주요 비율들의 조합	0.5 : 2.0
	0.618 : 1.618
	0.707 : 1.414
	0.786 : 1.27
	0.886 : 1.13
이 밖의 확장 비율들	0.382 : 2.24, 2.618, 3.14, 3.618
	1.0 : 2.0
	0.618, 0.886 : 1.902

0.382는 하나의 짝이 아닌 상황에 따라 더 크게 확장되기도 하는 여러 하모닉 비율을 포함하는 숫자다. 또한 크랩과 딥 크랩을 구성하는 대표적인 비율인 0.618과 0.886은 상황에 따라 1.902와 함께 사용되기도 한다.

되돌림 비율 vs. 확장 비율

우리가 앞에서 다루었던 비율들은 간단하게 숫자 1을 기준으로 나누어 생각해 볼 수도 있다.

1보다 작은 수는 되돌림을 위한 수, 1보다 큰 수는 확장을 위한 수로 구분할 수 있다. 일반적으로 1보다 작은 되돌림은 중심점 B점을 구하기 위한 비율들, 1보다 큰 비율들은 BC 프로젝션 값이나 확장 패턴들의 반전 예상 영역을 구하기 위한 비율이라 할 수 있다.

- 0.5는 뱃 패턴의 B점, 크랩 패턴의 B점, 5-0 패턴의 주요 비율
- 0.618은 가장 대표적인 되돌림 비율로 크랩과 가틀리의 B점으로 사용

그림 1-8 | 하모닉 비율 영역 분포도

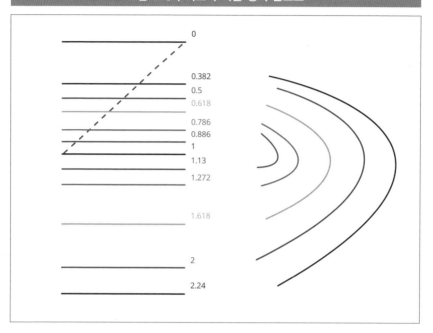

- 0.786은 가틀리의 D점 또는 나비의 되돌림 B점
- 0.886은 뱃 계열의 D점, 딥 크랩의 B점, 샤크의 PRZ
- 1.13은 RSI 뱀(BAMM) 이론에서 중요한 숫자이자 알트 뱃의 D점, 샤크의 PRZ
- 1.27은 나비의 D점
- 1.618은 크랩 계열의 D점

1.618보다 더 큰 숫자들은 주로 BC 프로젝션(Projection)이라는 보완 값으로 쓰이며, 3.14와 3.618은 알트 뱃이나, 딥 크랩 패턴의 기존 패턴에서 발전

된 확장 패턴에서 BC 프로젝션의 값으로 많이 쓰인다.

일반적으로 비율의 조합은 1보다 적은 비율과 1보다 큰 비율의 짝으로 이루어져 있다. 작은 숫자의 비율일수록 더 멀리 나아가고, 1에 가까운 비율일수록 적게 나아간다는 사실을 알 수 있다. '1을 기준으로 AB=CD 구조에서 적은 비율일수록 적게 되돌렸으니 힘이 강해 크게 나아가고, 1을 기준으로 AB=CD 구조에서 큰 비율일수록 되돌리려는 힘이 강하므로, 나아가는 힘이 약한 경향이 있다.'라고 생각하면 이해하기 쉽다.

피보나치 비율 설정

•

하모닉 패턴을 작도 시 사용되는 피보나치의 대표적인 도구는 피보나치 되돌림 툴(tool)과 추세 기반 피보나치 확장 툴 이렇게 2가지가 기본적으로 가장 많이 사용된다. 또한 하모닉 패턴을 작도할 때는 X, A, B, C, D 5개의 점의 구성으로 W자형 또는 M자형을 표시할 수 있는 하모닉 전용 툴을 이용해서 작도한다. 사이퍼 패턴은 별개의 사이퍼 툴을 사용하며, AB=CD 패턴을 위한 툴도 따로 제공된다.* 되돌림 툴은 B점을 잡거나, BC 프로젝션 값을 잴 때, 패턴 이후 손익 구간을 생각할 때 등등 전반적으로 주로 쓰이며, 추세 기반 피보나치 확장 툴은 AB=CD 패턴과 알트(Alt) AB=CD 패턴의 확장 값을 측정할 때 주로 쓰인다.

---

* 　트레이닝 뷰: kr.tradingview.com

그림 1-9 | 피보나치 되돌림 툴 측정하기

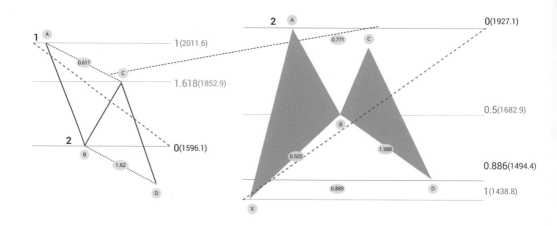

피보나치 되돌림 툴 사용하기

다음과 같이 도구를 사용할 수 있다. 패턴의 시작점에 먼저 기준을 잡고, 그 파동의 끝점을 잡으면 된다. B점을 측정하는 되돌림 비율을 사용하거나, D점의 반전 값을 계산하는 용도로 주로 사용된다.

추세 기반 피보나치 확장 도구

이 도구는 AB=CD 패턴의 AB와 CD의 등거리 값을 재는 대표적인 도구다. AB의 파동 길이에 비해서 CD의 길이가 얼마만큼 뻗어나갔는지를 잴 때 사용되며, A점을 시작점으로 두고, B점에 두 번째 지점으로 잡고, 대칭되는 파동의 시작점인 C에 0이 오게끔 설정한다.

또한 피보나치 도구를 이용해 값을 측정할 때, 절대로 시작점과 끝점을 반

그림 1-10 | 추세 기반 피보나치 확장 툴 측정하기

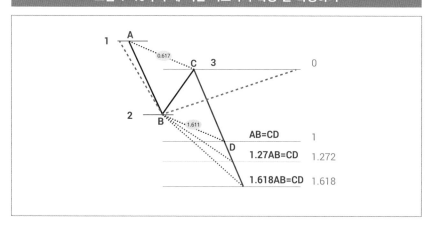

그림 1-11 | 피보나치 되돌림 툴 설정

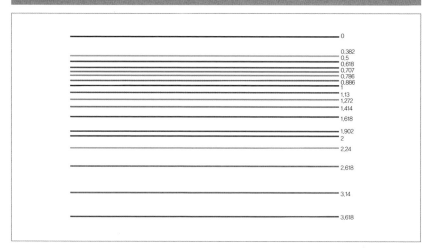

대로 그으면 안 되니 주의하길 당부한다. 예를 들면 0.382와 0.618은 엄연히 다른 수다. 다음은 대표적인 하모닉 비율의 숫자를 넣어 정리한 피보나치 되돌림 툴 설정표이니 익혀두자.

하모닉 패턴 형태의 진화

하모닉 패턴은 대부분 M자나 W자 형태를 이루고 있고, Z자나 S자 형태도 있다.

- M자 또는 W자 형태: 가틀리(Gartley), 뱃(Bat), 나비(Butterfly), 크랩(Crab), 샤크(Shark), 딥 가틀리(Deep Gartley), 알트 뱃(Alt Bat), 딥 크랩(Deep Crab)
- Z자 또는 S자 형태: 5-0, 역 AB=CD(Reciprocal AB=CD)
- 이외: 3 드라이브(Three Drives), 하모닉 헤드앤숄더(Harmonic Head and Shoulders), AB=CD

하모닉 패턴의 기본 형태는 XAB 3개의 점을 가진 삼각형 형태라 할 수 있다. 많은 경우에 그림 1-12처럼 좌측의 삼각형 형태와 우측의 AB=CD의 형태가 합쳐져 하모닉 패턴의 형태를 구성한다. 물론 이 형태는 다시, 하모닉 패턴을 포함하는 새로운 XAB로 이루어진 큰 삼각형으로 생각해 볼 수 있다. 그렇다면 하모닉 패턴의 형태는 큰 삼각형 안에 AB=CD 패턴이 있고, 그 패턴에서 X점을 추가한 형태라 생각할 수도 있다.

그림 1-12 | 하모닉 패턴의 기본 형태

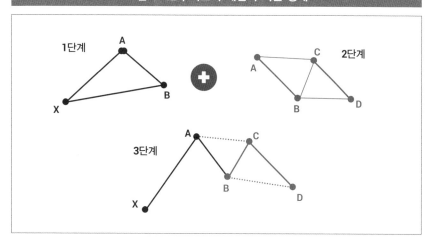

그림 1-13 | 1단계

XA의 가격 흐름에서 B점으로의 되돌림으로 구성된 삼각형

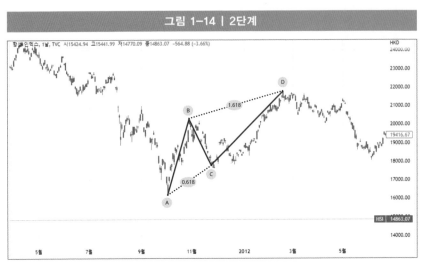

그림 1-14 | 2단계

삼각형 2개를 합친 형태. 삼각형 모양에서 확장된 AB=CD 패턴의 모양

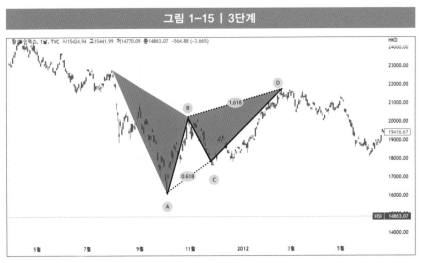

그림 1-15 | 3단계

1~2단계의 구조가 합쳐진 형태인 XABCD의 5점으로 구체화된 M자 또는 W자형의 하모닉 패턴

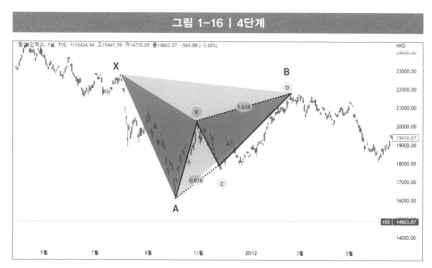

그림 1-16 | 4단계

전체 큰 XAB 삼각형 안에 AB=CD 패턴+X점의 형태로 생각해보기

하모닉 이론의 필수 어휘

하모닉 이론 공부를 위해서는 꼭 알아야 할 필수 용어들이 있다. 주요 용어들을 정리하고 짚어보자.

하모닉 이론의 선구자인 래리 페사벤토, 스콧 카니를 비롯한 많은 학자는 수십 년간의 연구를 바탕으로 하모닉 패턴의 일관된 거래를 지속적으로 할 수 있도록 여러 개념을 추가하고 이론을 정형화시켜 전략을 집대성했다.

하모닉 패턴을 구성하는 5개의 점
•

첫 번째는 하모닉 패턴을 구성하는 5개의 점의 의미를 알아보자.

하모닉 작도를 위해서는 X, A, B, C, D 5개의 점을 식별해 패턴을 완성한다. 이후 터미널 바(Terminal Bar, T-bar)라 불리는 캔들 막대를 판별하고 시간이 지남에 따라 패턴이 반전 성공의 유무를 판단한다.

이외에 초과 허용치인 하모닉 최적의 가격(Harmonic Optimal Price, HOP) 수준(Level)이라는 개념이 있다. 또한 식별된 패턴에는 기계적인 최소한의 이익 목표가가 정해져 있는데, 이는 패턴마다 다르다.

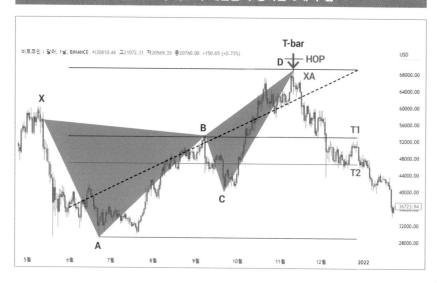

그림 1-17 | 하모닉 패턴을 구성하는 5개의 점

하모닉 패턴을 구성하는 5개의 점

① X점: M자 또는 W자형 패턴의 시작을 이루는 점

② A점: 최초의 X점 이후 지지 또는 저항을 나타내는 점

③ B점: 패턴의 중심점

④ C점: A점의 지지 또는 저항을 다시 한번 확인하는 점

⑤ D점: 반전을 목표로 하는 패턴의 끝점

그림 1-17의 나비 패턴 경우, 목표가로 설정된 AD의 0.382 되돌림을 뜻하는 타깃 1(Target 1, T1), 0.618 되돌림을 뜻하는 타깃 2(Target 2, T2)가 그 아래에 위치한다. 5개의 점 중 X점은 시작점, B점은 가장 중요한 중심점, A점은 최초의 지지/저항을 나타내는 점이고, C점은 다시 한번 지지/저항을 확인하

는 점, D점은 반전을 기대하는 패턴의 끝점으로 일반적으로 D점을 반전 PRZ 수준으로 설정하고 패턴 식별을 하게 된다고 할 수 있다.

또한 이 5개의 X, A, B, C, D점을 선분으로 생각해볼 수도 있는데, 이렇게 선분을 읽는 방식은 BC 프로젝션을 빼고는 흔히 사용하지는 않는다. 그러나 각 선분이 무엇을 의미하며 어떤 것을 표시한 것인지 꼭 이해하기 바란다.

각 선의 의미

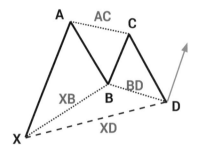

① XB선: 5개의 점 중 B점을 의미한다. XA선에 대한 되돌림 값을 구한 것이다. B점은 중심점으로 작도에서 가장 중요하다고 할 수 있다.

② XD선: XA선에 대한 되돌림 또는 확장 값을 구한 것이다. 반전을 결정 짓는 D점을 의미한다.

③ AC선: 고점과 고점/저점과 저점의 관계를 표시한다. BC값을 고려해 AB=CD 패턴 값을 도출한다.

④ BD선: BC 프로젝션. BC선에 대한 확장 값을 구한 것이다. PRZ(잠재적 반전 영역)의 보완 값으로 작용한다.

잠재적 반전 영역 PRZ

•

PRZ는 잠재적 반전 영역으로 스콧 카니가 자신의 저서『하모닉 트레이더』에서 도입한 지지와 저항을 표현하는 측정 방식 기법이다.

PRZ란 패턴의 완료점과 추세 반전 영역을 계산해 그 비율을 수렴하는 범주로 정의한다. 일반적으로는 패턴을 완성하는 3가지 비율의 측정으로 구성된 영역이다. 여기서 중요한 건 반전하는 점이 아니라 반전할 가능성이 있는 잠재적 영역이라는 것이다. 그러니 섣불리 판단해서는 안 된다.

또한 PRZ를 측정할 때는 하모닉 패턴에 반드시 들어가야 하는 필수요소인 XA값, BC값 그리고 AB=CD값의 요구 조건을 만족해야 한다는 점도 항상 염두에 두어야 한다.

PRZ(Potential Reversal Zone)
- 스콧 카니의 『하모닉 트레이더』에 소개된 용어
- 지지/저항을 분명히 나타내는 새로운 측정 방식
- 패턴의 완료점과 추세 반전 영역을 계산해 그 비율을 수렴하는 범주로 정의

PRZ 영역을 판별하기 위한 어휘

•

잠재적 반전 영역에서 이상적으로 반전하지 않는 형태들이 나오는 것은 매우 흔한 일이다. 따라서 하모닉 최적의 가격(HOP), 이보다 더 큰 범위 밖에 위치하는 손절 영역(Stop Loss Zone, SLZ) 그리고 반전 유무를 결정짓는 캔들(Candle) 막대(Bar)를 뜻하는 터미널 바(T-bar)의 개념도 알아야 한다. 이후

그림 1-18 | 하모닉 트레이딩 설정

반전에 성공한다면, 최소 이익 목표가인 첫 번째 이익 구간 타깃 1(T1), 두 번째 이익 구간인 타깃 2(T2)를 설정한다.

PRZ 측정을 위한 하모닉 패턴 필수 어휘

앞에서 설명한 바, 대부분의 하모닉 패턴에서는 완성 시에 꼭 충족되어야 하는 3가지 필수 기본 전제 조건이 있다. 그건 바로 규격에 맞는 XA값과 BC값, AB=CD값이다. XA값은 보편적으로는 D점을 뜻하고, 일반적으로 반전 지점이 될 가능성이 매우 높다. 그래서 보편적으로 이 D점을 PRZ 목표가로 설정한다.

나머지 BC 프로젝션과 AB=CD 2가지는 XA값을 보완해주는 개념이다. 일반적으로는 AB=CD 패턴은 하모닉 패턴의 기본 전제 조건이고, 확장 패턴에서는 알트(Alternate, ALT) AB=CD의 대체 패턴 형태가 들어가는 경우가 대부분이다.

- XA값: D점, 일반적으로 반전 지점의 가능성이 가장 유력하다.
- BC값: BC 프로젝션, XA값을 보완해주는 역할을 한다.
- AB=CD: 하모닉 패턴의 기본 전제 조건, 알트 AB=CD가 될 수도 있다.

PRZ를 초과하는 영역에 관한 용어

•

PRZ를 초과하는 영역에 관한 용어를 간단히 정리하면 다음과 같다.

- HOP(Harmonic Optimal Price): 하모닉 최적의 가격
- SLZ(Stop Loss Zone): 손절 영역
- T-Bar(Terminal Bar): 패턴의 완성을 판정하는 마지막 캔들바

반전이 생각했던 자리에서 나와준다면 완벽하겠지만, 그렇지 않을 경우가 더 많다. 최적의 가격인 HOP은 초기에는 손절(SLZ)의 영역이었다. 그러나 패턴들이 이 영역까지 도달한 이후 반전하는 경우들이 매우 많았다. 그래서 HOP의 개념으로 진화했고, 이 자리까지는 적어도 최대 초과 허용치로 두어 예상 기대치를 설정하도록 개념이 발전한 것이라 할 수 있다. HOP의 설정에는 특별한 알고리즘과 BC 레이어링 기법이 담겨 있으며 패턴별로 상이하다.

초기 이익 목표 IPO

•

마지막으로 반전에 성공했다면 초기 이익 목표가를 설정할 수 있다. 이를 통칭해 IPO(Initial Profit Objective)라고 부른다. 여기에는 최소한의 목표가인 타깃 1(T1) 되돌림과 타깃 2(T2) 되돌림이 있다. 패턴마다 다를 수 있으나, 일반적으로는 AD의 0.382 되돌림은 T1, AD의 0.618 되돌림은 T2다.

여기에서 꼭 기억해야 할 점이 있다. 타깃 정의는 이전 고점과 저점으로부터 연결된 피보나치 되돌림이 아닌 하모닉의 5개 점을 기준으로 한다는 것이다. 즉 일반적인 하모닉 패턴 기본 수익 목표가 설정의 기준은 'AD의 되돌림'임을 기억해야 한다. 예외로 샤크 패턴 같은 경우는 T1이 0.5, T2가 0.886 비율을 뜻하니 패턴마다 다른 규격을 숙지해야 한다.

그리고 타입 1(Type-1)과 타입 2(Type-2)라는 개념도 있다. 이러한 타입의 유형을 판별할 때는 T1의 가격대에 도달했는지 여부가 매우 중요하게 작용하니 타깃의 의미와 개념은 꼭 알아 두어야 한다.

하모닉 최적의 가격과 손절 영역 설정

　하모닉 이론에서 흔히 사용되는 손절가를 정하는 방법으로는 크게 4가지가 있다. 첫 번째는 X점 또는 D점을 기준으로 그 지점 또는 그 지점에서 조금 여유를 두고 손절가를 정하는 방법이며, 지지와 저항을 의미하는 하모닉 패턴 구조를 이용하는 방법이다. 두 번째는 해당 D점을 기준으로 PRZ를 구성하는 XA 또는 BC 프로젝션의 값에서 첫 번째나 두 번째 정도 뒤에 해당하는 하모닉 피보나치 비율을 선택하는 것이다. 세 번째와 네 번째는 스콧 카니의 패턴 무효화를 판별하는 전략으로 쓰이는 터미널 바, HOP과 PRZ의 관계를 이용한 방법이다.

하모닉 손절가 설정 방법
① X점 또는 D점

② PRZ에서 1~2개 뒤의 피보나치 비율

③ 터미널 바 기준으로 1.13~1.618

④ PRZ부터 HOP까지의 거리×2배

　손절에 관한 설정은 본인의 레버리지와 투자 금액 대비해서 감당할 수 있을 만큼, 본인의 견해에 따라 정하는 것이 맞으며, 세 번째와 네 번째 경우의 손절 영역 구간은 스콧 카니가 정립한 용어와 개념을 토대로 기술했다.

개개인의 손절 라인을 위한 포지션의 영역이라 생각하기보다는 어떠한 패턴의 실패에 대한 유무를 판단하기 위해 정립된 손절 영역이라 생각하길 바란다. 여기서 다루는 SLZ는 개개인이 사용하기에는 상황에 따라 손절 영역 설정 범위가 PRZ로부터 상당히 차이가 크고 넓을 수 있기 때문이다.

하모닉 최적의 가격(HOP)은 패턴마다 설정되는 규격이 다르다. 일반적으로는 하모닉 피보나치 비율의 1단계 또는 2단계 큰 숫자를 설정하면 된다. 패턴마다 가지고 있는 특성에 따라 다르게 설정되니 패턴마다 꼼꼼히 확인하는 것이 필요하다. 보편적으로 사용되는 패턴 실패에 대한 손절 영역을 측정하는 방법은 4가지 정도가 있다.

하모닉 패턴의 점(X점 또는 D점)을 이용한 손절 방법

•

초기의 손절 영역(SLZ)은 일반적으로 X점 또는 D점을 기준으로 설정되었고, 만약 한 번 더 리테스트하는 것을 염두에 둔다면, 그 지점에서 약간 여유를 두고 손절가를 지정하도록 한다. 이 방법은 지지와 저항으로 구성되어 있는 하모닉 패턴 구조를 이용한 방법이다.

다음 페이지에 나오는 래리의 전략은 하모닉 이론 선구자인 래리 페사벤토(Larry Pesavento)의 저서 『보이는 것을 거래하라(Trade What You See)』에 수록된 가틀리 222에 관련된 전략의 일부다. 손절가를 X점에 설정하는 관리 전략을 볼 수 있다.

이 방법은 되돌림 패턴에서는 매우 고전적이고 보편적인 방식이며, 만약 저

Figure 5.6 Soybeans daily chart showing a Gartley "222" buy pattern setup that has three repetitions of the .786 ratio. This may give the trader a clue as to the profit objective.

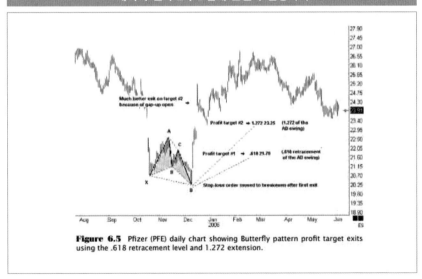

Figure 6.5 Pfizer (PFE) daily chart showing Butterfly pattern profit target exits using the .618 retracement level and 1.272 extension.

X점의 저점이 추세의 끝이라면, 최저점에 손절가를 설정하고 전략을 세우는 방식으로 이중 바닥 패턴과 같은 이론에서도 자주 사용되는 대중적인 방법이다. 후에 나비 패턴과 같은 확장 패턴에서도 이와 같은 방식으로 사용되었다.

래리는 나비 패턴에서 D점을 손절 라인으로 잡고 1차 이익 목표가 설정을 되돌림 0.618인 부분, 2차 목표를 1.27 수준으로 정하는 전략을 구사했다.

PRZ로부터 1~2개 정도 큰 하모닉 피보나치 비율을 이용하는 방법

•

두 번째 방법은 D점이 완성되었다는 판단이 들 때, 그 PRZ를 구성하는 XA 또는 BC 프로젝션(Projection)의 값에서 첫 번째나 두 번째 정도 뒤의 해당 되는 하모닉 피보나치 비율을 선택하는 것이다. 이 방법은 기존에 스콧 카니가 그의 초기 저서 『하모닉 트레이더』에서 손절가로 제시했던 방법으로, 지금은 HOP이 된 영역과 흡사하다. 일반적으로는 XA의 피보나치 비율로 설정할 수 있으며, 만약 더 정밀한 조정이 필요하다면 BC 프로젝션 값을 고려할 수 있다. 예를 들면, 가틀리 패턴은 0.786XA일 경우는 바로 위인 0.886XA 또는 2수준 위인 1.0XA의 수준으로 설정할 수 있고, 나비 패턴 또한 1.27XA에서 D점이 완료되었다면 그 다음 수준이나 2개 위의 피보나치 비율인 1.414XA 또는 1.618XA로 설정해볼 수 있다.

래리 페사벤토의 책을 보면 나비 패턴의 손절을 1.27XA보다 2개의 더 큰 피보나치 수준인 1.618XA에 설정한 것을 볼 수 있다. 반면 스콧 카니의 나비 패턴은 좀 더 범위가 적은 1.414 영역까지를 하모닉 최적의 가격(HOP) 영역으로 제시한다.

래리의 전략 3 | 1.27 피보나치 비율의 두 단계 위인 1.618XA에 손절가 설정

Figure 6.4 Pfizer (PFE) daily chart showing a Butterfly buy pattern completing almost to the penny at the 1.272 retracement level. The gaps and wide range bars in this case work to the trader's advantage and should be a signal that higher prices are coming.

그림 1-19 | 스콧 카니의 전략: 나비 패턴의 1.414XA에 HOP 설정

그림 1-20 | 터미널 바를 기준으로 측정하는 방법

그림 1-21 | 유의미한 터미널 바의 1.618 자리

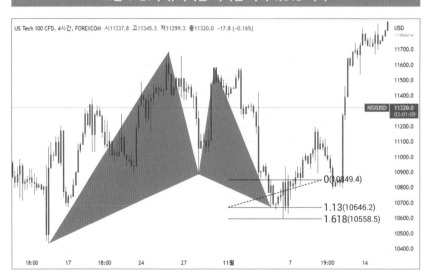

터미널 바로부터의 1.13~1.618을 재는 방법

•

터미널 바(T-bar)를 측정해 손절 범위를 설정하는 방법으로, 터미널 바 크기의 피보나치 비율 1.13~1.618 거리를 허용해 재는 방법이다. 터미널 바 전체 크기를 1이라 놓고, 피보나치 되돌림 도구를 이용해 1.618까지의 범위를 재서 손절 영역 범주로 설정하고, 1.618의 구간을 최대 허용치로 설정한다.

PRZ에서 HOP의 거리×2배를 재는 방법

•

스콧 카니가 최근에 제시한 방법으로 패턴 무효화의 판별을 위해 사용되는, 보편적인 패턴 위반 판단 방식이다. PRZ부터 HOP 거리까지의 더블링(doubling), 즉 PRZ부터 HOP 영역의 해당 거리를 계산해, 그로부터 2배의 거리 영역을 산출하고 위반을 판단한다.

그림 1-23 패턴 예시는 HOP 영역을 초과했으나, 초과로 설정된 2배의 영역 안에서 다시 추세를 금세 되돌려 HOP 영역의 저항에 부딪히며 가격이 하락했고, 이후 패턴의 목표가를 달성했다. 이 패턴은 위반된 것이 아니라, 단지 추세를 돌리는 데 시간이 필요했고, 약간 초과해 완성된 경우라 할 수 있다.

그러나 만약 매도 포지션을 D점에서 들어간다면 경우에 따라 감수해야 할 위험이 너무 커질 수 있다. 다시 말해 이 손절(SLZ) 전략은 개개인의 포지션 손절가를 제시하는 개념이라기보다는 패턴의 실행 유무를 가리기 위한 손절 영역이라 생각한다. 손절은 개개인의 재량에 따라 본인의 투자 성향과 감당할 수 있는 손실 금액을 고려해 사용하길 권고한다.

그림 1-22 | PRZ부터 HOP 거리 측정하기

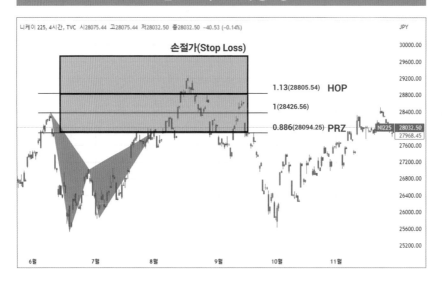

그림 1-23 | HOP의 중요성

AB=CD 패턴에 대하여

하모닉 패턴의 주된 요점은 흐름의 균형을 추종하는 가격과 시간이 피보나치 비율에 따라 움직인다는 것이다. 패턴 식별의 핵심은 고점과 저점에 따른 주요 반전 지점을 예측하기 위해 되돌림 또는 확장의 비율을 확인하는 것인데, 여기에는 이 모든 하모닉 패턴의 기본 조건이 되는 패턴이 있다. 그것이 바로 AB=CD 패턴이다. 따라서 이 패턴에 대한 이해도는 굉장히 중요하다.

하모닉 패턴의 완성을 위한 필수 요구 조건이 있다. 하모닉 패턴이 완성되려면 설령 XA값이 올바른 비율 조건을 충족하더라도, 반드시 AB=CD 패턴과 BC 프로젝션(Projection) 이렇게 2가지 조건이 같이 부합되어야 한다. 또한 AB=CD 패턴은 단독적으로도 쓰이는데, 이 패턴은 최소한의 기본적인 패턴이며 기본 구조에서 확장된 거리를 나타내는 1.27AB=CD나 1.618AB=CD까지 패턴이 확장될 가능성이 언제나 열려 있으므로 신중하게 판단해야 한다.

AB=CD 패턴의 PRZ 측정하기

① BC 프로젝션 값을 구한다. BC 프로젝션이란 피보나치 되돌림 비율을 이용해 BC선(Leg)과 비교해 다음 가격의 움직임이 얼마만큼 확장될 수 있는가를 측정하는 것을 뜻한다.

그림 1-24 | BC 프로젝션

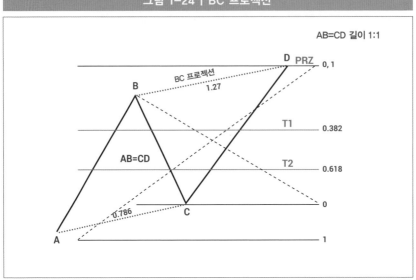

그림 1-25 | 시간과 가격 요소 측정(체인링크 차트)

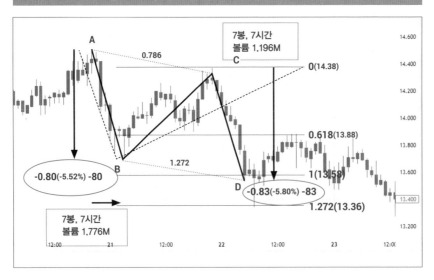

② 추세 기반 피보나치 확장 도구를 이용해 AB=CD 거리를 구한다.

③ 기본 전제의 두 조건이 충족되었다면, D점의 값을 잡아본다.

④ 이 패턴은 완성까지의 거리, 시간, 비율의 3요소가 어느 정도 동등한 위치에 있어야 하는 것이 일반적이다.

AB=CD 패턴
●

이 패턴은 하모닉 패턴에서 가장 중요하면서도 기본적인 패턴으로, 가틀리의 책 『주식 시장의 이익』에서 발전해 '라이트닝 볼트(Lightning Bolt)'라 불리며 AB와 CD의 가격 흐름이 대칭성을 가지는 원리에서 고안되었다. AB의 가격의 흐름에서 최초 파동이 나온 이후, 일정 비율까지 되돌림 하다 지지 또는

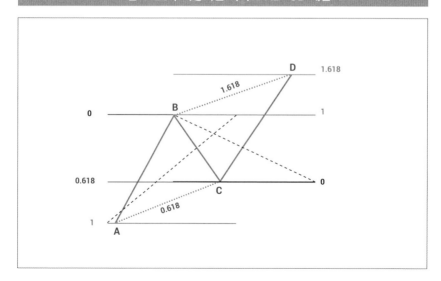

그림 1-26 | 이상적인 퍼펙트 AB=CD 패턴

저항을 확인한 뒤, 그만큼 다시 등거리 이동을 통해 CD를 완성하는 A, B, C, D의 4개 점으로 이루어진 구조다.

이 패턴의 반전 지점에서 해당 피보나치 비율이 발생해야 하며, C점은 패턴 완료의 피보나치 비율 수준을 정한다. 무엇보다도 가장 중요한 것은 AB=CD는 하모닉 패턴을 완성하기 위한 기초이자, 필수 기본 요건에 들어간다는 사실이다.

이상적인 AB=CD 구조는 시간, 비율, 거리의 3가지 조건에서 어느 정도 동등하며, 황금 비율인 0.618:1.618의 피보나치 비율을 가지고 있다. 이를 퍼펙트(Perfect) AB=CD 패턴이라 부른다. 일반적으로 AB=CD 패턴을 구성하는 기본 피보나치 대칭 비율은 다음과 같다.

$$0.382 - 2.24 / 0.5 - 2.0$$
$$0.618 - 1.618 / 0.707 - 1.414$$
$$0.786 - 1.27 / 0.886 - 1.13$$

0.382의 경우는 드물지만 2.618/3.14/3.618의 비율을 함께 확장 범위로 사용할 수 있다. 그리고 잠재적 반전 가능성을 의미하는 D점은 정확한 계산된 한 가격이 아닌 범위 영역을 두고 생각해야 한다. 또한 작도 시 제공되는 피보나치 비율 도구는 일반적으로 소수점 3개까지의 단위로 설정되어 매우 미세하며 정확한 지점을 살짝 벗어나는 경우는 무수히 많으므로 약간은 유연하게 생각할 필요성이 있다. 가장 중요한 것은 BC 프로젝션 값이 AB=CD 패턴의 완료와 밀접하게 수렴되어야 한다는 것이다.

AB=CD 패턴 요약

1. 최소한 AB=CD 비율 값은 완료되어야 한다(알트 AB=CD 패턴이 있으니 고려하라).
2. C점은 1보다 작아야 한다.
3. BC 프로젝션은 C점까지 어느 정도의 되돌림을 주느냐에 따라 달라진다.
4. 거리, 비율, 시간의 3요소를 기억하자.
5. AB=CD 패턴에서 가장 중요하게 기억해야 할 것은 BC 프로젝션과 밀접한 범주 내에서 반전 영역이 수렴하는 것이다.

알트 AB=CD 패턴

•

기본 AB=CD 이외에 확장된 형태의 대체 패턴인 알트(ALT) AB=CD 패턴의 개념이 있다. 즉 AB=CD에서 대체의 역할로 쓰이는 패턴이다. 알트 AB=CD 패턴은 특정 측정 값을 갖는 구조다. 이 패턴 역시 PRZ 수준을 정의하는 데 사용되며, 하모닉 패턴의 필수 조건 값으로 사용된다. 현재 보편적으로 많이 측정되는 패턴은 1.27AB=CD와 1.618AB=CD 패턴이다. 초기에는 0.618AB=CD나 0.786AB=CD의 개념도 있었으나, 현재 하모닉 패턴의 반전을 판별할 때는 거의 사용되지 않는다.

그림 1-27 | AB=CD 패턴의 종류

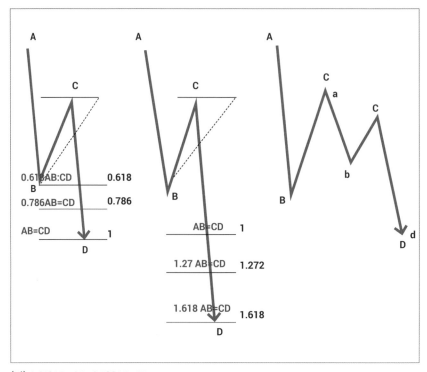

(좌) 0.618AB=CD, 0.786AB=CD

(중앙) 1.27AB=CD, 1.618AB=CD

(우) AB=CD 기본 구조 중 CD 부분이 다시 AB=CD가 포함되어 있는 경우, AB=CD(ab=cd)

역 AB=CD 패턴

•

기본적인 마름모 형태의 AB=CD 패턴의 형태 이외에, Z자나 S자 모양이라 불리는 역 AB=CD 패턴(Reciprocal AB=CD Patterns)이 있다. 가장 큰 차이는 AB=CD 패턴은 1보다 작은 되돌림 값으로 C점이 정해지는 반면, 역 AB=CD

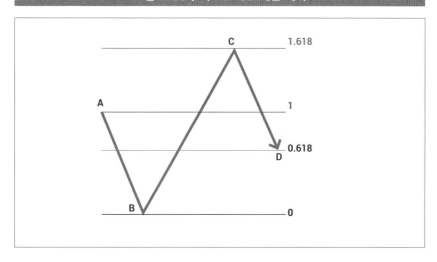

그림 1-28 | 역 AB=CD 패턴 예시

패턴은 AB=CD 패턴을 뒤집어 놓은 형태로 C점이 1보다 큰 값으로 설정된다. 이 패턴은 일반적인 W자나 M자 형태의 하모닉 패턴에서 쓰이지 않는다. 단독으로 사용되기보다는 샤크 패턴에서 연결되는 5-0 패턴과 같은 독특한 구조의 패턴에서 함께 사용된다. AB와 CD가 대칭성을 가지고 있어야 함은 물론이고 기본 형태만 다를 뿐, 적용되는 규칙은 AB=CD 패턴과 거의 비슷하다.

하모닉 이론에서 AB=CD 패턴이 가지고 있는 의미는 매우 크다. 모든 하모닉 패턴의 기본 바탕이 되는 패턴이며, 필수 전제 조건으로 포함되어야 하는 매우 의미 있는 패턴이다. AB=CD패턴, 알트 AB=CD 패턴, 역 AB=CD 패턴의 3가지 종류에 대한 차이점과 공통점을 파악하고, 그 의미와 중요성에 대해 반드시 이해하길 바란다.

HARMONICS

2장 하모닉 제1단계: 식별

하모닉 연구와 패턴

하모닉 패턴의 기초 원리는 1935년 가틀리가 자신의 저서 『주식 시장의 이익』*에서 처음 전략과 원리를 기술했다. 이후 '가틀리 222'라는 이름으로 불리게 되고, 래리 페사벤토는 가틀리 222에 피보나치 비율을 덧입혀 상용화에 힘썼으며, 이 패턴에 대한 이론을 확립했다.**

래리 페사벤토를 비롯해 하모닉을 연구한 많은 선구자가 있지만, 그중 현재까지도 이 이론에 대한 가장 활발한 활동을 펼치는 연구가는 단연코 스콧 카니다. 그는 자신의 저서 '하모닉 트레이딩' 시리즈를 통해 '크랩(Crab)', '뱃(Bat)', '샤크(Shark)', '5-0'과 같은 패턴을 발표했을 뿐만 아니라, 매매의 시작부터 포지션 정리까지 하나의 전략으로 관리될 수 있는 이론으로 발전시켰다. 또 패턴을 읽는 전략 및 성공의 여부 판단, 리스크와 자산 관리에 대한 심리적인 부분에서도 통찰력을 보여주며 하모닉 이론의 깊이를 더했다.

---

*   H. M. Gartley, Profits in the Stock Market, 1935, p. 222
**   Larry Pesavento, Fibonacci Ratios with Pattern Recognition, 1997

하모닉 패턴의 개념

•

하모닉 패턴의 주된 이론은 금융 시장에서 피보나치 비율 상관관계와 그 대칭성의 균형을 추종하는 가격과 시간의 움직임이다. 피보나치 비율 분석은 자연의 법칙을 따르므로 모든 시장과 모든 시간대 차트에서 동일하게 사용된다.

이 이론의 기본 개념은 가격의 되돌림과 확장의 반복된 흐름을 피보나치수열을 사용해 주요 반전 지점인 변곡점을 잡아내는 것이다. 또한 하모닉은 지지 또는 저항 역할을 하는 점을 판별해 패턴을 구성하며, 이들의 비율 관계를 활용해 예상 가격의 기대치를 추론한다. 그리고 목표가(Target)와 손절가(Stop Loss)에 대한 가격 수준을 어느 정도 일관되게 미리 제공한다. 패턴마다 고유의 값과 규칙이 정해져 있으니, 그 차이점을 파악하고 훈련을 통해 익혀야 할 것이다.

거래 진입과 손절

•

대부분의 하모닉 트레이더는 패턴이 반전할 것을 예측하고 '반전 구간'에서 반대 방향으로의 추세 트레이딩을 시도하는데, 이것이 더 큰 추세로 보았을 때 역추세 거래가 될 수 있다. 그러나 큰 추세 속에서 같은 방향으로 진입하는 추세 전략 또한 세울 수 있다. 단순하게 이 이론이 역추세 트레이딩이라는 생각은 편향된 사고이니 버려라. 또한 포지션 진입을 하려면 '잠재적인 반전 구간'에서 추세 반전에 대한 가격 흐름을 꼭 확인해야 한다.

대부분 하모닉 패턴의 진입은 잠재적인 반전 구간(PRZ), 5개의 점 중에서는 D점에 해당하는 영역에서 발생한다. 일반적으로 이 D를 '잠재적인 반전 영역'

이라 부른다. 그러나 가격이 이 구간에 들어오더라도, 잠재적인 반전 거래 기회의 신호이지 반드시 반전한다는 신호가 아니다. 패턴 식별은 1단계 시작일 뿐이며 2단계의 패턴 실행 단계를 꼭 알아야 하는 이유다. 또한 진입 기준들과 패턴 유효성은 큰 추세와 현재의 거래량과 상황에 따른 기타 요인들의 영향을 받을 수 있다.

만약 패턴이 유효하고 기본 추세와 시장 내부가 하모닉 패턴 반전과 일치한다면, 진입 가격(Entry Levels, EL) 및 손절가(Stop Loss, SL)를 설정해 볼 수 있으며, 이론의 전략에 따른 이익 목표 구간을 계산할 수 있다. 또한 하모닉 패턴을 구성하는 5개의 점(X, A, B, C, D)은 지지 또는 저항 구간으로, 이 5개 점은 패턴 완료 이후에도 중요한 지지 및 저항으로 작용하므로 계속 주시해야 한다. 이 중 중심점인 B점과 반전이 될 수도 있는 구간인 D점이 지지 또는 저항의 힘이 강하기 때문에 특히 중요하다.

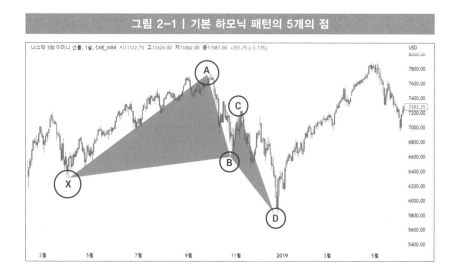

그림 2-1 | 기본 하모닉 패턴의 5개의 점

기본 하모닉 패턴의 5개의 점(그림 2-1)

X: 기본이 되는 시작점

B: 가장 중요한 중심점

D: 잠재적 반전 영역(PRZ)을 결정하는 완료점

A와 C: 다른 점들을 받쳐주는 연결점

하모닉 패턴의 형태와 기준

●

기본적인 하모닉 패턴은 M자형 또는 W자형 구조로 되어 있다. 이와 다른 형태로 Z 또는 S자형 구조가 있고, 그 이외의 형태도 있다. 이 책에서는 가틀리(Gartley), 뱃(Bat), 나비(Butterfly), 크랩(Crab)의 기본 4가지 형태와 여기에서 발전된 형태인 딥 가틀리(Deep Gartley), 알트 뱃(Alt Bat), 딥 크랩(Deep Crab), 그리고 또 다른 형태인 충격 파동(Impulse wave) 하모닉 패턴이라 불리는 샤크(Shark)와 5-0 패턴, 추가로 3 드라이브(Three Drives), 하모닉 헤드앤숄더 패턴(Head and Shoulders)을 알아보고, 조금 다른 계열이지만 흔히 사용하는 사이퍼(Cypher) 패턴까지 하나씩 다룰 것이다.

최근 진화된 하모닉(Advanced Harmonics) 패턴이라 불리는 수백 가지의 신생 패턴들이 있다. 맥스(Max)가 들어가는 맥스 뱃(Max Bat), 맥스 나비(Max Butterfly), 맥스 가틀리(Max Gartley)와 안티 가틀리(Anti Gartley), 안티 나비(Anti Butterfly), 안티 뱃(Anti Bat), 레오나르도(Leonardo), 블랙 스완(Black Swan), 화이트 스완(White Swan), 넨스타(Nen star), 드래곤(Dragon) 패턴 등 무궁무진하다.

하지만 누가 지었는지, 어떻게 알려졌는지, 정확한 규칙과 패턴의 생성 알고리즘이 무엇인지 알기 모호하다. 오랜 시간의 정확한 연구 결과와 그것에 대한 자료가 검증되지 않은 패턴이기에 표준화해 사용하기 힘들다고 판단되며, 일관성이 또한 입증되지 않았다고 생각한다. 그러므로 이 책에서는 다루지 않음을 밝히며, 만약 사용한다면 각별한 주의를 기울이기를 바란다.

PRZ와 필수 요건 보완 값

PRZ 기본 개념

●

잠재적인 반전 영역, PRZ(Potential Reversal Zone)에 대해 알아보자. 이 개념
은 스콧 카니는 1998년 저서 『하모닉 트레이더』에서 처음 소개되었는데, 이
렇게 설명했다.

> 이런 수들이 모이면, 거래를 취하기 위해 최적의 포인트를 평가할 수 있다.
> (…) 이 수렴 영역을 잠재적 반전 영역이라고 한다.

PRZ는 지지와 저항을 나타내는 새로운 측정 방식을 사용해 하모닉 패턴에
서 판별 이후 실행 영역을 정밀하게 측정하기 위해 만들어졌다. PRZ는 자연
적인 시장의 움직임을 기반으로 시장의 흐름이 잠재적으로 흐름 추세가 변
경될 수 있는 중요한 영역을 나타낸다. 스콧 카니는 책에서 다음처럼 설명하
며 PRZ 영역은 반전 가능성이 수렴하는, 한곳으로 모이는 집중성이 있다고
했다.

집합점, 수렴(Convergence)

피보나치 수와 가격 패턴들의 수렴은 반전 가능성이 매우 높은 영역을 제공
한다는 것이 역사적으로 증명되었다.

즉 PRZ는 수렴(Convergence) 현상을 포함하고 있으며, 이 단어에 대한 원리
를 이해해야 한다. XA의 값을 하모닉의 패턴 완료 값인 D점으로 가정했을 때
여러 개의 지지와 저항이 겹치는 지점, 또는 매물대 영역, AB=CD값과 BC 프
로젝션 등 여러 가능성 있는 숫자가 특정 영역에서 모인다면 반전에 대한 높
은 확률을 받아들이고 존중해야 한다.

PRZ는 잠재적인(Potential) 반전(Reversal) 영역(Zone)의 약어다. 원래 '잠재
적인'이라는 단어 대신 '가격(Price)'으로 하자는 의견도 있었다고 한다. 그러
나 하지 않은 이유는 '프라이스(Price)' 리버설(Reversal) 존(Zone)이라는 어감
이 '이 가격에서 반드시 반전한다'라고 단정 지어 버리는 듯했기 때문이었다
고 한다. 그래서 프라이스가 아닌 포텐셜을 택했다고 하니 '잠재적인'이라는
단어를 꼭 기억하자.

- 잠재적인(Potential): 추세가 이 영역에서 반전한다는 것이 아니라, 할 수 있
  는 가능성이 크다는 의미
- 반전(Reversal): 반전할 수도 있는
- 영역(Zone): 어느 한 점을 지칭하는 것이 아니라 어느 구역, 구간을 의미

PRZ 판별

●

숫자의 가중치를 둘 때, 일반적으로 숫자가 클수록 좋다.

스콧 카니는 경우에 따라 어느 정도의 가중치가 있는 숫자들이 있다고 생각했다. 즉 가장 큰 가격대에서 계산한 피보나치의 수가 가장 의미 있게 중요하다는 것을 나타내고, 패턴이 클수록 반전 가능성이 크다. 이 뜻은 1시간 차트보다는 일일 차트의 패턴이 더 유의미하게 중요하다는 뜻으로 해석될 수도 있으며, 한 큰 패턴 안에 작은 패턴이 있는 경우는 큰 패턴이 더 중요하다는 것으로 해석될 수도 있다.

예를 들면 큰 가틀리 안에 오른쪽 날개가 만약 크랩 패턴이라면 더 큰 가틀리 패턴의 반전 영역인 D점이 더 중요할 수 있다는 것이다. 그러나 항상 그렇게 반응한다는 절대 법칙이 아니라는 것을 기억하라. 또한 PRZ에서 반전하지 않는다면 기존 추세의 지배적인 경향이 굉장히 강하다는 것을 암시하는 것이며, 이에 맞는 대응을 해야 하는 것을 기억해야 한다.

어디까지나 PRZ는 '잠재적인' 영역임을 명심해야 한다. 또한 이러한 개념을 이해하고 사용하려면, 꾸준히 대응하는 법을 배우고 익히며, 훈련과 경험을 통해 감각을 연습하는 '인내와 노력'이라는 시간이 필요하다.

PRZ와 보완 값

●

PRZ는 보편적으로 D점을 가리킨다. 많은 경우에 XA값이 PRZ로 설정되고

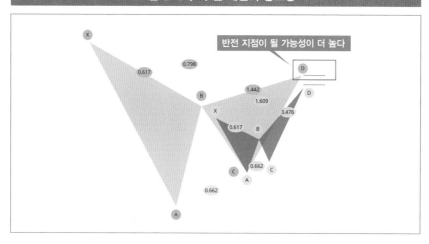

그림 2-2 | 더 큰 패턴의 중요성

이를 보완하는 AB=CD 패턴과 BC 프로젝션, 이 2가지의 값이 XA값을 보완 하도록 설계되어 있다. 하모닉 패턴은 이 보완 값들의 필수 전제 조건을 반드 시 만족해야 한다.

XA값

시작점인 X점에서 패턴의 고점 또는 저점인 A점을 지나 완료점인 D점에 도달하기까지 얼마만큼의 비율로 되돌리거나 확장시켰는지에 대한 값을 이야 기한다.

AB=CD값

모든 하모닉 패턴은 반드시 최소한 AB=CD 패턴 완성의 요건을 갖추어 야 한다. 적절한 요건 충족 후 패턴이 그보다 더 커지는 것은 자연스러운 일이다. 최소한의 수준인 AB=CD 패턴이 있고, 더 큰 확장 레벨의 수준인 1.27 AB=CD, 1.618 AB=CD가 있다.

하모닉 피보나치 숫자 중 기본 비율인 0.618이나 0.786에서 뻗어나가는 숫자 중 하나일 경우가 많다. AB=CD 패턴에서의 BC값은 1.27, 1.618, 2.618, 3.14 등이며, 최대 3.618이다.

BC 프로젝션

프로젝션(Projection)의 사전적 의미는 '예상, 추정'으로, BC 프로젝션은 BC의 되돌림 비율이 D점까지 얼마만큼의 비율로 뻗어나가느냐를 예상해 보는 값이다. 각각의 하모닉 패턴에 따라 한계치가 다르게 적용된다.

BC 프로젝션의 규격은 약간의 유연성을 동반할 수 있으나, 일반적으로는 반드시 규격을 준수해야 한다.

하모닉 패턴의 분류

가틀리 패턴이 가장 먼저 발견된 이후 이 패턴을 연구한 여러 하모닉 선구자가 있었다. 그들은 패턴의 상용화와 대중화를 위해 정밀하고 정확성 있으며 일관된 결과를 보여줄 수 있는 패턴의 필요성을 느껴 피보나치 비율을 대입하고 X, A, B, C, D 5개의 점을 도입하는 등, 초기의 연구에 그치지 않고 더욱 발전시켰다. 또한 비율에 따라 여러 가지 새로운 구조를 발견하고 패턴을 분화시켰다.

그림 2-3 | 패턴별 발표 연도

1935	1992	2000	2001	2003	2011
가틀리 패턴	나비 패턴	크랩 패턴	뱃 패턴	5-0 패턴	샤크 패턴

패턴 성질에 따른 3가지 분류

•

하모닉 패턴을 분류하는 방법은 여러 가지다. 다만 패턴 성질에 따라서는 되돌림 구조 패턴, 확장 구조 패턴, 기타 구조의 3가지로 나누어 생각해 볼 수 있다.

패턴 성질에 따른 분류

1. 되돌림 구조 패턴(X점을 초과하지 않는): 가틀리, 뱃, 알트 뱃, 샤크, 5-0
2. 확장 구조 패턴(X점을 초과하는): 알트 뱃, 크랩, 딥 크랩, 나비, 샤크
3. 기타 구조: 3 드라이브, 헤드앤숄더
* 하모닉 임펄스 웨이브 패턴: 샤크, 5-0

되돌림 패턴과 확장 패턴의 차이점은, Z자나 S자 구조인 5-0을 제외하고는, 일반적으로 W자나 M자의 형태이기 때문에 X점으로 회귀할 때 기준점인 X점을 1 이상 초과하느냐 하지 않느냐의 차이라 할 수 있다.

D값이 X점을 기준으로 1을 넘지 않는 가틀리와 뱃은 대표적인 되돌림 패턴이며, 1을 넘어가는 나비와 크랩은 대표적인 확장 패턴이다.

또한 비교적 최근에 발견된 패턴인 알트 뱃과 샤크는 되돌림 패턴도 될 수 있고 확장 패턴도 될 수 있다. 그 이유는 PRZ의 범위가 되돌림 범위인 0.886과 확장 범위인 1.13 구간까지를 모두 D점으로 포함하고 있기 때문이다.

이외에 3 드라이브와 하모닉 헤드앤숄더 패턴 등이 있다. 이 패턴들의 구조는 일반적인 구조가 아닌 독특한 구조들의 대칭성을 이용한 패턴이라 할 수 있다.

패턴을 구성하는 각 점에 따른 분류

•

하모닉 패턴을 분류하는 기준은 W자형과 M자형이 기본이다. 대표적인 패턴인 가틀리, 뱃, 알트 뱃, 나비, 크랩, 딥 크랩 패턴의 형태는 XA를 동일한 기본 가격의 흐름이라 가정했을 때, B점의 되돌림 비율 수치에 따라 패턴이 정해진다.

점에 따른 분류

1. B점의 위치에 따른 분류: 가틀리, 뱃, 알트 뱃, 나비, 크랩, 딥 크랩

2. A보다 큰 C점의 형태에 따른 분류: 샤크(XABCD 툴 기준), 사이퍼

3. 이외의 특별한 구조: 5-0, 3 드라이브, 헤드앤숄더

그림 2-4

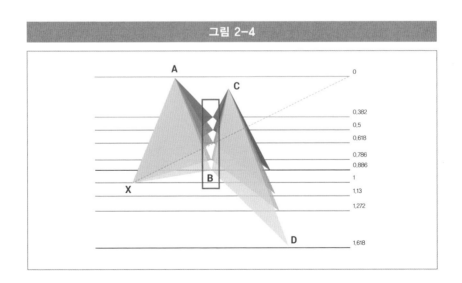

가격 흐름의 한 추세인 XA선(leg)을 기본으로 두고 되돌림 중심점인 B점의 위치에 따라 D점의 반전 영역이 달라지는 것이며, 이 반전 영역을 예측하는 것이 바로 하모닉의 꽃이라 할 수 있다. 이런 구조적인 이유로 B점의 위치에 따라서도 패턴을 분류해 볼 수 있다.

샤크 패턴은 조금 독특하다. 원래의 패턴대로의 규격이라면 샤크는 XABCD로 이루어진 게 아니라 0XABC로 이루어져 있기 때문에, 샤크 또한 B점의 위치에 따라 분류된다고 볼 수 있다. 일반적으로 샤크 패턴은 XABCD 툴을 이용해서 작도하고, 비슷하지만 다른 성질을 가지고 있는 사이퍼 패턴은 사이퍼 전용 툴로 작도한다. 중요시하게 생각하는 관점에 따라 사이퍼 툴로 샤크 패턴을 작도하는 전문가들도 있다. XABCD의 형태로 생각해 보았을 때 다른 패턴들과 비교해 이 두 패턴은 C점이 A점보다 높은 위치 차이를 인지하는 것이 중요하다.

이 중요성을 고려해 샤크와 사이퍼는 C점 위치에 따른 분류로 나누어 보았다. 그리고 5-0과 3 드라이브, 헤드앤숄더는 여기에 해당하지 않는 특별한 구조로 분류했다.

하모닉 M자 또는 W자형의 기본 패턴

하모닉 패턴의 기본 형태는 M자 또는 W자형이다. 강세를 의미하는 불리쉬(Bullish) 패턴은 패턴 완료 이후 불리쉬한, 즉 상승 흐름을 보여주는 패턴이 되며 주로 M자형 패턴을 뜻한다. W자형 패턴은 약세, 즉 베어리쉬(Bearish) 패턴이라 부르며 패턴 완성 이후 하락 흐름을 보여준다. 모든 패턴은 형태만 다를 뿐, 동일한 원칙과 규격이 적용된다.

가틀리 패턴(Gartley Pattern)

•

기본 가틀리 패턴

1935년 가틀리의 저서에 나온 한 장의 그림으로 시작된 이 패턴은 그의 이름을 따서 가틀리 패턴이라 부르고 있으며, 그림이 나온 페이지를 따서 '가틀리 222'로 오랫동안 불리었다. 하모닉 패턴 중에서는 가장 기본이 되는 M자 또는 W자 형태의 가장 고전적인 되돌림 패턴이다.

패턴에는 규칙이 존재하며, 설정된 각 규칙에 맞게 알맞은 패턴이 식별되는 것이다. 그러나 가틀리 패턴의 초기에는 어떠한 피보나치 비율도 없었다. 이 패턴을 다듬는 것은 하모닉 선구자들의 연구 초기 가장 중요한 도전 과제였다.

그림 2-5 | 기본 가틀리 패턴 필수 구성 요소

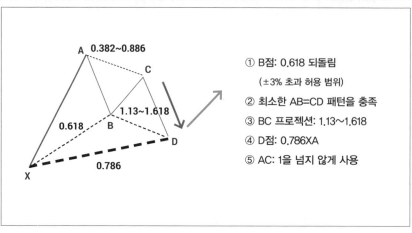

A 0.382~0.886

C

① B점: 0.618 되돌림

(±3% 초과 허용 범위)

② 최소한 AB=CD 패턴을 충족

1.13~1.618

③ BC 프로젝션: 1.13~1.618

0.618 B

④ D점: 0.786XA

D

⑤ AC: 1을 넘지 않게 사용

0.786

X

* B점은 XA의 0.618 비율(61.8%) 되돌림을 가진다(±3% 공차 허용).

* AB=CD 패턴이 최소한의 요구 조건이며, 보통 기본 비율로 나타나지만 1.27AB=CD 규격에 더 근접할 수도 있다.

* BC 프로젝션 값은 대부분 규격에 잘 맞는다. BC값은 AB=CD와 함께 PRZ 영역 측정의 대표적인 보완 값으로 사용된다.

　　기본적인 가틀리 패턴의 형태는 AB=CD 패턴 값 기본 전제 조건에서 퍼펙트(Perfect) AB=CD의 비율 숫자인 0.618:1.618 또는 기본 비율의 숫자인 0.786:1.27의 비율을 흔히 가진다. 이 비율의 숫자가 아니어도 괜찮으나, 반드시 AB=CD 또는 1.27 AB=CD의 패턴을 내포하고 있어야 한다.

　　AB=CD 패턴과 가틀리 패턴은 거의 동일하다. 주요한 차이점은 AB=CD 패턴은 A, B, C, D의 4개의 점으로 이루어져 있다면, 가틀리 패턴은 이 4개 점 왼쪽에 이 점을 지탱해주는 X점이 추가되었을 뿐이다. 그러므로 가틀리 패턴이 완성되려면 AB=CD 패턴이 포함되어야만 한다.

　　작도 시 기본 가틀리는 XA에 대한 0.786 되돌림 자리에서 반전을 기대하

그림 2-6 | 하모닉 패턴의 기원

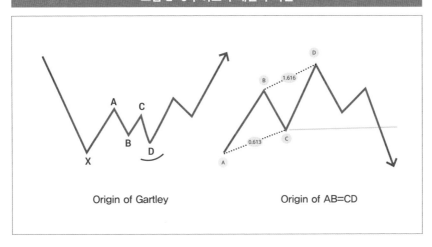

Origin of Gartley   Origin of AB=CD

며, 이 구간을 0.786XA라 표기하고 보편적으로 D점으로 설정한다. 또한 크게 본다면 초기 저점인 X점에 닿지 않는 기존 추세의 연장을 뜻한다. 이는 앞에서 설명한 패턴들의 기원에서 찾을 수 있다(그림 2-6).

가틀리 패턴의 기원은 추세 내에서 X점을 초과하지 않는 눌림목의 의미를 지니고 있다. 재차 반전하는 것은 저점 또는 고점을 갱신하지 않고 지지 또는 저항의 자리 확인 후, 다시 기존의 큰 추세 연장을 이어나가는 것을 뜻한다.

딥 가틀리 패턴(Deep Gartley Pattern, 또는 가틀리 886 패턴)

일반적으로 이 패턴은 필수 전제 조건인 AB=CD 패턴의 규격이 가틀리 패턴과 함께 완료되느냐가 관건이다. D점의 예상 값이 최소한의 요건인 AB=CD 패턴을 충족하는 값에 도달되지 않는다면, 가틀리 패턴에서 발전된 딥 가틀리

그림 2-7 | 딥 가틀리 패턴 필수 구성 요소

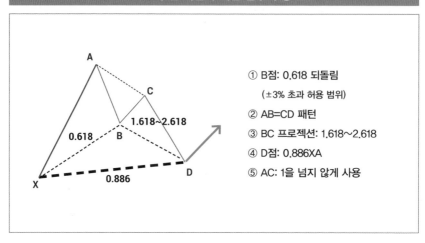

① B점: 0.618 되돌림

   (±3% 초과 허용 범위)

② AB=CD 패턴

③ BC 프로젝션: 1.618~2.618

④ D점: 0.886XA

⑤ AC: 1을 넘지 않게 사용

패턴을 생각해 볼 수 있다. 딥 가틀리 패턴은 가틀리 패턴의 0.786XA 가격 수준이 AB=CD 패턴의 규격을 만족하지 못할 때 패턴 완료 값이 0.786XA에서 0.886XA으로 길어지는 형태로 사용된다.

퍼펙트 가틀리 패턴(Perfect Gartley Pattern)

사실 패턴이 퍼펙트이냐 퍼펙트이지 않느냐는 중요하지 않다. 퍼펙트 가틀리 패턴은 어느 일정한 비율을 지칭하는 것으로 이상적인 구성 요소를 가지고 있다. 그러나 퍼펙트라 해서 반전이 더 드라마틱하게 진행되는 것은 아니다.

가틀리 패턴은 일반적으로 추세의 방향 내에서 나오는 패턴이다. 그러므로 가틀리 패턴을 찾는 이상적인 위치는 추세 채널 안에 있다. 만약 반전에 실패하며 구성 요소를 위반한다면, 재빠르게 크랩 패턴의 형성 유무 또한 생각해 보아야 한다.

그림 2-8 | 퍼펙트 가틀리 패턴 필수 구성 요소

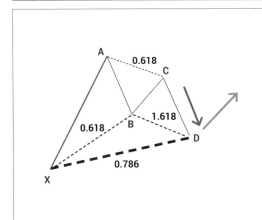

① 0.618의 B점과 C점
② PRZ에서 XA선의 정확한
  0.786 되돌림
③ BC 프로젝션=1.618BC
④ 동등하고 완벽한
  0.618:1.618=AB:CD의 비율

대표적인 패턴 반전의 무효화 조건에는 D완료점이 생성될 시기에 X점을 강하게 뚫어주며 초과한 후 지속되는 것이다. 항상 그런 것은 아니지만, 일반적으로 가틀리 패턴은 크랩 패턴보다 C점의 되돌림이 좀 더 깊은 경우가 많다. 가틀리는 전형적인 되돌림 패턴으로 리스크를 줄이고 좋은 진입점을 찾는 눌림목 전략의 대표적인 패턴이며, 크랩 패턴은 확장 패턴이라는 본질적인 차이점이 있다.

이는 추세의 힘을 생각해 보면 간단한 이치일 수 있다. 패턴이 완성되려면 우선 B점까지 완성이 되어주어야 고려해 볼 수 있으며, 이후 C점이 A점을 초과하면 안 된다. 다시 한번 강조해서 이야기하지만 가틀리 패턴 완성에서 가장 중요한 사실 중 하나는 최소 AB=CD 패턴의 규격을 반드시 충족시켜야 한다는 것이다.

나비 패턴(Butterfly Pattern)

•

나비 패턴의 기원

나비 패턴은 하모닉 선구자인 브라이스 길모어(Bryce Gilmore)에 의해 발견되었다. 그의 저서 『프라이스 액션(Price Action)』(2007)에서 XABCD에 관해 다음과 같이 서술했다.

> X-ABCD 기하학은 시장이 주요한 반전 또는 조정 움직임으로 추세를 반전시킬 정확한 가격을 식별할 수 있는 유일한 방법이다.

브라이스 길모어는 1988년 기하학과 피보나치 비율 합계를 포함한 최초의 파동 컴퓨터 프로그램을 개발했다. 웨이브 트레이더 프로그램(Wave Trader Program)은 스윙과 비율을 계산하며 총 10가지의 패턴을 분류하는 방식으로 구성되어 있었다. 그는 평소에 자신이 시도하는 모든 것에 대한 완벽주의자였다고 한다.

나비 패턴은 1992년에 래리 페사벤토와 브라이스 길모어가 함께 앉아 웨이브 10 패턴 형태를 보고 있을 때 생겨났다. 여러 가지 색깔로 나타났고, 화려한 2개의 삼각형이 함께 보였을 때 래리 페사벤토는 그것이 나비처럼 생겼다고 말했다. 브라이스 길모어는 여기에서 아이디어를 얻어 이를 나비 패턴이라고 명명했다.

그림 2-9에서 왼쪽이 가틀리 패턴, 오른쪽이 나비 패턴이다. 두 패턴 모두 긴 하락 추세 끝의 바닥권에서 반전하는 형태의 구성으로 이루어져 있다. 간단하게 가틀리는 이중 바닥 같은 느낌이라면, 나비는 역 헤드 앤 숄더의 느낌

그림 2-9 | 가틀리 패턴과 나비 패턴 비교

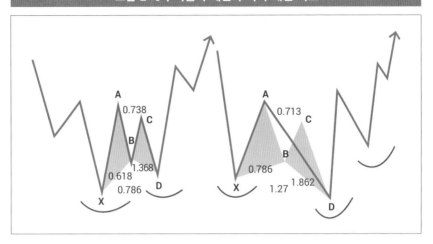

이라 할 수 있는 것이라 말할 수 있다. 즉 기원에서의 원리를 살펴보면, 긴 하락 추세를 거쳐 가틀리는 오른쪽의 D점이 신저점을 만들지 않고 지지받으며 올라가지만, 나비 패턴은 X점을 초과하며 신저점을 찍고 반전에 성공하는 형태다. 초기의 가틀리 222 패턴과 비교해서는 나비 패턴을 실패한 가틀리 패턴이라 하기도 했다.

가틀리 패턴과 비교했을 때 나비 패턴은 추세가 강해 가격의 움직임이 X점을 뚫고 지속되어 D점이 1을 초과해 더 확장된다는 점, 그리고 이후 추세를 강하게 반전시킬 수 있다는 원리를 이해하는 것이 중요하다.

일반적으로 쓰이는 가틀리 패턴과 나비 패턴의 비율 차이를 조금 더 자세히 보자. 두 패턴 모두 0.786이라는 피보나치 비율 숫자를 사용하는데 가틀리는 D점, 나비는 B점의 위치라는 차이가 있다. 가틀리는 D점의 값이 0.786XA이라면 나비는 B점이 0.786으로, 가틀리 패턴을 완성한 이후 1.27XA의 확장 패

그림 2-10 | 엘리어트 파동이론에 대입한 하모닉 패턴

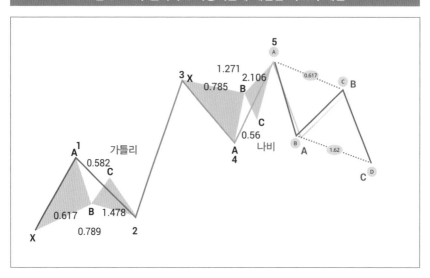

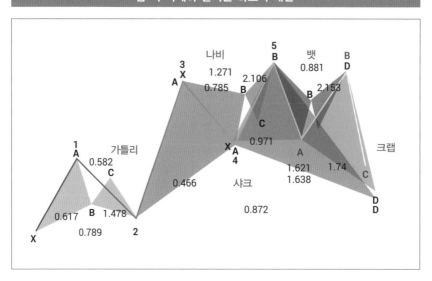

턴으로 연결되는 형태로 발전될 수 있다. 즉 가틀리 패턴 완성이 되었다고 해도, 완전한 반전 추세로 이어지지 못하고 다시 돌아와 나비 패턴까지 연결되는 가틀리+나비 패턴의 연결 구조로 진행될 수 있다. 가틀리 패턴의 짧은 반전 이후 추세를 다시 되돌린다는 구조적 이유로 나비 패턴을 '실패한 가틀리 패턴'이라고도 부른 것이다.

B점끼리 비교해보면 가틀리 패턴은 0.618 되돌림, 나비 패턴은 0.786 되돌림을 가지며, 두 패턴의 차별화를 더욱 견고하게 만들고 있다.

가틀리 패턴과 나비 패턴은 다르기도 하지만 여러 면에서 유사하기도 하다. 범위가 아닌 특정한 B점의 되돌림이 필요하고 구조 내에서 더 엄격한 피보나치 비율 배열을 보유하기 때문이다. 따라서 나비 패턴의 B점 초과 허용 규격

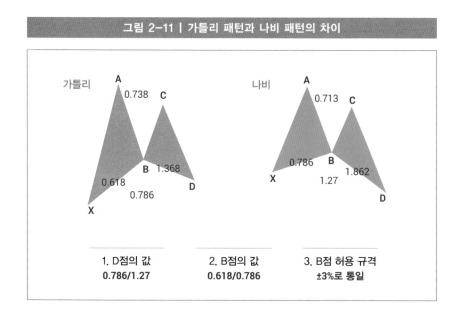

그림 2-11 | 가틀리 패턴과 나비 패턴의 차이

은 가틀리와 동일하게 ±3%로 적용되며, 다른 패턴에 비해 기준이 조금 엄격
하다.

초기의 나비 패턴의 형태: 사라진 1.618XA 나비 패턴

초기 나비 패턴 규격에서 중요한 점은 XA의 값이 1.27XA부터 1.618XA까
지 존재했다는 사실이다. 지금은 사라진 상태로 더 이상 허용되지 않는다.

초기 1.618XA를 가지는 극단적인 형태의 나비 패턴은 스콧 카니의 『하
모닉 트레이더(The Harmonic Trader)』(1997)에도 '1.618XA의 나비 패턴
(Butterfly with a 1.618 Projection of XA)'이라는 이름으로 제시되어 있다.

XA값이 늘어나려면 BC 프로젝션도 길어져야 하므로 2.618의 규격까지 좀
더 크게 허용된다. 그러나 초기의 규격은 크랩 패턴과의 차별화를 더욱 정교
하게 다듬는 과정에서 사라지게 되고, 나비 패턴은 B점=0.786/D점=1.27XA
의 규격을 가지게 되었다.

그림 2-12 | 나비 패턴의 사라진 형태

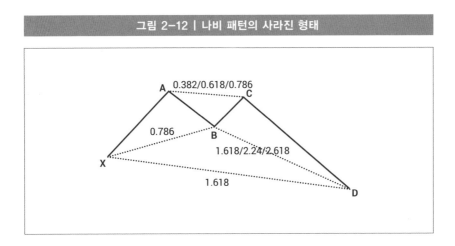

지금은 명확하게 크랩 패턴과 구별되어 1.27XA의 D값과 0.786의 B점을 가지는 나비 패턴만 나비 패턴이라 칭한다. 그 결과 나비 패턴은 0.786 되돌림 B점을 가지는 뚜렷한 특성이 있는 패턴으로 남게 되었으며, 가틀리 패턴, 크랩 패턴과 명확하게 구분된다. 이러한 성격 때문에, 나비 패턴 B점의 공차 허용 규격은 ±3%라는 비교적 짧은 범위로 설정된다.

초기 나비 패턴의 중요한 3가지 특성

1. 추진력(Thrust)

0.618을 지나 0.786 영역을 통과할 때 장대 양봉이나 갭과 같은 강한 추세의 흐름을 보여주는지 관찰해야 한다. CD선분(leg)에서 나오는 추진력은 새로운 신고점 또는 신저점을 만들 확률을 시사한다.

2. 대칭성(Symmetry)

AB=CD의 대칭성을 연구해야 한다. AB와 CD의 기울기를 살펴본다. CD가 더 가파른 각도를 보인다면, CD가 X를 넘어 나비 패턴을 형성하게 될 것이라는 단서가 될 수 있다. 이상적인 대칭성을 유치하기 위해 AB의 대칭과 기울기는 CD의 대칭 또는 기울기와 가까워야 한다.

또한 시간의 대칭성도 고려해야 한다. AB가 생성되는 데 캔들 막대가 8개가 필요했다면, CD도 캔들 막대가 약 8개를 형성해야 이상적이라 할 수 있다.

3. 실패 신호(Failure Signs)

일반적으로 1.618XA 확장을 넘어서는 움직임은 추세의 지속을 나타낸다. 이 패턴이 시장의 중요 전환점이라면 가장 뜻있는 패턴이 될 수 있지만 위험성(Risk)도 존재한다. 패턴을 평가하고 관리하는 방법을 연구하지 않으면 위험이 클 수 있다.

차트에서 가끔 0.786을 되돌린 후 1.618XA까지 확장되어 반전하는 경우도 있다. 그러나 지금 규격으로는 나비 패턴이라 불리지 않으니 이런 경우에는 기준점인 X점을 이동시키는 설정을 하거나 초과 허용 범위를 의미하는 하모닉 최적의 가격(HOP) 수준(Level)의 영역으로 생각하길 바란다. 많은 경우에 X점을 이동해 크랩 패턴으로 완성시킬 수 있다.

그림 2-13을 보자. 만약 패턴이 완성되기 전에 차트의 앞부분을 보고 선행 작도를 했다면 나비 패턴을 그려볼 수 있는 구간이다. 결과적으로 생각해보면 1,618 나비 패턴일지도 모르는 부분이 바로 이런 부분을 두고 사용되었던 게 아닐까 생각한다.

그림 2-14에서 같은 부분을 딥 크랩 패턴으로 바꾸어 작도해 보자.

X점을 살짝 이동시켜 이렇게 작도한다면 크랩 계열인 딥 크랩 패턴으로 완성된다. 그러나 선진입 시 X점을 파동 끝이 아닌 곳으로 살짝 변경해 생각하

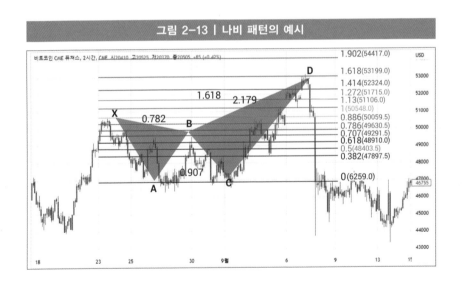

그림 2-13 | 나비 패턴의 예시

는 것은 훈련과 경험이 없다면 미리 고려하기 어렵다. 그러므로 훈련과 많은 경험을 통해 패턴 완성 전에는 다양한 시나리오와 결과가 나올 수 있다는 것을 염두하고 있어야 한다.

또한 PRZ는 잠재적인 영역이다. RSI 다이버전스(Divergence)도 정상 범주로 올라오며 확인되어야 다이버전스가 작동하듯, D점에 도달했다고 해서 반전되는 것이 아니다. 패턴 식별 후 확인(Confirm)되어야 함이 중요하다는 사실을 기억하고 사용하자.

현재 나비 패턴 구성 요소

지금의 나비 패턴의 비율 형태는 1.27XA로 규격화되어 있다. 최소한 AB=CD 패턴의 필수 전제 조건이 있으며 1.27AB=CD가 가장 보편적이다. C점은 0.618 되돌림이 선호되며, 0.382~0.886의 규격에 들어가는 것이 좋다.

그림 2-14 | X점을 이동해 딥 크랩 패턴으로 변경

그림 2-15 | 나비 패턴 필수 구성 요소

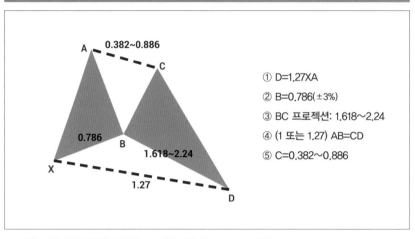

① D=1.27XA
② B=0.786(±3%)
③ BC 프로젝션: 1.618~2.24
④ (1 또는 1.27) AB=CD
⑤ C=0.382~0.886

* B점은 피보나치 되돌림 0.786(78.6%)을 가진다(±3% 공차 허용).

* 일반적으로 C점은 0.382~0.886 비율이며, 살짝 초과할 수 있으나 C가 A를 초과하지 않아야 한다.

그림 2-16 | 퍼펙트 나비 패턴 구성 요소

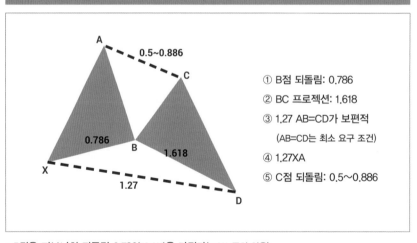

① B점 되돌림: 0.786
② BC 프로젝션: 1.618
③ 1.27 AB=CD가 보편적
  (AB=CD는 최소 요구 조건)
④ 1.27XA
⑤ C점 되돌림: 0.5~0.886

* B점은 피보나치 되돌림 0.786(78.6%)을 가진다(±3% 공차 허용).

* 일반적으로 C점은 0.382~0.886 비율이며, 살짝 초과할 수 있으나 C가 A를 초과하지 않아야 한다.

크게 나오더라도 C가 A를 초과하면 안 된다. BC 프로젝션은 규격 내에서 작은 BC값을 가질 때, 반전이 더 잘 이루어지는 경향이 있다.

퍼펙트 나비 패턴

가틀리 패턴과 마찬가지로, 퍼펙트 나비 패턴인지 그냥 나비 패턴인지를 구분하는 것은 패턴 식별에 있어 그다지 중요하지 않을 수 있다. 그러나 완벽한 이상적인 나비 패턴의 규격은 다음과 같다. D점과 B점의 값은 기존과 같고 BC 프로젝션이 1.618BC를 가져야 한다. C의 값은 0.5~0.886으로 다른 패턴들에 비해 조금 넉넉한 수치로 구성되어 있다.

나비 패턴의 중요 포인트

나비 패턴의 중요 포인트를 다시 정리해보자.

- 가장 중요한 것은 B점이 0.786이라는 것이다(0.786은 가틀리의 D점).
- 피보나치 비율의 촘촘한 배열을 갖는다.
- 1.27AB=CD를 잘 초과하지 않는다.
- 크랩 패턴과 구별되어야 한다.

나비 패턴의 강점은 긴 추세의 끝에서 종종 나오는데, 이때 반전 가능성이 커 새로운 추세에 진입한 후 빠르게 수익을 볼 수 있다는 것이다.

예를 들어 크랩 패턴이 완성된 상태라 가정해보자(그림 2-17). 1.618이라는 큰 확장을 통해 상승했기 때문에 상승 추세가 굉장히 강하므로, 우리가 기대했던 D 반전 값에서 바로 반전하지 않고 작은 나비 패턴을 한 번 더 완성한

그림 2-17 | 추세의 끝을 알리는 나비 패턴

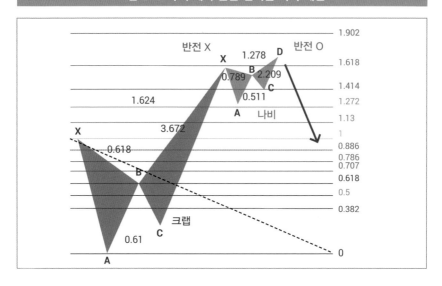

후, 비로소 추세를 돌려 강한 반전에 성공하기도 한다.

이런 경우에는 나비 패턴이 추세의 끝을 알리며, 유용하게 사용될 수 있다. 그러나 이 말은 패턴이 제때 반전하지 않으면 기존 추세의 강함으로 손실을 크게 볼 수 있으므로, 신중하고 엄격하게 관리해야 함을 의미한다.

뱃 패턴(Bat Pattern, 박쥐 패턴)

●

하모닉 비율 0.886과 1.13

① 이전의 고점 또는 저점을 지켜주는 마지막 되돌림 하모닉 비율 0.886

피보나치 비율인 0.786과 0.886은 적어도 10% 이상의 차이를 보이며, 이 되돌림은 뱃(Bat)과 가틀리(Gartley)를 구분한다.

처음에 가틀리 패턴을 바탕으로 많은 학자가 피보나치수열 정렬의 정확성을 더욱 높이고 신뢰도를 형성하기 위해 가격 구조의 개선을 시작했다. 스콧 카니 역시 이러한 연구를 하다 0.886 되돌림이라는 독특한 새로운 구조를 발견하게 되며, 가틀리와의 차별성을 발견했다. 그리고 이 독특한 비율을 사용하는 뱃 패턴을 새롭게 발견했다. 즉 1을 초과하기 전 마지막 하모닉 피보나치 비율의 지지 또는 저항 영역이라는 사실을 기억해야 한다.

그래서 이전의 고점 또는 저점을 지켜주는 의미가 강하며, 지지를 확인하는 좋은 진입 기법으로 사용되고 있다. 대표적으로 뱃 패턴의 D점, 딥 크랩 패턴의 B점을 형성한다. 또한 0.886이라는 숫자는 딥 가틀리 패턴에서도 뱃 패턴과 구분되어 사용되며, 뱃 패턴의 실패에서 발견된 알트 뱃 패턴의 D점 값으로도 쓰인다.

또한 0.886이라는 비율의 뱃 패턴을 완성한 이후, 딥 크랩 패턴으로 연결된다면, 1.618까지 확장을 유발할 수 있다. 되돌림 패턴들은 완성 이후 확장 패턴으로 연결되는 경우를 생각해 볼 수 있다.

② 피보나치 비율 1.13의 의미와 중요성: 1.13 확장(Extension)-실패한 파동(The Failed Wave)

기본 비율 = 0.618, 1.618

기본 파생 비율 =

0.886(0.786의 제곱근 또는 0.618의 네 번째 근)

1.13(1.27의 제곱근 또는 1.618의 네 번째 근)

그림 2-18 | 가틀리 패턴(좌)과 뱃 패턴(우)

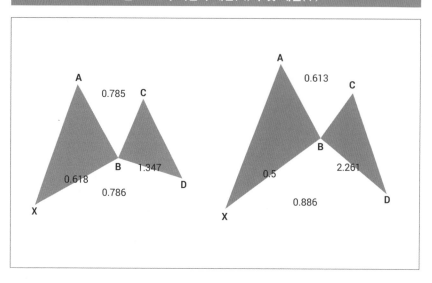

그림 2-19 | 뱃 패턴의 사용 전략

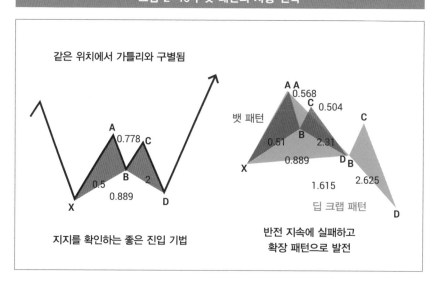

먼저 기본적으로 0.886과 1.13은 대칭 비율이다. 서로 상대적인 대칭 관계에 있기 때문에, AB=CD 패턴과 역 AB=CD 패턴을 이루는 한 쌍으로 사용되는 비율이다.

1.13 비율은 1을 초과하는 확장 비율로 기존의 지지 또는 저항 구간의 완전한 돌파에 실패하는 것을 의미한다. 이러한 이유로 손절가로 자주 사용되며, 확장 수준을 판별하는 데 기준이 될 수 있다. 스톱 헌팅의 느낌으로 1.13을 살짝 치고 추세를 틀 수 있는 어떠한 경계의 지점이기도 하다.

1.13의 수준을 넘는다면 1.27이나 1.618까지 연결되는 경우가 많다. 그러나 1.13에서 멈춘다면, 재차 리테스트를 거쳐 추세를 변경하는 경우가 종종 있다. 그러므로 1.13은 가격의 추세가 더 확장될 것인지를 구별하는 기준이 될 수 있다.

1.13이라는 피보나치 비율은 뱃 패턴과 알트 뱃 패턴을 구분 짓게 된 원인이 들어있는 중요한 숫자다. 후에 RSI 뱀(BAMM) 이론에서도 중요하게 쓰이게 되었다. 또한 이 숫자는 다른 하모닉 패턴과 샤크 패턴을 구분 짓는 중요한 요소가 되기 때문에 이 숫자를 이해하는 것이 중요하다.

뱃 패턴과 가틀리 패턴

먼저 간단히 가틀리 패턴과 뱃 패턴을 비교해 살펴보겠다. 크게 보면 2가지가 다르다. 가틀리 패턴에서 반전이 예상되는 지점인 XA의 되돌림 D점 값이 0.786이라면, 뱃 패턴은 0.886XA로 가틀리보다 좀 더 크게 되돌리는 규격으로 구성되어 있다.

두 번째는 B점의 위치다. 가틀리는 XA의 되돌림이 피보나치 비율 0.618을 가지고 있다면, 뱃 패턴의 B점은 조금 덜 되돌리는 0.5 되돌림 또는 0.382다.

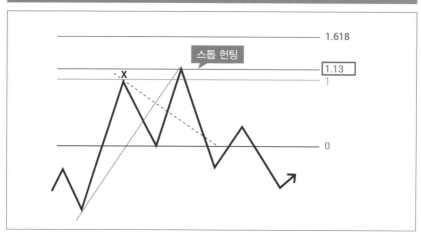

그림 2-20 | 실패한 파동

* 실패한 파동: 사전에 설정된 지지 또는 저항점의 돌파나 붕괴의 '실패'를 의미
* 스톱 로스: SL을 설정하는 데 도움을 주며, 확장 수준을 판별하는 데 기준이 될 수 있음

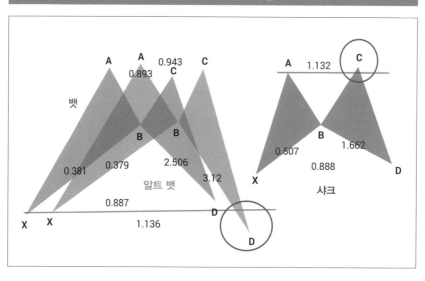

그림 2-21 | 1.13의 사용

이 차이점은 어디에서, 왜 나오는 것일까?

뱃 패턴의 탄생 계기

뱃 패턴의 기원은 가틀리 패턴과 구별하게 되는 과정에서 생겼다.

처음 가틀리 패턴이 알려진 이후 가틀리 패턴은 수많은 논란에 휩싸인다. 모든 패턴의 결과가 같지 않다는 것이었다. 패턴을 트레이딩에 실질적으로 사용하려면 패턴이 어느 정도 일관되게 적용되어야 한다. 그런데 초기의 패턴 형태는 피보나치 비율의 정렬이 없었기 때문에 트레이딩에 적용하기에 무리가 있었다. 이 논란으로 인해 패턴의 정교함과 정확성을 강조하게 되었고, 피보나치 비율의 정렬을 통해 이를 높이는 데 집중하게 된 것이다.

하모닉 연구가인 짐 케인과 스콧 카니는 패턴의 5개 점을 피보나치 비율과 함께 다듬던 중 모든 패턴이 같지 않다는 것을 깨달았다. 그들은 연구를 계속한 결과 되돌림의 비율 값이 0.618의 수치보다 일정하게 적게 주었을 때 0.886이라는 피보나치 숫자까지 D점이 일관되게 0.786보다 더 길게 뻗어나간다는 사실을 발견했다. 그 이후 0.886 피보나치 비율에 집중해 연구를 시작했고, 그 결과 피보나치 비율 정렬을 통해 높은 확률의 일관성을 가진 패턴을 발견해 뱃 패턴을 발표했다.

정리하면 그들은 피보나치 비율을 이용해 정밀도와 정확도를 높이는 데 몰두했고, 가틀리 패턴의 실패를 통해 0.786과 0.886의 차이를 깨닫게 되었으며, 이 비율 정렬에 따른 반복성과 일관성을 발견해 2001년 뱃 패턴을 창시하게 된 것이다.

스콧 카니는 2001년 뱃 패턴을 발표할 당시 이렇게 말했다. "뱃 패턴은 2001년에 제가 발견한 정확한 하모닉 패턴입니다. 뱃 패턴은 아마도 전체 하

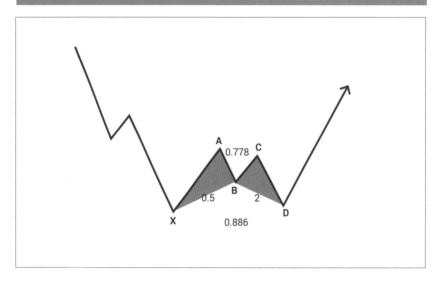

그림 2-22 | 가틀리 패턴 연구에서 발견된 뱃 패턴

뱃 패턴 탄생 요약

- 2001년 짐 캐인과 스콧 카니가 가틀리의 가격 구조 변형에 대한 연구 중, B 점 되돌림 비율의 차이와 함께 발견했다.
- B점으로 가틀리 패턴과 뱃 패턴을 구분한다.
- 뱃 패턴의 이상적인 B점은 0.5 되돌림이다.
- 뱃 패턴은 중요한 지지나 저항을 리테스트 후 반전되는 강력한 조정 구조 (Corrective Structure)로 나타난다.

모닉 트레이딩 무기 중 가장 정확한 패턴일 것입니다." 그는 뱃 패턴의 중요성을 이렇게 표현한 것이 아닐까 싶다.

뱃 패턴의 요소

이 패턴은 발견 당시 가장 정확도가 높은 패턴이라 칭하며 PRZ를 정의하는 뚜렷한 개별 요소들이 있다고 했다. 하모닉 패턴 이론이 발전함에 따라 뱀(BAMM) 이론이 추가되었는데, 이때 뱀의 B는 뱃(Bat)에서 따온 글자이기 때문에 뱃 패턴의 이해는 매우 중요하다.

전형적으로 X점으로 회귀하는 것을 되돌림 100%라 보았을 때, 88.6%는 1을 초과하기 이전의 피보나치 비율로 지지/저항에 대한 깊은 리테스트를 뜻한다. 가틀리 패턴과 구별해 이해해야 하고, 파생된 패턴인 알트 뱃 패턴은 뱃 패턴의 응용 패턴으로 존재한다는 것을 기억해야 한다.

뱃 패턴의 필수 구성 요소를 살펴보자.

뱃 패턴의 B점은 0.382에서 0.5의 값을 가진다. 가틀리 패턴이나 나비 패턴에 비해서 B점 초과 허용 범위는 ±5%로 조금 더 유연하게 허용된다. 계산하는 방법은 50%의 5%니까 55%, 즉 0.55 정도 된다고 할 수 있다.

B점은 가장 중요한 중심점이기 때문에 X점을 지지 또는 저항이 식별되는 다른 지점으로 조금 옮기더라도 B점의 비율을 피보나치의 숫자에 잘 맞게 설정할 수 있도록 노력해야 한다. 그래도 맞지 않는다면 0.5에 최대한 가깝게 맞추어 사용하도록 하자. 약간의 유연한 사고는 경우에 따라 미세하게 요구될 수 있다.

BC 프로젝션은 BC값에 대한 추정값으로 1.27BC값이 보통 가틀리 패턴에서 나오기 때문에 이것보다 큰 1.618의 숫자에서부터 시작한다. 1.618부터

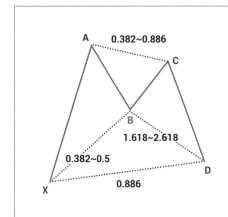

그림 2-23 | 뱃 패턴 필수 구성 요소

A　　0.382~0.886
　　　　　　　　C

B
1.618~2.618

0.382~0.5
　　　　　　　　D
X　　　0.886

① B점: XA의 되돌림 값. 0.382~0.5
　(±5% 허용), 0.5의 B점이 이상적
② BC 프로젝션: BC에 대한 예측치.
　1.618~2.618, 2.0BC가 이상적
③ AB=CD: AB=CD 최소 요구 사항.
　보통 1.27AB=CD, 최대 1.618AB=CD
④ 0.886은 가장 중요한 수이지만 다른
　하모닉 숫자들과 매우 가깝게 수렴해
　정의되는 것이 일반적

2.618 사이에 값이 위치해야 하고, 이상적인 값은 1.618BC 또는 2.0BC라 할수 있다. AB=CD 패턴은 모든 하모닉 패턴의 최소 요구사항으로 규격을 만족해야 하며 보통 일반적으로 이보다는 확장된 1.27AB=CD를 가지고 있다. D값은 0.886XA로 보통 패턴 반전에 사용되는 값이다.

퍼펙트 뱃 패턴(Perfect Bat Pattern)

이상적인 뱃 패턴을 의미하는 '완벽한'이라는 뜻을 지닌 퍼펙트 뱃 패턴을 살펴보자. 뱃 패턴의 이상적인 비율인 0.5의 B점과 2.0 BC 프로젝션, 그리고 D점은 0.886의 구성을 가지고 있어야 한다. 그리고 C값이 0.5 또는 0.618로 제한된다. 여기에서 0.5와 2.0은 대칭 비율로 1대1의 AB=CD 패턴에서 해당되는 비율이다. 그러나 완벽한 뱃 패턴의 비율은 1.27AB=CD로 제한된다. 즉 0.618과 2.0의 규격을 가지는 경우가 대부분일 것으로 생각된다. 보통 C점만

빼면 이상적인 패턴에 근접하는 경우의 뱃 패턴은 종종 있다. 그러나 C점이 0.5~0.618로 제한되어 있기 때문에, 완벽한 뱃 패턴을 찾기란 어렵다.

뱃 패턴이 실패하면 같은 수치의 B점 값을 가질 수 있는 또 다른 패턴인 크랩 패턴으로 발전할 수 있다는 사실을 기억해야 하며, 0.886 패턴을 완성한 이후에 딥 크랩 패턴으로 연결될 수도 있다. 0.886의 의미는 X점을 완전히 100% 되돌리기 이전의 마지막 하모닉 피보나치 비율을 의미하므로, 완전히 되돌린다면 기존 추세가 엄청나게 강하다는 것을 인지해야 한다. 그러나 스톱 헌팅(Stop Hunting)* 또한 일어날 수 있는 자리이기도 하므로 자세히 관찰하며 대응하길 바란다.

---

* 마켓메이커 대다수가 설정해둔 손절가를 일부러 살짝 건드리고 추세를 바꾸는 작전으로, 마켓메이커에게 사냥을 당했다는 표현이다.

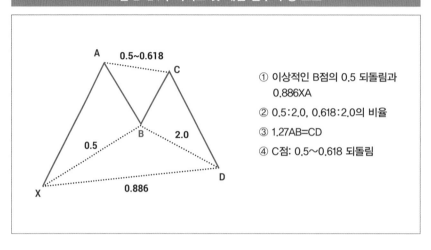

그림 2-24 | 퍼펙트 뱃 패턴 필수 구성 요소

① 이상적인 B점의 0.5 되돌림과
0.886XA

② 0.5:2.0, 0.618:2.0의 비율

③ 1.27AB=CD

④ C점: 0.5~0.618 되돌림

알트 뱃 패턴(ALTernate Bat Pattern, 대체 박쥐 패턴)

알트 뱃 패턴의 차별점

구조적으로 뱃과 알트 뱃 패턴은 유사하지만, 차별성이 있다. 알트 뱃 패턴은 뱃 패턴과는 다른 규칙이 적용되는데, 알트 뱃 패턴의 B점은 0.382로 보다 제한적이고 적은 되돌림을 갖는다. 이는 뱃 패턴의 0.5 되돌림보다 적게 되돌리기 때문에, 추세의 방향성이 강력하다는 뜻이다. 그러한 이유로 알트 뱃의 잠재적인 반전 영역은 0.886에서 1.13까지의 범위로 더 넓게 가지게 된다.

이 비율 수치들의 의미를 예를 들어 보자. 만약 1을 기준으로 손절 자리를 기다리고 있었다면, 1까지 내려오지 않고 0.886에서 올리는 경우, 또는 1에 포지션 정리를 걸었는데 1.13에서 스톱 헌팅 당하는 경우가 바로 이 비율들이 가지고 있는 고유의 성격이다. 특히 패턴이 이전의 지지 또는 저항을 리테스트(Retest, 재시험)하는 자리 바로 위 또는 아래이기도 하다.

알트 뱃 패턴은 BC가 자연의 신비롭고 아름다운 숫자인 3.14BC나 하모닉에서 자연적인 한계치에 해당되는 3.618BC의 값을 종종 가질 수 있으므로, 가격 이동을 완료할 때 강력한 변동성이 있을 수 있다.

알트 뱃의 탄생

알트 뱃 패턴은 하모닉 연구가인 스콧 카니의 뱃 패턴 연구 실패로부터 비롯되었다. 뱃 패턴이 일관되게 0.886XA에서 추세가 멈추지 않고, 1을 지나 약간 초과한 후 빠르게 반전하는 스톱 헌팅 같은 느낌을 계속 받은 것이다.

알트 뱃 vs. 뱃 패턴

1. **뱃**: 0.382~0.5의 B점 되돌림
   알트 뱃: 최대 0.382 또는 그보다 더 적음(+없이 −3%의 공차 허용)
2. 알트 뱃은 B점 되돌림을 0.382로 적게 줄 때 뱃 패턴보다 X의 값을 더 깊게 리테스트하는 것을 의미한다. 0.886의 되돌림은 패턴 완성을 정의하는 최소한의 역할을 한다.
   뱃: X점의 0.886 되돌림
   알트 뱃: X점의 0.886과 1을 지나 1.13으로 확장될 수 있음
3. **뱃**: 1.618~2.618 BC 프로젝션
   알트 뱃: 2.0~3.618 BC 프로젝션
4. 알트 뱃 패턴에는 AB=CD값이 보완 값으로 포함되지 않는다.
5. 알트 뱃 패턴은 1.13XA와 BC 프로젝션의 융합이 PRZ를 정확히 찾아낸다.

기존의 뱃 패턴은 B점이 0.618보다 적은 되돌림에서 정의된다. 일반적으로 좋은 구조는 0.5 되돌림이다. 그런데 이 패턴의 실패에서 특이성이 발견되기 시작하며 알트 뱃 패턴으로의 분화로 이어졌다. 특히 B점의 되돌림이 0.382 이하가 될 때 그 특이성은 두드러지게 발견되었다. 이것은 0.886의 기존 PRZ 예상치에서 약간 초과된 형태로 나타난다는 사실을 밝히게 된다.

이 구조는 종종 1을 넘어선 곳에서 스톱 헌팅을 유발한 후 1을 약간 초과한 1.13의 확장 지점에서 반전함을 발견했다. 이 구조물을 구별하는 데는 시간이 걸렸지만, 이러한 패턴에 의해 스톱 헌팅이 발생할수록 구조의 차별화가 필요하다는 것을 깨달았다.

이후 알트 뱃 패턴을 공식적으로 발표했으며, 패턴 유형에 대한 차별화를 두고 사용해야 할 것을 강조했다.

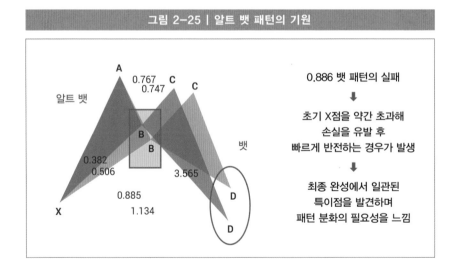

그림 2-25 | 알트 뱃 패턴의 기원

알트 뱃 패턴의 특징

뱃 패턴과 구별되는 알트 뱃 패턴만의 특징을 살펴보자.

뱃의 B점은 0.382와 0.5가 있다. 이 중 오직 0.382의 B점에서만 알트 뱃 패턴이 될 수 있다.

또한 D점은 1.13XA가 알트 뱃 패턴의 보편적인 기대치다. 하지만 최소한의 요건으로 0.886을 가지기 때문에, 패턴의 필수 요건에서 D점은 0.886에서 1.13까지의 범위를 가진다.

이 패턴은 뱃 패턴에서 보완되어 나온 패턴이기 때문에, 종종 1.13의 값에서 정확히 반전된다. 또한 이미 보완된 패턴이기 때문에 만약 1.27XA 이상 초과할 것 같다면, 패턴의 실패를 염두에 두어야 한다.

알트 뱃 패턴 필수 구성 요소

알트 뱃 패턴의 구성 요소에서는 B점이 가장 중요하다. 최대 0.382의 값을 가지고 있다. 물론 현실은 이상과 다를 수 있으므로 패턴의 유연성을 조금은 둘 수 있으나, 이론상으로 최대라는 점을 꼭 기억하자. 공차 허용 오차는 +(플러스) 값이 없이 오직 -(마이너스)밖에 존재하지 않는다.

AB=CD 패턴의 최소한의 요건은 언제나 만족해야 한다. 일반적으로 신경쓰지 않아도 보편적으로 알트 뱃 패턴은 BC 프로젝션 값이 길기 때문에 최소한의 이 규격보다는 대부분 크게 형성되며 보통은 1.618AB=CD 패턴의 값을 만족한다. BC 프로젝션은 길게 최대 3.618을 가지고, 3.14BC나 3.618BC를 가지는 패턴을 종종 볼 수 있다.

XA값은 단일 규격이 아닌 0.886~1.13XA의 범위를 가지고 있다. 이때 0.886XA는 최소 요건으로 작용한다.

그림 2-26 | 알트 뱃 패턴 필수 구성 요소

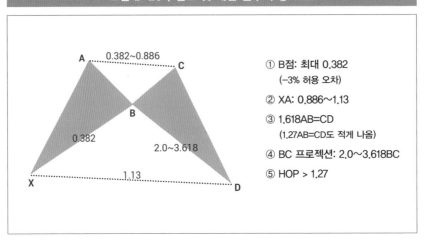

① B점: 최대 0.382
   (-3% 허용 오차)

② XA: 0.886〜1.13

③ 1.618AB=CD
   (1.27AB=CD도 적게 나옴)

④ BC 프로젝션: 2.0〜3.618BC

⑤ HOP > 1.27

1.13XA 확장을 사용하지만, 0.886XA라는 되돌림은 여전히 알트 뱃 패턴 내에서 고려되어야 한다.

알트 뱃은 0.886을 초과하지만 1.13을 초과해서는 안 된다. BC 프로젝션은 1.13을 보완하는 하모닉 숫자이며 최대 3.618BC까지 허용된다.

크랩 패턴(Crab Pattern, 게 패턴)

●

크랩 패턴의 기원

크랩 패턴은 스콧 카니가 발견해 2000년에 발표되었다. 크랩 패턴의 기원은 나비 패턴으로부터 출발한다. 기존의 옛 나비 패턴은 1.27~1.618XA의 값을 가지고 있었다. 그런데 1.618이라는 확장 레벨의 값이 독립하게 되며, 나비 패턴은 1.27XA로 한정되고 이와 구분하기 위해 만들어졌다. 즉 크랩 패턴

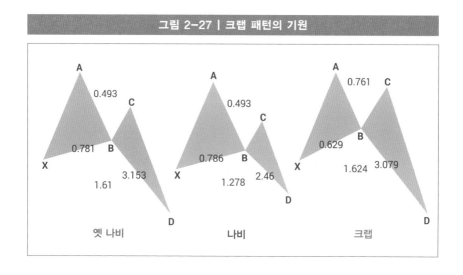

그림 2-27 | 크랩 패턴의 기원

옛 나비
나비
크랩

은 극단적인 확장 패턴이다.

크랩 패턴의 필수 구성 요소

B점이 피보나치 되돌림 비율 최소 0.382 이상부터 최대 0.618까지의 범위 영역의 비율을 가지고 있다. B점의 초과 허용 범위는 ±5%로 가틀리 패턴이나 나비 패턴에 비해선 다소 느슨하다. 일반적으로 0.382보다 작은 하모닉 비율의 규격은 BC 프로젝션 값이 위반되므로, 0.382에서는 -5% 값은 허용 범위로 두지 않는다. 그러나 0.618의 규격에서는 +를 유연하게 사용한다. 최근에는 0.618에서 5% 이상 조금 더 커지더라도 유연하게 생각하는 경향이 있다.

D점은 1.618XA를 최소한으로 갖는다. 크랩 패턴은 극단적인 확장 패턴이므로 패턴의 힘이 세기 때문에 더 나아갈 수 있다는 사실을 인지해야 한다. 이 경우 대부분 1.618AB=CD 값보다는 크게 완성된다. BC 프로젝션도 이론상으

로는 최대 3.618까지 되어 있으나 미세하게 초과하기도 한다. 그러나 일반적으로 초과하는 경우에도 1.618XA 영역의 위치는 BC 프로젝션 값 규격 안에 들어온다. C점의 비율도 유연하게 생각할 수 있으나, A보다 C의 값이 큰 경우는 절대 안 된다.

크랩 패턴의 작도를 살펴보자. 그림 2-29는 약세(Bearish) 크랩 패턴에 해당한다. 1.618AB=CD의 조건을 충족시키며(AB=CD 패턴의 규격은 충족해야 하는 최소한의 요건이다. 기본 규격을 완성한 이후 AB=CD 패턴이 그보다 확장되는 것은 자연스러운 일이다.) 1.618XA에 도달했고, 조금 초과해 의미 있는 원주율의 수인 3.14BC에서 패턴이 완성되었음을 알 수 있다.

크랩 패턴의 HOP 레벨은 2.0보다 조금 크게 잡으며, 최소 목표 이익 구간(T, Target)은 AD의 0.382=타깃 1(T1), AD의 0.618=타깃 2(T2) 되돌림 위치에 설정한다.

이상적으로는 반전 값이 전체 PRZ 영역을 테스트할 때가 좋다. 1.618 비율은 추세에 크게 힘을 받아 확장하는 것을 뜻하므로, 목표가에 도달했다 해도 바로 추세를 되돌리지 못하고, RSI의 다이버전스를 형성한 뒤 반전하기도 한다.

1.618XA과 3.14 BC 프로젝션, 1.618AB=CD가 이루어질 때 반전이 완벽하게 이루어지기도 한다.

퍼펙트 크랩 패턴(Perfect Crab Pattern)

B점이 0.618을 가지는 기본 패턴은 가틀리와 크랩 패턴이 있다. 두 패턴의 차이는 C점의 깊이에 있다. 항상 그렇진 않지만, 가틀리는 종종 더 깊은 C점을 주는 경향이 있고, 크랩 패턴의 C점은 가틀리보다 덜 되돌리는 경향이 있

그림 2-28 | 크랩 패턴 필수 구성 요소

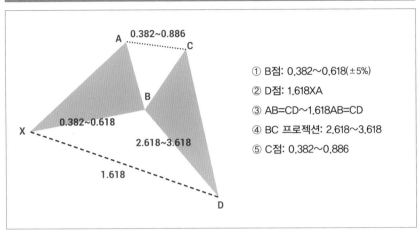

① B점: 0.382~0.618(±5%)

② D점: 1.618XA

③ AB=CD~1.618AB=CD

④ BC 프로젝션: 2.618~3.618

⑤ C점: 0.382~0.886

* AB=CD보다는 1.27AB=CD, 1.618AB=CD 값이 빈번하다.

* C점은 규정보다 초과해도 괜찮으나, 1에 너무 근접하거나 초과하면 안 된다.

그림 2-29 | 크랩 패턴의 작도

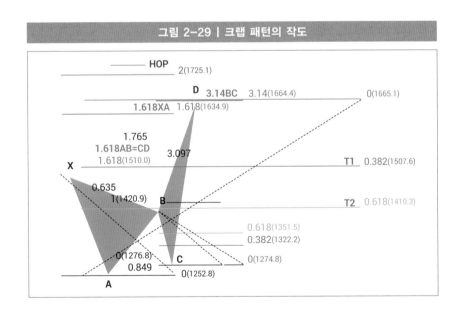

다. 이는 패턴이 추세의 힘이 강하기 때문에 더 큰 확장 값의 XA를 가지는 크랩은 뻗어나가려 하는 힘이 더 큰 것이다.

언제나 그러한 것은 아니지만, 뻗어나가는 힘이 강하다는 것은 되돌림의 힘이 약하다는 것을 의미할 수도 있다. 가격 추세로의 힘의 원리를 생각해보면 간단한 논리이기도 하다. 크랩 패턴의 구성 역시 퍼펙트 크랩이 있는데, 규격이 좀 더 까다롭게 존재할 뿐 대응 방식이나 패턴의 실패 유무의 확률에는 큰 차이가 없다.

퍼펙트 크랩 구성 요소
① B점: 0.618의 정확한 되돌림
② 3.14BC 프로젝션
③ 1.618AB=CD
④ C점: 0.5~0.618

성공률이 높은 패턴이나 패턴의 성격상 기존 추세가 강해 추세가 크게 확장된 상태라 할 수 있다. 그러므로 PRZ 리테스트 또는 강하게 오버 슈팅(Over Shooting)*이 나온 후 반전할 수 있으므로 RSI와 가격의 다이버전스, 캔들 마감 등 추세의 강도를 확인한 후에 진입하는 것이 좋다.

---

* 시장에 어떤 충격이 가해졌을 때, 일시적으로 폭등 또는 폭락했다가 시간이 지나면서 균형의 수준으로 되돌아가는 현상

딥 크랩 패턴(Deep Crab Pattern)

•

딥 크랩 패턴과 크랩 패턴의 가장 큰 차이점은 B점의 위치다. 딥 크랩 패턴이 B점을 더 깊게(Deep) 주기 때문에 이름이 딥 크랩 패턴이라고 생각하면 이해하기 쉽다. 정리하자면 크랩 패턴과 동일하게 1.618의 XA값을 갖고 있지만 B점의 위치가 다르다. 딥 크랩 패턴은 크랩 패턴과 비슷하면서도 다르므로 꼭 구별되어야 한다.

크랩 패턴과의 차이점

첫째, B점이 0.886의 값을 가지고 있다는 점이 다르다. 0.886 정도 되돌린다는 것은 중요한 지지선 또는 저항점을 위반하고 있다는 것이므로 이건 더 빠르게 1.618까지 확장되는 급격한 움직임을 자주 발생시킨다.

둘째, AB=CD의 구조가 다르다. 크랩은 보통 1.618AB=CD의 규격을 만족하는 것에 비해, 딥 크랩은 보통은 1.27AB=CD의 구조를 가진다.

셋째, B점을 더 깊게 가지므로, 이로 인해 BC 프로젝션 값 또한 덜 극단적이다. 크랩은 최소 2.618BC라면 딥 크랩은 2.0BC로 설정된다.

딥 크랩 패턴의 기원

딥 크랩 패턴은 뱃 패턴과 크랩 패턴의 2가지 패턴에서 진화된 구조라 할수 있다. 뱃 패턴의 반전 값이었던 D점을 B점으로 갖게 되고, 크랩 패턴과 동일하게 1.618 확장 구조를 가진다는 점은 같다. 하지만 B점에서 크랩 패턴과의 차이를 가지게 되었다. 이로 인해 BC 프로젝션도 자연스럽게 차이 나는 것이다.

그림 2-30 | 크랩과 딥 크랩 패턴의 차이

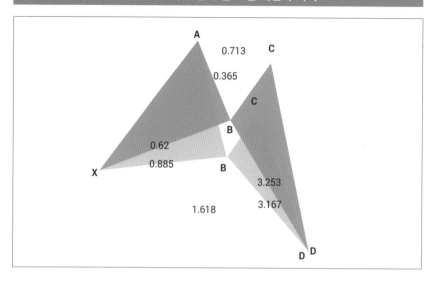

딥 크랩 패턴과 뱃 패턴

딥 크랩 패턴과 뱃 패턴을 비교해 보자. 만약 뱃 패턴이 반전 후 지속적인 추세를 유지하지 못하고, 패턴을 무효화하며 재차 하락세에 접어든다면, 이때 딥 크랩 패턴이 연이어 생성될 수 있다.

딥 크랩은 PRZ의 영역에서 1.618XA를 사용하는 5개의 점으로 이루어진 구조라는 점에서는 기본 크랩 패턴과 유사하다. 두 패턴의 가장 극명한 차이는 B점의 차이라 할 수 있으며, 이때의 B점은 X점을 절대 초과할 수 없다.

그림 2-31 | 딥 크랩과 뱃 패턴의 차이

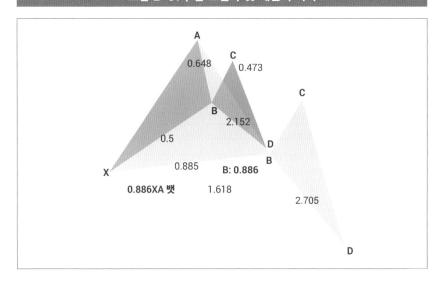

딥 크랩 패턴과 나비 패턴

딥 크랩 패턴은 나비 패턴과도 반드시 구분되어야 한다. 크랩 패턴과 딥 크랩 패턴, 그리고 나비 패턴은 B점의 피보나치 정렬 비율의 차이로 이루어진다. 크랩은 0.618, 나비는 0.786, 딥 크랩 0.886 비율의 값을 가진다. 이것을 반드시 이해하고 기억해야 한다.

딥 크랩 패턴 공차 허용 범위

딥 크랩 패턴의 B점은 0.886인데, 딥 크랩의 공차 허용 범위는 플러스(+)만 존재한다. 왜냐하면 크랩, 나비, 딥 크랩의 차이가 오밀조밀하게 위치해 있기 때문이다. 그래서 +5%만 허용된다는 것을 기억해야 한다.

그림 2-32 | 크랩 vs. 나비 vs. 딥 크랩

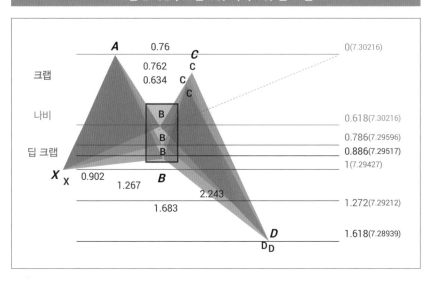

그림 2-33 | 크랩 vs. 딥 크랩

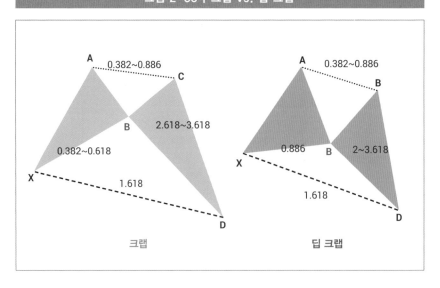

1.902XA 크랩(1.902 Crab)과 딥 크랩 패턴

●

황금 직사각형의 숨겨진 비율 1.902

크랩 패턴과 딥 크랩 패턴은 1.618XA 이외에 1.902XA의 값이 특별한 상황의 추가 값으로 존재한다. 브라이스 길모어(Bryce Gilmore)는 저서 『시장의 기하학(Geometry of Markets)』(1989)에서 새로운 방식으로 갠의 비율 및 추세선을 분석했으며, 1.902라는 숫자를 여기에서 중요하게 서술했다. 이 비율은 이집트 기자 피라미드(Giza Pyramid)에서 도출된 값이며, 브라이스 길모어는 이 숫자를 '황금 직사각형의 대각선-황금 삼각형의 비율'이라 불렀다.

그림 2-34 | 고대 기하학

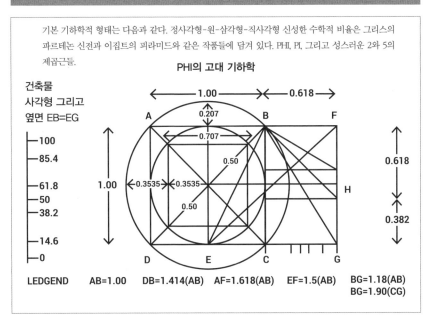

기본 기하학적 형태는 다음과 같다. 정사각형-원-삼각형-직사각형 신성한 수학적 비율은 그리스의 파르테논 신전과 이집트의 피라미드와 같은 작품들에 담겨 있다. PHI, PI, 그리고 성스러운 2와 5의 제곱근들.

PHI의 고대 기하학

건축물
사각형 그리고
옆면 EB=EG

LEDGEND AB=1.00 DB=1.414(AB) AF=1.618(AB) EF=1.5(AB) BG=1.18(AB)
BG=1.90(CG)

그림 2-35 | 1.902 비율의 기원

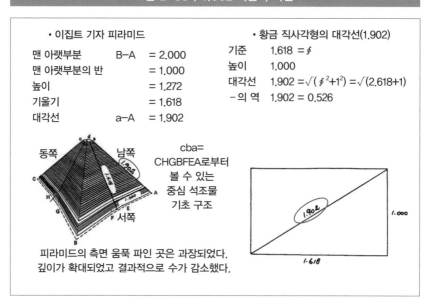

• 이집트 기자 피라미드

맨 아랫부분	B-A	= 2.000
맨 아랫부분의 반		= 1.000
높이		= 1.272
기울기		= 1.618
대각선	a-A	= 1.902

• 황금 직사각형의 대각선(1.902)

기준 $1.618 = \phi$
높이 1.000
대각선 $1.902 = \sqrt{(\phi^2 + 1^2)} = \sqrt{(2.618+1)}$
－의 역 $1.902 = 0.526$

cba=
CHGBFEA로부터
볼 수 있는
중심 석조물
기초 구조

피라미드의 측면 움푹 파인 곳은 과장되었다.
깊이가 확대되었고 결과적으로 수가 감소했다.

그림 2-36 | 황금 삼각형 비율

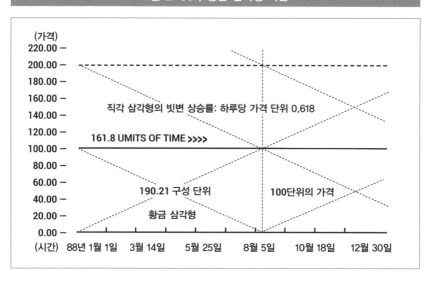

직각 삼각형의 빗변 상승률: 하루당 가격 단위 0.618

161.8 UMITS OF TIME >>>>

190.21 구성 단위   100단위의 가격

황금 삼각형

시장의 기하학(Geometry of Markets)

브라이스 길모어는 『시장의 기하학』에서 기본적인 기하학적 형태는 정사각형, 원, 삼각형, 직사각형의 4가지이고, 이러한 신성한 수학적 비율은 그리스의 파르테논 신전과 이집트 피라미드 같은 작품들에 포함되어 있다고 했다. 파이(PHI)는 1.618, 파이(PI)는 원주율 3.14를 뜻한다.

그림 2-35의 피라미드에 1.902의 비율이 쓰여 있는 것을 확인할 수 있다. 이 비율은 황금 직사각형, 즉 1과 1.618의 황금비율을 가진 직사각형에서 대각선을 이루는 비율이라 할 수 있다.

황금 삼각형의 비율 1.902

그림 2-35의 황금 직사각형을 다시 반으로 자르면 1.902라는 비율의 황금 삼각형의 한 변이 된다. 스콧 카니는 브라이스 길모어가 기술한, 이 피보나치 비율을 하모닉 패턴에 응용했다. 1.902 패턴은, 직사각형의 반이기 때문에 한쪽 변이 긴 삼각형과 비슷한 모양의 패턴 구조를 갖는다.

실제 차트 예시

크랩 패턴은 되돌림이 짧아서 상승의 기운이 강해 확장이 크게 된다는 뜻이 있다. 이 패턴이 완성되려면 크랩 패턴의 BC 프로젝션이 길어지기 때문에, 기존의 크랩 패턴과 의미와는 조금 상이하게, C값이 크게 나와야 규격을 만족할 수 있다. 이 점을 기억해야 한다.

그림 2-39는 1.902 딥 크랩 패턴의 예시다. 크랩 패턴보다는 딥 크랩 패턴에서 1.902XA 패턴이 더 많이 관찰된다. 그 이유는 크랩 패턴은 C 되돌림의 성질과 그로 인한 BC 프로젝션 값의 제한으로 영향을 받기 때문이다.

그림 2-37 | 1.902 크랩 패턴의 예시

그림 2-38 | C점의 깊은 되돌림

그림 2-39 | 1.902 딥 크랩 패턴의 예시

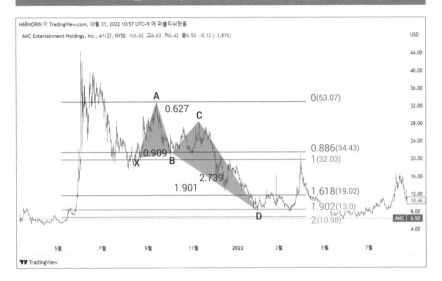

1.902 패턴은 1.618에서 반전하지 않고 더 확장되는 구조이기 때문에, 패턴 반전 실패의 경우도 있으니, 패턴이 확인(Confirmation)되는지 확인해 사용해야 한다.

하모닉 임펄스 패턴(Harmonic Impulse Waves Pattern)

하모닉 비율의 영역은 지지와 저항의 영역으로 구성되어 있다. 수익의 기회를 잡기 위해서는 전략을 평가하고 손절의 한계를 설정하는 것도 중요하지만, 무엇보다 트레이딩의 계획과 일관된 틀을 갖추는 것이 중요하다. 이러한 이유로 추세를 일관되게 분석할 수 있는 피보나치 비율을 이용한 조합이 가장 효과적인 수단이며, 하모닉 트레이딩의 본질에 자리 잡고 있는 것이다. 하모닉 임펄스 패턴 또한 특정 비율의 조합에 따라 초기 비율을 설정하며, 이 구조는 신뢰할 수 있는 일관성을 제공한다.

피보나치 비율 1.13

•

하모닉 충격 파동 패턴이라 불리우는 샤크 패턴과 5-0 패턴에 대해 알기 위해서는 가격의 흐름이 조정 후 다시 1은 넘었지만 크게 뻗어나가지 못하고 1.13에서 막히는 흐름, 즉 기존 추세의 강세에 실패해 이후에 반대 방향으로 흐름이 뻗어나가는 주가의 변동성을 이용한 거짓 속임수의 휩소(Whipsaw) 또는 스톱 헌팅(Stop Hunting)의 영역일 수도 있는 이 구조를 이해해야 한다. 때때로 1.13 연장(Extension)은 실패한 파동(Failed Wave)이라 부르며, 각각 이

전에 설정된 저항 또는 지지 지점의 파괴를 뜻한다.

트레이더의 재량에 따라 포지션을 설정할 때 저점 또는 고점인 1을 손절가(Stop Loss)로 설정하기도 하지만, 경우에 따라 1이 아닌 1.13 또한 손절가로 설정하기도 한다. 그 이유는 저점 또는 고점이 아닌 이 레벨들을 테스트하자마자 반전시키는, 즉 손절가를 1에 설정해 놓은 물량을 소화한 후 급격하게 추세를 반전시키는 경우가 많기 때문이다. 이런 이유로 1이 아닌 1.13을 손절가로 했을 때, 패턴의 궁극적인 타당성을 나타내는 가격 영역이 더욱 명확히 정의된다.

역 AB=CD 패턴(Reciprocal AB=CD Pattern)

•

샤크 패턴과 5-0 패턴을 알기 위해서는 역 AB=CD 패턴에 대해 알아야 한다. 리시프로컬 넘버(Reciprocal Number)란 역수를 지칭하는 수학 용어다. 그렇기 때문에 이는 역 AB=CD 패턴이라 할 수 있으며, 대부분 샤크 패턴과 5-0 패턴은 연결된 구조로 나타나게 된다. 이때 5-0 패턴에서 역 AB=CD 패턴은 5-0 패턴을 이루고 있는 구조 그 자체이기 때문에, 이것에 대해 아는 것은 매우 중요하다.

이 패턴은 단어가 의미하듯, AB=CD 패턴을 반대로 뒤집어 놓은 형태다. 또한 앞에서 다루었던 기본 M자나 W자형의 하모닉 패턴이 AB=CD 구조를 최소한의 필수 구성 요소로 요구한다면, 샤크 패턴과 5-0 패턴은 AB=CD 패턴 대신 역 AB=CD의 구조가 기본 바탕이 된다.

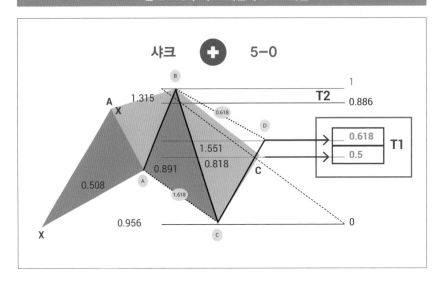

그림 2-40 | 샤크 패턴과 5-0 패턴

큰 비율이 먼저 나오는 AB=CD 형태

역 AB=CD 패턴은 전형적으로 더 긴 추세가 먼저 형성되고, 같은 길이를 가지고 더 짧은 시간에 대응을 취하는 움직임의 형태다. CD는 AB의 대칭 관계로 되돌림 후 완료되며, 이 비율들은 패턴의 잠재적인 지지 또는 저항을 확인하는 역할을 한다.

각각의 가격선은 독특한 Z자나 S자 형태의 구조를 형성한다.

일반적인 추세의 지속을 나타내는 구조를 형성하는데, 이 구조는 추세를 지속시키는 영역을 정량화해 나타낸 측정이다.

역 AB=CD도 AB=CD 패턴과 마찬가지로 각 피보나치 대칭 비율로 짝이 이루어진 고유한 구조를 가진다. 예를 들어 0.886을 먼저 되돌리고 이후 1.13의 확장을 보여준 AB=CD 패턴은 1.13의 확장이 먼저 나온 후 0.886이 되돌림

그림 2-41 | 역 AB=CD

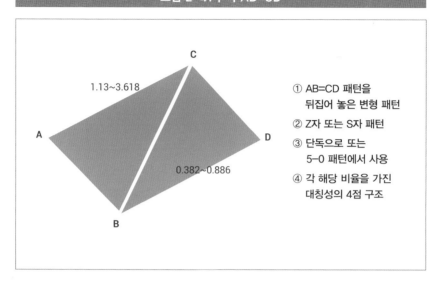

① AB=CD 패턴을
   뒤집어 놓은 변형 패턴
② Z자 또는 S자 패턴
③ 단독으로 또는
   5-0 패턴에서 사용
④ 각 해당 비율을 가진
   대칭성의 4점 구조

을 하는 형태가 역 AB=CD 패턴이다.

0.618을 먼저 되돌린 후 1.618로 확장되는 퍼펙트 AB=CD 패턴 같은 경우는 1.618에 해당하는 구간이 샤크 패턴에 먼저 나온 뒤, 0.618 비율이 연결되며 5-0 패턴을 완성하고, 역 AB=CD 패턴을 포함하는 구조를 완료한다.

역 AB=CD 패턴 구성

그림 2-41처럼 이 패턴은 A, B, C, D의 4개 점으로 구성되어 있으며, 각각 하모닉 비율의 대칭성을 띠고 있어야 한다. AB=CD 패턴과 역 패턴을 비교해 보면, 모양은 서로 다르지만 AB와 CD가 서로 대칭성을 이루고 있고 같은 거리로 구성되어 있음을 알 수 있다.

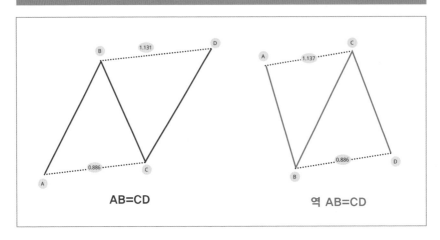

그림 2-42 | AB=CD 패턴과 역 AB=CD 패턴

AB=CD

역 AB=CD

피보나치 대칭 비율표

프로젝션	되돌림
2.24, 2.618, 3.14, 3.618	0.382
2.0	0.50
1.618	0.618
1.414	0.707
1.27	0.786
1.13	0.886

피보나치 대칭 비율

각 피보나치의 대칭 비율표를 살펴보자. AB=CD 패턴과 비교해 프로젝션의 비율이 먼저 사용되는 것이 특징이다. 이 중 샤크 패턴이 가능한 BC 프로젝션 비율인 1.618에서 2.24까지 눈여겨보아야 한다. 다른 비율은 대칭 비율이 한 가지인데 0.382라는 숫자는 더욱 극단적인(Extreme) 하모닉 비율의 구

조로 2.24보다 큰 비율들을 광범위하게 포용하는 비율임을 기억하자.

뉴턴의 제3법칙, 작용 반작용의 법칙

스콧 카니는 아이작 뉴턴(Isaac Newton)의 제3법칙인 작용 반작용의 법칙으로 이 이론을 설명했다. 뉴턴의 작용 반작용의 법칙은 다음과 같다.

> "두 물체 사이의 작용과 반작용 서로 간의 힘은, 크기가 동일하고 방향은 반대이며 동일선상에 있다."

『하모닉 트레이딩 2』(2007)에서 이 뉴턴의 법칙을 하모닉 이론에 적용시켜 패턴을 고안한 것이다. 그림 2-43은 실제 예시다.

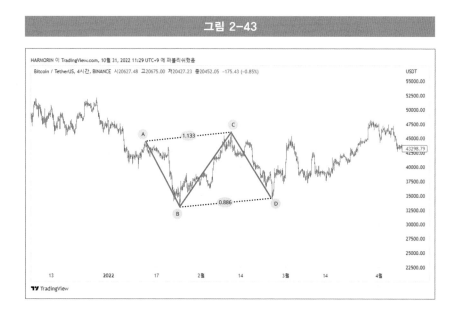

그림 2-43

샤크 패턴(Shark Pattern, 상어 패턴)

•

하모닉 임펄스 파동 패턴

샤크 패턴은 2011년에 스콧 카니가 발표한 패턴이다. 그러나 샤크 패턴은 5-0 패턴을 형성하기 전 규격으로 남아 있던 형태에 중심 값을 추가하며 패턴으로 진화된 경우다. 자신의 저서 『하모닉 트레이딩 2』(2007)에서 이미 강렬하게 가속화되어 패턴 완성을 시키는 하모닉 임펄스 파동의 설명과 함께 초기 패턴의 실마리를 잡아두었다.

피보나치 1.13이라는 비율 자체가 X점을 완전히 돌파하지 못하고, 살짝 건드린 뒤 추세를 이어가지 못한 채 다시 되돌아가는 실패의 의미가 담겨 있다.

샤크 패턴의 성격

• 기존 하모닉 패턴과는 별개로 독특한 하모닉 비율을 갖는 뚜렷한 구조다.
• 5-0 패턴의 앞에 나올 수 있다.
• 일반적으로 실패한 랠리 이후 반대 추세로 흐름이 바뀌는 형태가 된다.
• 강렬한 임펄스 구조가 일반적이며, 최고의 상황에서는 이상적인 거리와 비율의 가격 흐름을 보여준다.
• 패턴 완성 PRZ 영역이 되돌림과 확장 패턴의 가능성을 모두 가지고 있다.

샤크 패턴의 구조

샤크 패턴은 기존 하모닉 패턴과는 완전히 상이한 구조다. 일반적인 하모닉 패턴은 X, A, B, C, D의 5개 점으로 이루어져 있고, 오른쪽 날개가 AB=CD 패턴 완성이라는 최소한의 요구 조건을 가지고 있다. 반면 샤크 패턴은 0, X,

그림 2-44 | 샤크 패턴의 구성 요소 및 비율

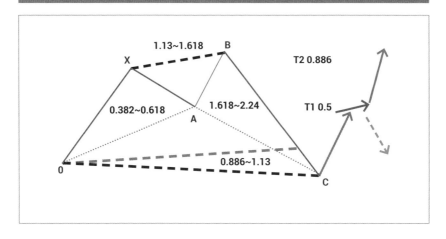

A, B, C의 구성으로 D점이 없다. 오른쪽 날개 부분이 5-0 패턴과 합쳐져서 역 AB=CD 패턴의 구조를 만족시킴으로써, 모든 하모닉 패턴은 AB=CD 패턴이 내재되어야 하는 최소한의 필수 요건을 만족시킨다. 그렇기 때문에 5-0 패턴에 종종 선행하는 패턴으로 사용된다.

샤크 패턴의 구성 요소 및 비율을 살펴보자(그림 2-44). 샤크 패턴의 특징은 D점이 없는 형태로, 각 점이 모두 범위로 이루어져 있다는 것이 중요하다. PRZ의 범위가 넓기 때문에 섣불리 완료를 판단하면 안 된다.

일반 하모닉 패턴 중심점인 B점에 해당하는 샤크의 A점은 0.382~0.618로, 초기에는 없었으나 이후 추가된 수치다. 앞서 다룬 기본 M자나 W자형 하모닉 패턴들이 A와 C의 2개의 점 중 C점, 즉 두 번째가 첫 번째 점을 초과하지 않는 형태라면, 샤크는 두 번째 점이 더 초과된 형태다. 이 부분 또한 범위가 꽤 넓으므로 잘 기억하고 사용하길 바란다.

보통의 하모닉 패턴의 D점이 위치한 PRZ 부분은 샤크 패턴의 C점으로 0.886~1.13 범위로 지정되어 있다. 즉 샤크 패턴은 경우에 따라 되돌림 패턴이 될 수도 확장 패턴이 될 수도 있다.

또한 프로젝션에 해당하는 AB의 확장 값은 1.618~2.24로 제한되는데, 이는 5-0 패턴의 규격 때문으로 여겨진다. 샤크 패턴 작도 시에 초보들이 자주 실수하는 부분이다. 1.618 이상이라는 숫자를 반드시 넘어야 하니 작도 시에 꼼꼼하게 확인하길 바란다.

0XABC 샤크 패턴의 구조

- B점은 1보다 큰 수인 1.13에서 1.618까지의 피보나치 비율 범위를 가지고 있다.
- 임펄스 구조는 극단적이고 강렬한 성격을 지니므로 최소 1.618 이상부터 2.24 연장 영역까지를 프로젝션 값으로 가진다.

B점에서 추세를 더 이상 지속시키지 못하고 이전 가격의 흐름으로 되돌리게 되는데, 이러한 가격의 움직임이 발생하는 이유는, 이 구조에서 X점의 돌파를 넘어 지속적인 상승(또는 하락)으로 이어지는 것에 대한 실패 때문이다.

샤크 패턴의 PRZ: 0.886 되돌림과 1.13 확장

앞에서 다룬 M자와 W자형의 일반적인 하모닉 패턴은 크게 되돌림 패턴 또는 확장 패턴으로 나뉜다. 가틀리 패턴이나 뱃 패턴은 되돌림 패턴, 크랩 패턴과 나비 패턴은 확장 패턴에 해당한다. 반면에 샤크 패턴은 되돌림의 0.886, 확장의 1.13을 모두 PRZ 영역으로 포함하고 있다. 그렇기 때문에 이 패턴에서 0.886과 1.13이 가지고 있는 의미는 굉장히 중요하다 할 수 있다. 주의해서 보아야 할 점은 다음과 같다.

첫째, 하모닉 임펄스 패턴의 기본 원리는 2가지의 중요한 하모닉 측정을 결합해 특별한 상황을 나타낸다.

- **첫 번째 측정값: 1.13~1.618의 가격 흐름**
- **두 번째 측정값: 1.618~2.24까지 뻗어나가는 가격 흐름**

둘째, 0.886 지지대와 극도의 임펄스 확장을 조합하면 대부분 경우 짧은 반전을 일으킨다. 즉 샤크 패턴에서 5-0 패턴으로 이어진 이후, 기존 추세대로 다시 나아갈 가능성이 많다는 뜻이다.

셋째, 이 구조는 중요 매물대의 지지 또는 저항의 확인을 나타낸다. 0.886 되돌림은 비록 강력한 지지점이긴 하지만, 일반적으로 1.618 확장이라는 극단적인 프로젝션 비율 값을 가지기 때문에 적어도 단기적인 반응을 제공한다.

넷째, 0.886 되돌림은 잠재적 지지/저항 구간이다. 하지만 짧은 반응 이후 더 큰 움직임으로 이어질 수 있다는 것을 유념해야 한다. 추세를 살짝 되돌린 후 다시 강하게 이어갈 수 있다는 뜻이다.

다섯째, 1.13의 확장은 앞에서 말했듯, 언제나 추세를 되돌릴 수 있는 전형적인 영역이다. 또한 샤크 패턴은 0.886부터 1.13까지 확장될 수 있으며, 일반적으로 1.618의 수준에서 2.24의 프로젝션 값을 만족한다.

여섯째, 샤크 패턴 구조는 빈번하게 발견되며, 꽤 정확한 신뢰도로 수익성 있는 기회를 제공할 수 있다. 다만 역추세의 반응은 짧을 수 있으므로 적극적으로 흐름을 살피며 대응하자.

샤크 패턴 작도

현재 샤크 패턴 툴은 따로 제공되지 않는다. 따라서 일반 XABCD의 기본 하모닉 툴로 대부분 작도한다. 가끔 사이퍼 패턴 툴로 샤크 패턴을 작도하는 전문가들도 있지만, C점의 격차가 다소 심한 경향이 있다. 그러므로 필자는 거의 비슷한 수치로 나타나는 XABCD 툴을 추천한다. 이 툴에 맞게 샤크 패턴을 기억하면 훨씬 수월하다고 생각한다.

샤크 패턴을 XABCD의 하모닉 툴로 바꾸어 생각해 보자(그림 2-45). 이 경우 D점에 미세한 오차가 발생하니 기억해야 하며, 처음이라면 한 번쯤은 D점의 미세한 오차를 꼭 체크하자. XABCD 툴에 맞추어 샤크 패턴 비율을 알아보자.

C점은 1.13~1.618, B점은 0.382~0.618, 반전 값인 D점은 0.886~1.13XC,

그림 2-45 | XABCD 샤크 패턴의 필수 구성 요소

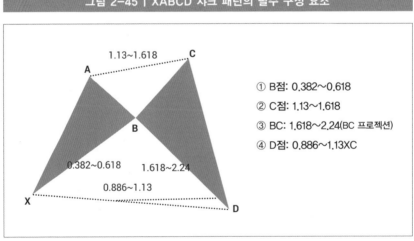

① B점: 0.382~0.618
② C점: 1.13~1.618
③ BC: 1.618~2.24(BC 프로젝션)
④ D점: 0.886~1.13XC

---

* 구조의 모든 값이 범위로 이루어져 있음

* AB=CD의 보완 값은 존재하지 않음

BC 프로젝션은 1.618~2.24로 외우면 간편하다. 샤크 패턴의 원래 구조는 0XABC로 D점이 없고 5-0 패턴과 결합하면서 AB=CD 패턴의 원리가 생기는 구조다. 그러므로 기본 샤크 패턴에서는 AB=CD 패턴의 보완 값은 존재하지 않는다.

실제 차트와 함께 샤크 패턴을 한 번 그려보자(그림 2-46). 앞에서 말했듯이 샤크 패턴은 원래 기준인 0XABC를 기준으로 하며, A값은 0.382~0.618의 규격을 가지고 있으며 D점이 없다. 그리고 일반 하모닉 패턴의 XABCD 툴을 기준으로 하면 C점이 A점보다 깊다. 이 2가지가 가장 큰 특징이라 할 수 있다.

샤크 패턴을 그리는 방법에는 크게 3가지가 있다.

<u>첫 번째 방법</u>: 0부터 시작하는 하모닉 패턴 그리기 도구가 없으므로 하나씩

그림 2-46 | 샤크 패턴 표기 방식

선을 그려 초기 패턴 구성 비율인 0, X, A, B, C를 표기한다. 피보나치 비율 수 치도 일일이 재어 따져보아야 하므로 번거롭고 불편할 수 있다.

두 번째 방법: 현재 가장 대중적으로 쓰이는 방법이다. 하모닉 패턴 전용 도 구인 XABCD 툴을 이용해 그린다(그림 2-47).

XABCD로 패턴의 각 점 이름을 위치에 맞게 변경한 경우, 샤크 패턴은 XABCD 툴 기준 B점 되돌림 값은 0.382~0.618, C점은 최대 1.618, D점은 최소 1.618 값을 넘어야 한다. 1.618이라는 숫자는 중요하니 꼭 기억하자.

그러나 이 방법은 한 가지 문제점이 있다. 이 툴의 기본은 A점을 바탕으로 XA의 수치가 측정되기 때문에, 예를 들어 0.886이라는 숫자에 맞춘다면 그 숫자를 실제로 재어 보면 정확하게 맞지 않고 미세하게 차이가 난다.

그림 2-48의 우측에 미세하게 오차가 발생한 것이 보인다. 작도 도구의 A

그림 2-47 | XABCD의 샤크 패턴

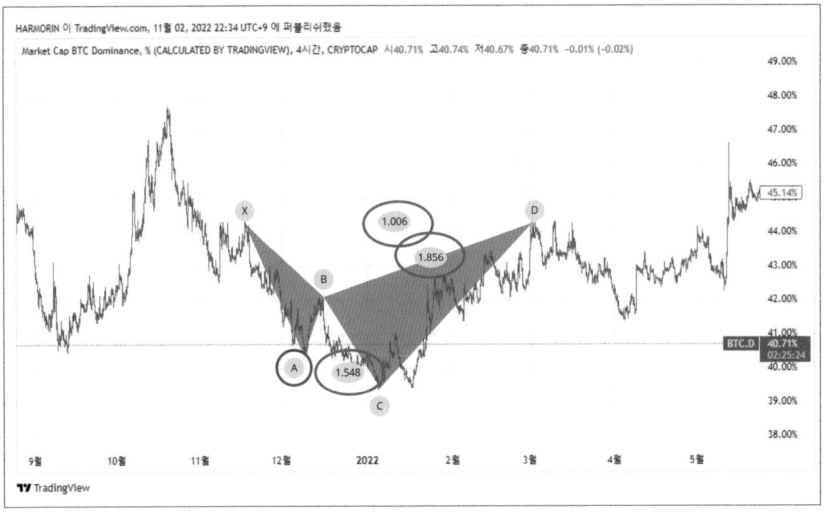

점을 움직여 보면 확인할 수 있다. 차이가 미세하므로 감안해야 하지만 그냥 사용하는 것이 보편적이다. 다만 미세한 오차가 발생한다는 점은 꼭 기억하자.

세 번째 방법: 다음은 사이퍼 툴을 이용해 그리는 방법이다. 두 번째의 방법으로 작도하면 미세한 오차가 중요한 PRZ 영역에서 발생하므로, 이 부분을 중요하게 여긴다면 C값을 기준으로 수치가 움직이는 사이퍼 툴로 샤크 패턴을 작도한다. 이 도구의 장점은 반전 영역의 D값이 정확해진다는 것이다.

그런데 이 작도 방식은 C값의 수치가 변경된다(그림 2-49). 그래서 원래의 샤크 패턴 비율과 차이가 발생하는데 이 수치는 경우에 따라 차이가 크다.

어떤 방법을 사용해도 무관하나, 일반적으로는 두 번째 방법을 많이 사용한다. 중요한 것은 자신이 측정하고 있는 작도 툴의 장단점을 알고 있어야 한다는 것이다.

그림 2-48

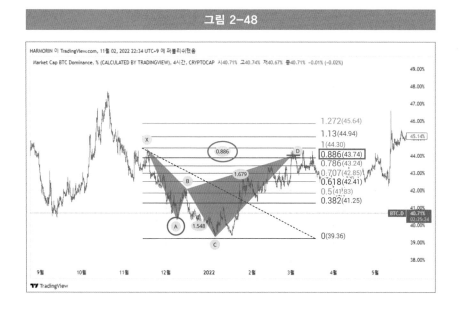

그림 2-49 | 같은 구간을 사이퍼 툴로 작도한 샤크 패턴

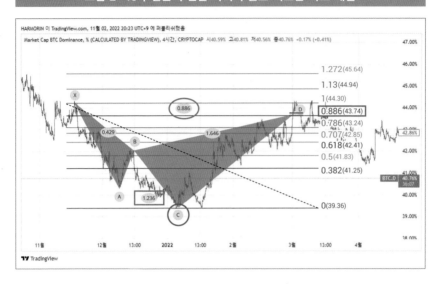

그림 2-50 | 샤크 패턴의 이익 목표가 설정

샤크 패턴의 첫 번째 목표가는 5-0 패턴으로 연결되며, T1이 0.5, T2가 0.886으로 다른 하모닉 패턴들과는 다르게 목표가가 설정된다. 패턴을 그렸다면 목표가까지 미리 표시해둔다(그림 2-50).

샤크 패턴은 하모닉 충격 파동 패턴으로 단기 거래 기회에도 비교적 정확하게 트레이딩할 수 있도록 제공된다. 하모닉 구조에 대한 본질적 이해는 흐름을 더 정확하게 해독하고 잠재적인 추세 방향을 정확하게 예측하는 데 도움을 준다. 샤크 패턴 작도 시 프로젝션 값에서 최소한 1.618의 확장을 충족해야 하는 것을 확인해야 한다. 이 패턴은 기존의 M자형, W자형 패턴들과 기술적 측면에서도 다른 패턴들과 차별화되어 구조는 동일하지 않지만, 5개 점의 역할과 기본 원리 및 원칙은 비슷하다.

샤크 패턴과 뱃 패턴

패턴을 식별하다 보면 샤크 패턴과 뱃 패턴은 종종 같은 구간에서 패턴이 겹쳐 나타난다(그림 2-51). 두 패턴 모두 D점 값을 0.886으로 가지고 있기 때문이다. 그뿐만 아니라 샤크 패턴은 패턴 완료 영역을 넓은 범위의 0.886~1.13으로 가지고 있는데, 이것 역시 알트 뱃 패턴의 D점이 가질 수 있는 범위인 0.886~1.13과 일치한다. 이러한 원리로 샤크 패턴과 뱃 패턴은 동시에 겹쳐 나오는 경우가 상당히 많다.

그러나 대응 방식에 있어서 약간의 차이를 보인다. 샤크 패턴의 최소 이익 구간은 0.5 되돌림인 것에 비해 뱃 패턴은 일반적으로 조금 짧은 AD의 0.382 구간 되돌림이 최소 이익 구간으로 설정되기 때문이다.

그렇기 때문에 샤크 패턴의 완성을 염두에 두는 경우, 뱃 패턴으로서의 완성 가능성도 고려해야 한다. 특히 RSI나 다른 근거를 통해서도 판독이 불분명

그림 2-51 | 샤크와 뱃 패턴이 함께 나오는 예시

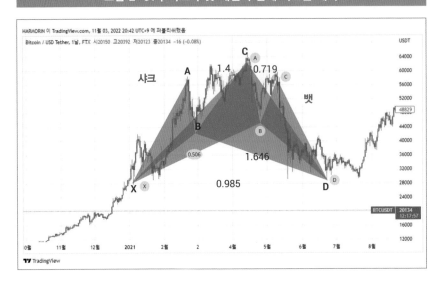

하다면, 0.382 구간에 도달을 목표로 최소한의 이익을 지키려고 하는 노력이 필요하다. 그림 2-52에서도 0.382 되돌림에 짧게 도달한 후 다시 추세를 이어 나가기 때문에, 두 패턴 중에는 뱃 패턴의 기본 전략에 가까운 형태를 완성했다.

샤크 패턴은 패턴 완성 이후, 그림 2-53처럼 5-0 패턴으로 연결되는 경우가 많다. 뱃 패턴의 최소 이익 구간 되돌림은 0.382이다. 샤크 패턴과 뱃 패턴이 겹쳐서 나올 경우 0.382와 0.5가 갖는 비율 위치의 차이는 크며, 최소 이익 구간 되돌림은 수익과 직결된다.

샤크 패턴이나 뱃 패턴이 보인다면 패턴이 겹칠 가능성이 없는지 살피고, 반전에 성공한다면 되돌림 0.382 구간에서의 대응을 염두에 두어야 한다. 0.5까지 도달한다면 다음 타깃으로 추세를 이어 나갈지 또는 5-0 패턴으로 연결

그림 2-52 | 최소 이익 전략

그림 2-53

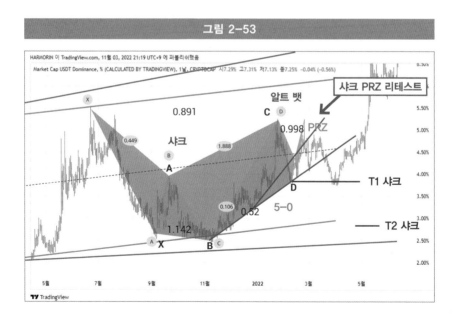

될지 등등 여러 대응책을 생각해 보기 바란다. 종료된 상황에서의 차트를 분석한다면, 반응에 따라 둘 중 하나의 패턴을 선택해 살펴볼 수 있다. 하지만 선행 작도 시에는 미리 염두에 두어 대응 전략을 세워야 함을 꼭 기억하자.

5-0 패턴(Five-Zero Pattern)

·

5-0 패턴의 기원

5-0 패턴은 스콧 카니가 발견해 2003년 발표했으며,[*] 그의 저서 『하모닉 트레이딩 2』에서 처음으로 비율과 정렬을 정의했다. 일반적인 AB=CD 패턴을 내포하고 있는 하모닉 패턴의 M자, W자의 형태와는 다르게 역 AB=CD 패턴을 가지고 있는 Z자 또는 S자형의 구조이지만, 동일한 하모닉 트레이딩의 원칙이 적용된다. 단독으로도 사용되지만, 샤크 패턴의 뒤에 연결되는 패턴으로 주로 사용된다. 추세 내에서 중요한 지속 영역을 정의하는 우세한 추세의 정반대로의 이동을 측정하는 것은 효과적일 수 있다.

5-0 패턴의 차별성

5-0 패턴에서는 일반적인 AB=CD 형태가 아닌 역 AB=CD 패턴의 형태가 요구된다. 일반적인 XABCD의 하모닉 패턴에서는 B점이 중심점이고 B점에 따라서 패턴이 변하지만, 5-0 패턴은 B점이 중심점으로서의 요구 조건은 없이 C점이 중요하다.

또 대부분 패턴은 XA의 D점 값이 PRZ(잠재적인 반전 영역)로 정해지지만,

---

[*] 스콧 카니의 홈페이지(www.harmonictrader.com)에서 발표 문서를 공시했다.

이 패턴은 그 값이 없는 것이 큰 차이이자 주목해야 할 점이다. 역 AB=CD 패턴의 구조가 PRZ를 정의하는 데 사용된다. 50~61.8%의 되돌림의 정의를 가지며, 이 중 BC의 50% 되돌림 값이 기본 PRZ로 설정된다. 또한 샤크 패턴과 5-0 패턴의 조합이 일어난다면 이 패턴은 0.886의 뱃 패턴이나 1.618을 가진 크랩 패턴으로 잘 연결되니 기억해서 사용하면 좋다.

5-0 패턴의 구조

기본 5-0 패턴은 XABCD의 5개의 점을 포함한다. 초기 X점은 샤크 패턴으로부터의 연결로 시작할 수 있다.

XAB의 형성은 일반적으로 극단적인 하모닉 임펄스 패턴인 샤크 패턴의 어떤 한 유형일 수 있다.

BC선은 AB 길이의 적어도 1.618의 길이를 가진 긴 가격 구조이지만, 2.24

그림 2-54 | 5-0 패턴의 일반적인 위치와 형태

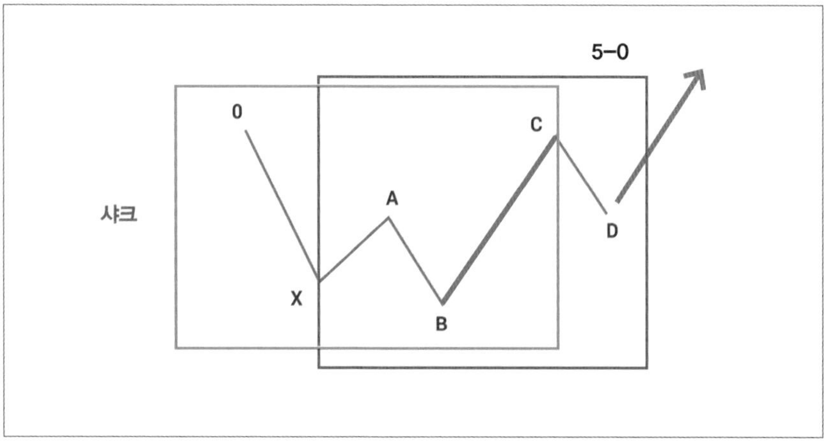

를 초과하면 안 된다. 다시 말해 AB가 샤크 패턴의 최소 길이인 1.618에 도달하지 못하면 유효한 5-0 패턴이 아니다. 1.618~2.24의 단단한 범위는 구조의 필수 요소이며, 샤크 패턴에서 연결되는 구조임을 인지한다면 당연한 이치다. 즉 XABCD의 5점 구조를 5-0 패턴이 가지고 있으며 여기에 0이 추가되어, 샤크와 결합한 형태인 0-X-A-B-C-D로 사용되는 것이다. (작도 시에는 XABCD 툴로 샤크와 5-0, 2개를 별도로 작도한다.)

5-0 패턴의 PRZ

50%의 BC 되돌림은 기본 PRZ 패턴 완료점을 정의한다. 역 AB=CD 패턴은 예상되는 D점의 PRZ를 보완하며, BC선이 해당 영역에서 반전된 후 일반적으로 50% 되돌림이 측정되기 때문에 5-0 패턴이라 불리지만, 61.8%의 PRZ 또한 가질 수 있다.

AB 프로젝션, 즉 C점의 최소 값인 1.618 이상에서 0.618이라는 숫자와 하모닉 대칭 비율 관계에 있다. 이러한 원리로 이 패턴은 되돌림 비율 0.5가 기본 PRZ값이지만, 보완 값으로 0.5~0.618의 되돌림 값을 PRZ로 사용하게 된다. 특히 61.8% 되돌림과의 결합은 지속 수준을 식별하는 의미를 제공한다. 61.8%의 숫자는 모든 하모닉 측정 비율 중 가장 중요하고도 강력한 기본 주요 비율이다.

역 AB=CD 패턴이 완료되는 위치에 따라 5-0 패턴 구조의 종료 시점이 달라진다. 올바른 측정으로 명확하게 형성될 경우, 이 하모닉 영역은 매우 정확하다. 그렇다면 0.618 이상을 손절가로 사용하는 전략도 생각해 볼 수 있다. 대부분 패턴은 XA값으로 PRZ 반전 영역을 측정하고, BC값은 보완점이다. 하지만 5-0 패턴의 PRZ는 BC의 0.5 되돌림을 활용하며 XA값은 요구되지 않는다.

그림 2-55 | 5-0 패턴의 PRZ

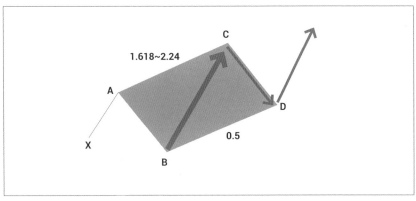

1.618~2.24

C

A

0.5

D

X

B

* BC선의 50% 되돌림이 기본 PRZ로 측정
* 역 AB=CD 패턴 구조가 PRZ를 보완(즉 패턴 완료는 0.618 되돌림이 될 수도 있음)
* XA 측정 값이 없는 구조이지만 매우 정확

5-0 패턴의 의의

5-0 패턴은 새로운 발견이다. 기존의 패턴들과 일치하는 부분도 있지만, 몇 가지 특성은 다른 패턴들과 완전하게 구별된다. 5-0 패턴의 0.5는 되돌림의 수치로 잠재적인 PRZ 영역의 가장 중요한 비율로 여겨진다.

이 패턴은 XABCD의 5개의 점으로 이루어져 있다. 하지만 많은 경우 B점은 확장된 추세의 파동에서의 마지막 흐름이며, 다른 패턴에서 필수적인 중심점으로서의 B점을 필요로 하지 않는다. 대신 임펄스 하모닉 패턴으로서 최소 1.618의 C점을 요구한다. 그러나 2.24를 초과하면 안 된다.

이 패턴을 정의하기 위해서는 역 AB=CD 패턴이 요구된다. 이 패턴의 기본적인 전제는 반대 추세의 완성에 따른 뚜렷한 반응을 확인하는 것이다. 정확한 5-0 패턴은 전형적으로 중요한 추세에서 잠시 다시 되돌린다는 것을 의미한다.

　5-0 패턴은 XA값 없이 단지 BC의 약 50% 되돌림과 역 AB=CD의 두 숫자만으로 나타나는 구조이지만 믿을 수 없을 정도로 정확한 패턴이다.

　PRZ를 정의하는 데 사용되는 방법은 다른 하모닉 패턴들과는 뚜렷하게 다르며, BC의 되돌림 값인 0.5부터 초과 허용 범위인 0.618까지 보완 값으로 가질 수 있다. 역 AB=CD 패턴이 완료되는 위치에 따라 구조의 종료 시점이 달라질 수 있어 표기했다. 0.618 되돌림은 모든 하모닉 트레이딩에서 가장 힘있는 비율임을 기억하자.

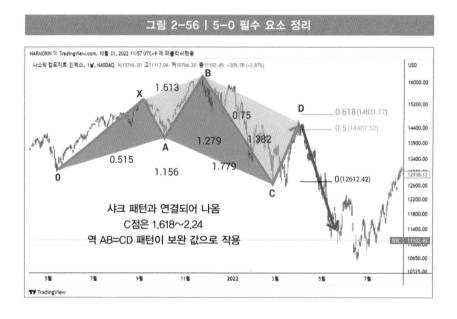

그림 2-56 | 5-0 필수 요소 정리

이것만은 꼭!

PRZ 정의에 사용되는 측정은, 일반적인 하모닉 패턴과 뚜렷하게 2가지 방법으로 다르다.

1. 반전 영역은 XA의 값이 아닌 BC의 50% 되돌림
2. 역 AB=CD 패턴의 값이 보완 값으로 작용

3 드라이브 패턴(Three Drives Pattern)

우리가 꼭 알아야 할 이 패턴의 핵심은 바로 '대칭성'이다. 지금부터 3 드라이브 패턴을 알아보도록 하자.

3 드라이브 패턴의 기원

●

이 패턴에 관해 쓰인 책은 찾기 드물다. 아마도 이 패턴과 유사한 것을 처음 언급한 사람은 조지 콜(George Cole)이다. 1936년에 쓴 그의 책『투기의 열쇠(Keys to Speculation)』에서 패턴을 암시했지만, 패턴을 정확하게 설명하지 않았다. 가틀리는『주식 시장의 이익』(1935)에서 파동의 5파 확장 삼각형(Expanding Five Wave Triangle)에 대한 설명으로 이 패턴에 누구보다 가깝게 다가갔다.

이후 1950년대가 되어서야 캘리포니아 산타바바라의 주식 투자자인 윌리엄 더니건(William Dunnigan)은 자신의 저서『주식 및 상품 거래를 위한 단방향 공식(One-Way Formula for Trading in Stocks and Commodities)』(1957)에서 '2가지 거래 시스템-돌파와 n일 스윙(Two systems-breakouts and n-day swings)'에 관한 내용을 담았다. 그중 대표적인 2가지 전술로 '더니건 단방향

그림 2-57 | 3 드라이브 패턴의 다양한 형태

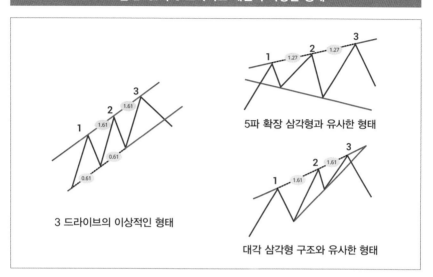

3 드라이브의 이상적인 형태

5파 확장 삼각형과 유사한 형태

대각 삼각형 구조와 유사한 형태

그림 2-58 | 3 드라이브와 하모닉 패턴 응용 예시

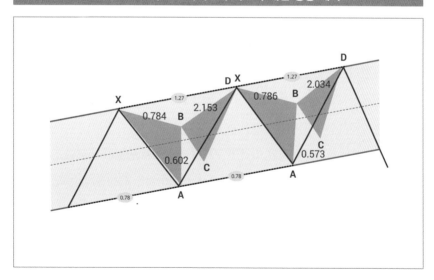

공식(The Dunnigan One-Way Fomula)'과 '더니건 추력 방법(The Dunnigan Thrust Method)'을 제시했다. 그는 다우 이론을 개선해 백분율 측정의 사용과 차트 패턴의 해석을 결합했다. 여기에서 이 형태를 3 드라이브라 부르며, 이 패턴의 이름을 처음으로 지목했을 가능성이 크다.[*]

3 드라이브의 형태는 엘리어트 파동이론을 집대성한 로버트 프렉터(Robert R. Prechter Jr.)[**]의 책에도 잘 요약되어 있다. 그는 가격 행동의 일반적인 본질을 설명하며, 이 원칙에 따라 5파동 가격 구조에서 대각 삼각형(Diagonal Triangle) 구조가 동일한 피보나치 예측을 하는 대칭 가격 움직임에 관해 기술했다. 이는 3 드라이브 패턴과 유사한 면이 있다.

3 드라이브 패턴의 3가지 대칭 영역

•

여러 기술적 분석가는 3 드라이브 패턴을 피보나치 비율의 대칭성을 이용해 패턴의 정확성을 향상시켰다. 3 드라이브는 총 3개의 드라이브로 이루어져 있으며, 각 드라이브가 정확하게 어떤 피보나치의 비율로 완료된다는 측면을 강조했다. 이 중 래리 페사벤토는 3 드라이브 패턴을 식별할 3가지 대칭 영역이 있음을 제시했다.[***]

① 가격 대칭: 가격의 대칭은 각각의 구조물 형성에서 동일해야 한다.
② 시간 대칭: 거의 동일한 시간 구성으로 이루어지는 대칭을 갖는다. 시간이

---

[*]   Larry Pesavento, Trade what you see, 2007
[**]   Robert R. Prechter Jr., Elliott Wave Principle, 1978
[***] Larry Pesavento, Trade what you see, 2007

정확히 동일하지 않다면 각 구간의 시간 캔들 수를 나누어 나오는 수가 피보나치 비율에 가까워야 한다. (예: AB의 시간 캔들 5개와 CD의 시간 캔들 8개: 5÷8=0.625)

③ 시각적 대칭: 대칭성을 가진 보기에 좋은 모양을 갖고 있어야 한다. 대칭적으로 보이지 않으면 유효하지 않을 수 있으니, 패턴의 여부를 의심해 보아야 한다.

3 드라이브 패턴의 구성 요소

•

일반 하모닉 패턴은 X, A, B, C, D의 5개 점으로 이루어진 형태임에 비해, 3 드라이브는 1, 2, 3의 각 드라이브가 3개의 지그재그 형태로 구성되어 있다. 추세에서 3개의 균등한 간격의 연속된 고점 또는 저점으로 구성된다.

각 드라이브가 일정한 하모닉 대칭 비율의 구성으로 이루어져 있다는 점이 중요하다. AB=CD 패턴(또는 알트 AB=CD 패턴)을 포함하고 있다. 2개의 드

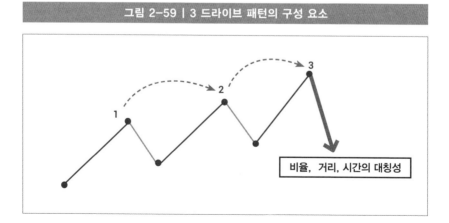

그림 2-59 | 3 드라이브 패턴의 구성 요소

비율, 거리, 시간의 대칭성

라이브가 비슷한 거리, 비슷한 시간을 가지고 움직였을 때 세 번째에서 이러한 대칭성을 가지고 완료되면 패턴의 유무를 판단해 잠재적인 추세 반전 영역(PRZ)을 예측할 수 있다. 즉 이 패턴에서는 각 드라이브의 대칭성이 중요하다고 할 수 있다.

3 드라이브 패턴의 형태

•

3 드라이브 패턴의 형태는 크게 3가지로 나누어 볼 수 있다.

1) 기본 방식 패턴

가장 기본적인 구성 방법은 각 드라이브 1, 2, 3이 각각 일정한 대칭 비율을 갖는 경우다. 기본적인 방식에서는 각 드라이브의 바깥쪽 비율이 대칭성을 가지며, 이상적인 패턴의 경우에는 0.618:1.618의 구성 또는 0.786:1.27의 구

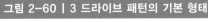
그림 2-60 | 3 드라이브 패턴의 기본 형태

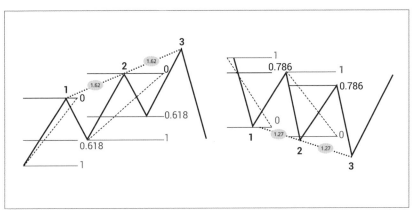

그림 2-61 | 기본 형태의 예시

그림 2-62 | 응용 예시 1

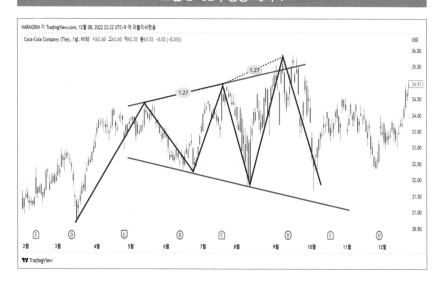

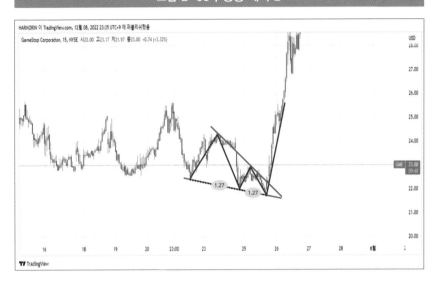

그림 2-63 | 응용 예시 2

성으로 3개의 드라이브가 각각 아래쪽과 위쪽이 모두 대칭으로 구성되어 있다.

2) 큰 주요(Major) 피보나치 확장/되돌림 비율 안에
3 드라이브가 연결된 형태

주요 피보나치 비율로 구성된 XAB의 큰 삼각형이 있고, 그중 일부가 3 드라이브 패턴의 구성으로 연결되어 있다. 이 경우 각각의 같은 추세 방향들끼리만 대칭성을 가지고 있을 수도 있다.

그림 2-64는 차트 연구 플랫폼 트레이딩뷰(kr.tradingview.com)의 3 드라이브 패턴 도구로 작도한 것이다. 한쪽은 하모닉 비율의 0.707의 비율로 대칭성을 이루고 있고, 다른 한쪽은 1.618의 비율로 대칭성을 이루고 있다(소수점 자리까지 제공되므로, 약간의 오차는 생길 수 있다). 이 3 드라이브는 하나의 큰 피보

그림 2-64

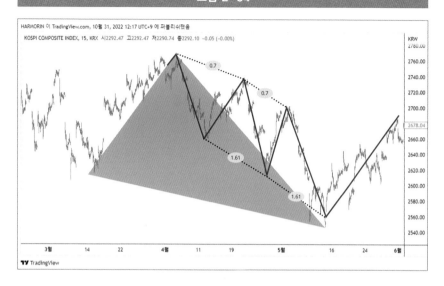

그림 2-65 | 마지막이 강하게 완성되는 경우

나치 메인 확장 비율의 삼각형 기본 형태(XAB)에 연결된 형태다.

3) 마지막이 강하게 나오는 경우

3 드라이브는 3개의 드라이브가 동일 비율을 가져야 하지만, 종종 파동 끝이 강하게 마지막에 내리꽂을 수 있으므로, 끝에 강하게 초과해 나오는 형태가 종종 발생한다(그림 2-65).

따라서 비율을 미리 정해 놓고 진입하기보다는 끝을 확인하고 대응의 자세로 진입하는 전략이 매우 중요하다. 3 드라이브 패턴은 극한의 영역에서 나타나곤 한다. 그때의 반전 포인트는 피보나치의 비율 안에서 나타날 확률이 높다. 일반적인 하모닉 패턴은 아니지만, 엘리어트 파동이론과 함께 잘 사용한다면 큰 수익을 기대해 볼 만한 패턴이라 생각한다.

4) 하모닉 패턴과 함께 사용하는 응용

3 드라이브 패턴은 형성 과정에서 각 드라이브의 AB=CD 패턴 이외에도 W자나 M자 형태의 하모닉 패턴 구성이 같이 식별되는 경우가 종종 있다. 3 드라이브의 구성 안에서 하모닉 패턴을 함께 사용한다면 더없이 좋은 조합이니, 꼭 연습해 보기 바란다(그림 2-66과 그림 2-67).

그림 2-66 | 다른 패턴과 함께 사용하는 응용 예시 1

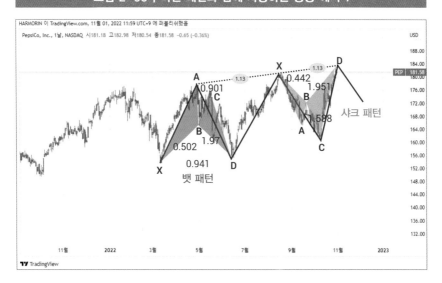

그림 2-67 | 다른 패턴과 함께 사용하는 응용 예시 2

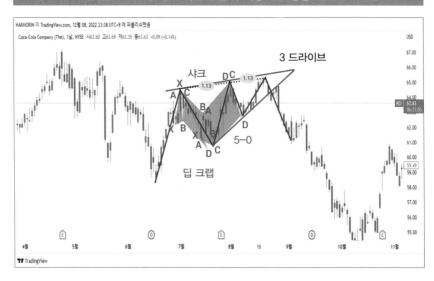

3 드라이브 팁

3 드라이브 패턴은 매수와 매도의 방향이 서로 혼란 속에 뒤엉켜 있는 원리이며, 긴 추세의 끝일 수 있다. 그러나 항상 큰 반전이 뒤따라오는 것은 아니므로 면밀하게 살피도록 하자. 다음의 사항은 꼭 주의하자.

① 항상 가격의 비율들이 정확한 자리에서 반전되는 것이 아니다. 또한 약간의 오차가 비율마다 발생할 수 있다. 그러나 대칭 구조여야 한다.
② 때로는 패턴 끝에 강하게 마지막으로 순식간에 강렬하게 꽂을 수 있다. 그러므로 정확한 지점을 섣불리 예측하기보다는 대응의 자세로 임해야 한다. 손절이 필요하다면 세 번째 드라이브의 끝으로 설정해 볼 수 있다.

하모닉 헤드앤숄더 패턴

차트의 기술 분석학에서 가장 유명한 패턴 중의 하나인 헤드앤숄더 패턴 (Head and Shoulders Pattern)은 수많은 이론 분석가가 연구했다. 이 중 스콧 카니는 언제나 이것이 모호하다고 생각했고, 수년간 기본 구조 규칙과 관련해 다양한 비율 적용을 실험해, 대칭 구조가 결여된 헤드앤숄더 패턴은 하모닉 관계를 가진 형태보다 신뢰도가 떨어진다는 연구 결과를 얻었다.

그는 피보나치 비율 정렬에 따라 이 형태를 재분류했고, 『하모닉 트레이딩 3』에서 이 패턴의 비율을 구체화해 재해석했다. 하모닉 패턴은 본질적으로 무 작위 구조에서 진정으로 유효한 기회가 무엇인지 정의하는 데 필수적이다. 하 모닉 헤드앤숄더 패턴(Harmonic Head and Shoulders Pattern)은 많은 잘못된 후보를 제거하고, 기회를 분석하기 위한 정확한 측정치를 제공한다. 스콧 카 니는 다음과 같이 말했다.

> 본질적으로 하모닉 패턴의 조건은 무작위 상황을 피하고 고유한 형태를 가 진 기회만 따르는 잘못된 기회를 많이 걸러낸다. 하모닉 헤드앤숄더 패턴의 경우 하모닉 비율을 적용하면 이전에 고려되었을 수 있는 무작위한 상황들 이 제거된다.

헤드앤숄더 패턴의 정의

•

헤드앤숄더는 대표적인 추세 반전을 나타내는 형태로, 하모닉 헤드앤숄더는 이 패턴에 하모닉 비율을 입혀 재해석한 것이다. 가틀리는 저서『주식 시장의 이익』에서 거래량, 패턴, 이론에 관한 수많은 아이디어와 지식을 담아내며, 가장 중요한 반전 패턴으로 4가지를 소개했다. 다음은 해당 부분을 번역한 것이다.*

가장 중요한 반전 패턴은 무엇인가?

이 장의 이전 페이지에서 논의한 모든 패턴 중 가장 뛰어나고 큰 가치를 지닌 4가지 패턴은 다음과 같다.

  1. 헤드앤숄더 반전(The head and shoulders reversal)

  2. 이중 반전(The double reversal)

  3. U자 반전(The rounding reversal)

  4. 확산형 반전 (The broadening reversal)

이 중 헤드앤숄더 패턴이 최고의 반전 가치를 보여준다. 그 이유는 다음과 같다.

  ① 이 패턴은 중기 추세의 전환점에서 가장 빈번하게 발생한다.

  ② 반대 움직임의 범위를 나타내는 경우가 많으며,

  ③ 패턴의 겨드랑이를 형성하는 2가지 반응에 따라 확립된 최저점을 관통하면 거의 항상 수일간의 결정적인 감소가 발생한다.

---

*   H. M Gartley, Profits in the stock market, 1935, p. 223

거꾸로 뒤집은 형태의 역 헤드앤숄더 패턴 또한 동일한 원칙이 적용된다. 이 패턴은 크게 왼쪽 어깨, 머리, 오른쪽 어깨의 세 포인트로 나뉜다. 이 패턴은 추세의 끝에 자주 발생하며 추세 전환을 판별하는 움직임으로 주로 사용되어 새로운 추세의 시작을 판별하는 결정적인 역할을 한다. 본질적으로 헤드앤숄더 패턴은 큰 추세에서 중요한 전환점을 나타내는 데 효과적일 수 있다.

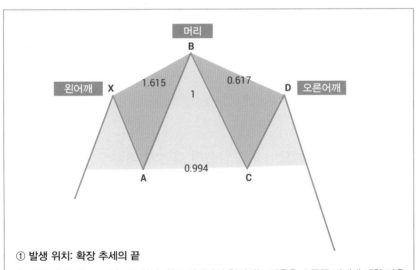

그림 2-68 | 하모닉 헤드앤숄더 패턴 필수 구성 요소

① 발생 위치: 확장 추세의 끝
② 왼쪽 어깨: 초기 포인트를 형성. 왼쪽 어깨에서 형성되는 비율은 오른쪽 어깨에 대한 비율을 계산하기 위한 기본 비율을 나타낸다.
③ 머리: 전형적으로 형태가 뚜렷하고 구조 완성을 위한 토대를 마련한다.
④ 오른쪽 어깨: 머리를 초과해서는 안 되며, 예상 되돌림은 왼쪽 어깨의 꼭짓점과 동일한 비율에 도달해야 한다.

하모닉 헤드앤숄더 패턴의 정의

•

하모닉 패턴에서는 이 패턴에 비율을 입혔다. 왼쪽 어깨는 초기 포인트, 즉 하모닉 툴인 XABCD 패턴 툴*을 이용해 X점을 찍는 위치이고, 머리는 꼭짓점으로 중요한 B점을 찍는다. 그리고 오른쪽 어깨가 하모닉 툴로 그렸을 때 D점이 예상되는 되돌림 자리를 뜻한다.

XABCD 도구를 이용해 패턴을 그려가며 살펴보자. 하모닉 비율로 재어서, 왼쪽 어깨에서 1.618이 나왔다면 오른쪽 어깨에서 0.618 하모닉 대칭 비율이 나올 수 있다.

그리고 이후 하락할 때 다시 0.618의 비율에 AB=CD 패턴의 대칭을 적용시킬 수 있다. 여기에서 추가로 알트 AB=CD 패턴에 해당하는 1.27AB=CD 또는 1.618AB=CD 패턴까지도 생각해 볼 수 있다(그림 2-69).

그리고 이 상황에서 하모닉 헤드앤숄더 패턴과 연결되어 하모닉 패턴이 중첩되어 나타날 수 있으니 응용해보자(그림 2-70).

하모닉 헤드앤숄더 패턴의 이점

•

이처럼 헤드앤숄더 패턴에 하모닉의 대칭 피보나치 비율을 파악함으로써, 균일하고 일관되게 패턴을 측정하고 요구 사항을 정확히 파악해 분석할 수 있게 되었다. 무엇보다도 모호한 수많은 헤드앤숄더 패턴의 후보를 제거해 나갈 수 있게 되었다.

---

* 트레이딩뷰(kr.tradingview.com)에서 제공되는 작도 도구

그림 2-69 | AB=CD 패턴 예측해보기

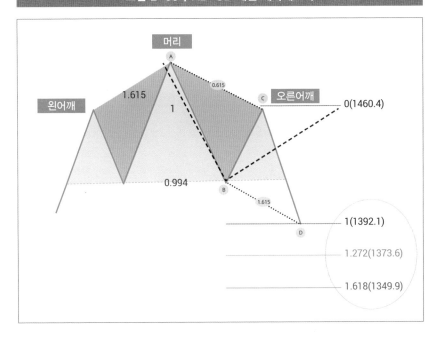

예를 들면 오른쪽 어깨의 되돌림 비율을 정확하게 알 수 있고, 패턴의 완성 지점 또한 정확하게 짚어내는 데 효과적일 수 있다는 것이다. 즉 하모닉 헤드 앤숄더 패턴은 이 패턴의 구조를 더 명확하게 인식해 실질적으로 더 정확하게 사용할 수 있게끔 재해석한 패턴이다.

하모닉 헤드앤숄더 패턴의 2가지 주안점

●

첫째, 각각의 어깨들이 서로 하모닉 비율의 대칭성을 가져야 한다. 확장될 목표가에 대해 AB=CD 구조를 가진 오른쪽 어깨의 비율을 검토해, 이상적인

그림 2-70 | 숨어 있는 하모닉 패턴까지 예측해보기

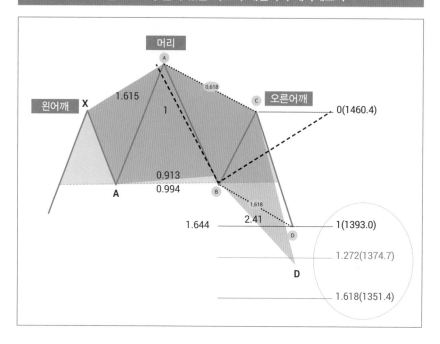

확장 측도를 설정한다. 또한 오른쪽 어깨의 되돌림에서 추세의 방향이 강력하게 나오면서 거래량이 붙는 경향이 있다.

둘째, 이 패턴에 하모닉 패턴 적용의 가장 중요한 측면은 하모닉 비율이 명확한 구조만 유효한 기회로 인식해야 한다는 것이다.

사이퍼 패턴(Cypher Pattern)

사이퍼 패턴은 대런 오글스비(Darren Oglesbee)가 발견했으며, 하모닉 패턴과는 다르면서도 비슷하다. 스콧 카니가 제시한 하모닉 패턴의 구조는 AB=CD 패턴을 내부 필수 구성 요소로 가지고 있어야 한다. 그러나 사이퍼는 그렇지 않다. 혹은 샤크 패턴과 비슷한 방향일지도 모른다.

사이퍼 패턴은 하모닉 패턴과 동일하게 XABCD의 5점으로 구성된 패턴으로, 하모닉 패턴과 함께 사용되는 대중적인 패턴이다. 또한 구조 내의 각 지점에 대한 특정 피보나치 측정을 가진다는 점에서 하모닉 패턴과 유사하다.

사이퍼 패턴의 구조

•

이 패턴은 하모닉 패턴의 AB=CD 구성을 가지고 있지 않고, 자료가 부족하기 때문에 최대한 제한적으로 사용하길 권고한다. 대표적인 비율 구성 2가지는 다음과 같다.

① B 0.382와 C 1.27의 구조 ← 가장 대표적인 비율

② B 0.618과 C 1.414의 구조

그림 2-71 | 사이퍼 패턴의 필수 구성 요소

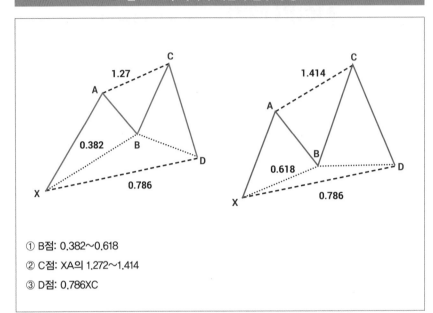

① B점: 0.382~0.618

② C점: XA의 1.272~1.414

③ D점: 0.786XC

그림 2-72 | 그리기 도구를 이용한 작도 예시

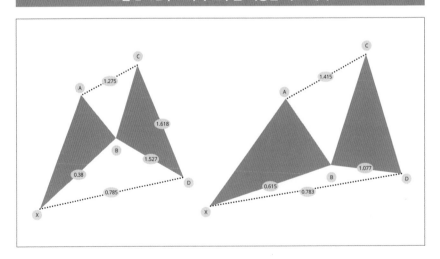

이 두 규격 사용을 권장하며, BC 프로젝션은 표기를 할 수도 있고 하지 않는 경우도 있다. 어떤 설정이 맞는지에 대한 뚜렷한 자료는 부족해 확실하게 알기 어렵다. 대응 및 다른 전략은 보편적인 하모닉 패턴과 동일하게 사용한다. 만약 패턴 반전의 실패 구간을 잡는다면 다음 하모닉 비율인 0.886의 구간으로 잡을 수 있으며, 더 넉넉하게 둔다면 X점의 지지 또는 저항 구간을 손절 구간으로 생각해 볼 수 있다.

사이퍼 패턴의 작도

●

트레이딩뷰(kr.tradingview.com)에서는 사이퍼 툴 도구를 따로 제공한다. 사이퍼 패턴과 샤크 패턴은 둘 다 C점의 위치가 A점보다 더 크게 위치한다는 점이 기본 하모닉 패턴과 구조상의 가장 큰 차이점이라 할 수 있다.

XABCD의 기본 하모닉 툴은 A의 위치에 따라 D점의 비율이 바뀌지만, 사이퍼 패턴에 제공되는 툴은 C점의 위치에 따라 D점의 비율이 영향을 받는 것을 볼 수 있다. 즉 그림 2-73에 보이는 샤크 패턴의 C점은 AB에 대한 비율 값이며, 사이퍼 툴의 C점은 XA에 대한 피보나치 비율 값이다.

이러한 원리 때문에 샤크 패턴을 사이퍼 툴로 작도하기도 하나, C점의 왜곡이 XABCD 툴에 나오는 PRZ의 오차보다 크다. 그러므로 샤크 패턴을 작도할 시에는 XABCD 툴을 권장하고, 사이퍼만 단독적으로 사이퍼 툴로 작도하길 권고한다.

그림 2-73 | XABCD 툴과 사이퍼 툴의 비율 차이

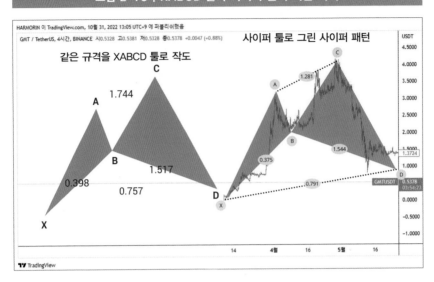

B점의 공차 허용 범위

하모닉 이론에서는 B점의 역할이 굉장히 중요하다. 그 이유는 동일한 XA선을 두고 B점의 위치에 따라 패턴이 바뀌기 때문이다.

B점은 보통 정해져 있으나, 현실적인 모델은 언제나 이상과 다르므로 약간의 허용 오차를 허용한다. AB=CD의 구조적인 다양한 변형은 유사한 가능성

그림 2-74

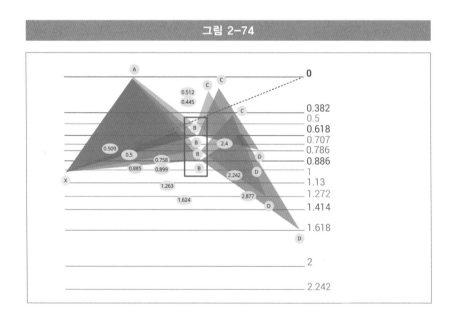

을 구별하는 중요한 미세한 차별성이 있다.

가틀리 패턴과 나비 패턴은 다소 엄격하게 사용되며, 나머지 패턴들은 이보다 조금 느슨하고 유연성 있게 사용된다. 뱃과 크랩의 응용 패턴들은 원리에 따른 허용 값이 다르다.

그렇기 때문에 B점의 위치를 판별하는 것이 굉장히 중요하다. 그러나 언제나 가격의 흐름이라는 것은 칼로 무 자르듯 딱딱 맞추어 나오지 않는다. 하모닉 패턴 연구가인 스콧 카니는 『하모닉 트레이딩 3』에서 B점 허용 범위를 제시했다.

가틀리 패턴: 〈 ±3%

•

M자와 W자 형태의 하모닉 패턴 중 그가 가장 먼저 구분한 것은 가틀리 패턴과 뱃 패턴이었다. 그는 B점이 이상적인 숫자인 61.8%에서 ±3%의 오차까지를 지닌 가틀리 패턴이 가장 훌륭한 잠재력을 지닌 기회를 제공한다는 것을 발견했고, 오랜 연구로 증명되었다고 한다. 즉 58.8~64.8%인 구조가 이상적인 측도를 초과하는 변동에 대한 유효한 공차를 갖는다.

뱃 패턴: 〈 ±5%, 알트 뱃 패턴: 〈 −3%

•

가틀리 패턴에서 허용 오차가 초과되어 무효화되면, 일반적으로 뱃 패턴 또는 크랩 패턴이 된다. 또한 딥 가틀리 패턴이 될 수도 있다.

알트 뱃 패턴은 애당초 0.382라는 짧은 되돌림을 주었을 때는 기존 추세를 지속하고자 하는 힘이 강하다 판단하기 때문에 뱃 패턴보다 더 뻗어나갈 수 있는 잠재력을 가지는 구조다. 그렇기 때문에 0.382라는 범위에서 +가 아닌 −3%만 허용한다.

나비 패턴: 〈 ±3%

•

강조하지만 이런 엄격함은 가틀리 패턴 이외에 나비 패턴에도 적용된다. 0.786의 B점을 갖는 나비 패턴은 0.618을 갖는 크랩과 0.886을 갖는 딥 크랩 패턴 사이에서 구별되어야 하기 때문이다.

크랩 패턴: 〈 ±5%, 딥 크랩 패턴: 〈 +5%

•

B점의 5% 공차는 뱃과 크랩 패턴을 분석할 때 효과적이다. 크랩 패턴은 B점을 범위 형태로 가지므로 좀 더 유연할 수 있다. 딥 크랩 패턴은 B점 형성에 0.618 비율의 되돌림을 가진 크랩 패턴보다 더 큰 0.886의 비율로 되돌린다는 것이 중요한 차이점이다. 그러므로 − 값 없이 +5%까지만 허용 범위로 제시한다.

계산하는 방법은 다음과 같다. 가틀리 패턴은 61.8%인 0.618을 되돌림 값으로 가지고 있다. 그렇다면 ±3%를 구해야 하는데, 퍼센트 값끼리 더해주어야 하므로, 61.8%±3%=58.8~64.8%의 값을 허용한다는 이야기다. 뱃 패턴과 나비 패턴의 경우는 다음과 같다.

- 뱃 패턴: 50%±5%=45~55%
- 나비 패턴: 78.6%±3%=75.6~81.6%

그러나 이 또한 자연의 흐름이므로, 약간의 소수점 차이는 유연하게 생각하길 바란다. 예를 들면 가틀리의 64.8%라면 65% 또한 허용한다.

선행하는 작도를 통한 예측 패턴 식별 트레이딩을 할 경우에는 B점의 규격을 최대한 맞춰 전략을 세우길 권한다. 허용 범위를 생각해서 선행 작도를 할 수 있으나 초과 허용 범위를 이용한다면 최대한 규격에 맞춰지도록 작도하길 바란다.

초과 허용 범위 제한의 목적은 다음과 같다. 일반적으로 하모닉 패턴의 비율은 우리가 다루고 있는 구조의 유형을 분류하는 데 그 목적이 있지만, 허용 공차 설정은 유효한 기회를 정의하는 유한성을 만드는 데 크게 도움이 된다.

BC 레이어링(BC Layering) 기법

하모닉 패턴의 구조가 올바르게 되었는지 확인할 때 AB=CD 규격이 들어가고, 이를 보완하는 이차적인 고려 사항이 바로 각 패턴의 BC 프로젝션이다. BC 레이어링 측정을 이용해 하모닉 패턴으로서의 수준을 좀 더 정밀하게 평가할 수 있다.

BC 프로젝션의 역할

●

대부분 패턴에서 AB=CD 규격이 알트 AB=CD로 초과하는 일은 허다하다. 이때 BC 레이어링 측정 또한 가격의 초과 허용 수준을 정의할 수 있다. 패턴 완료 지점 근처의 BC 레이어링이 어느 정도 정밀도를 더해준다.

그림 2-75 크랩 패턴을 보면 XA의 비율 레벨을 약간 초과했지만, 하모닉에서 사용되는 자연의 비율 중 최대한의 수치인 피보나치 비율 3.618BC의 규격에서 반전함을 알 수 있다.

그림 2-75 | BC 레이어링 사용 예시

손실 측정의 최적화

•

BC의 피보나치 비율을 토대로 완료 지점 근처에서 허용 오차 범위로 사용할 수 있으며, 경우의 상황에 따라 손절가로 설정도 가능하다. 예를 들어보자.

만약 반전의 지점에서 숏 포지션에 베팅한다면, 고점이 아닌 고점보다 조금 더 위인 영역을 손절가로 설정할 것이다. 이때 BC 레이어링을 고려해 설정해볼 수 있다.

각 유형에 따라 상황을 정의하기 위해 사용하는 특정 기대치가 있다. 어떤 경우에는 단순히 보완적인 역할에 그치지만, 특정한 상황에서는 효과적일 때가 있다.

또한 그림 2-76은 반전을 잘 완성한 경우이지만, 만약 가격이 저 수준을 넘

그림 2-76 | BC 레이어링으로 손절 설정하기

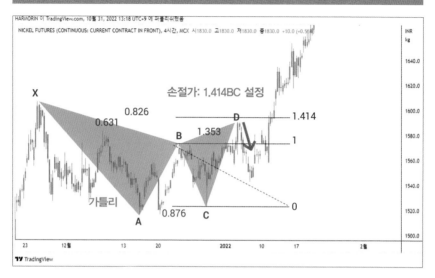

어 다시 상승한다면 패턴을 위반할 수 있다는 강력한 경고일 수 있다. 이럴 경우는 반드시 주어진 반전의 기회에 대한 가능성을 재고해 보아야 한다.

초과하는 가격 행동이 나타날 때는 항상 조심해야 한다. 추세라는 것은 생각보다 크게 강하거나 약할 수 있으므로 언제나 아이디어에 대한 확고한 증거나 근거가 없으면, 섣불리 무리하지 않는 것이 좋다.

패턴 식별의 확률을 높여주는 전략

지금까지 널리 쓰이는 하모닉 패턴을 공부해 보았다. 제1단계인 패턴 식별에서도 여러 가지 전략이 필요하다.

하모닉 패턴 적용의 가장 중요한 측면은 하모닉 비율이 명확한 구조에만 유한한 기회를 열어준다는 것이다. 그러니 최대한 비율과 규정을 잘 지켜서 사용해야 하며, 그것이 올바른 패턴 식별의 '확률'을 높여주는 열쇠다.

스콧 카니가 분석에서 중요하게 강조했던 점은 거래 과정 전반에 걸쳐 하모닉 비율에 관련 있는 모든 자연적인 가능성을 설명하는 정확한 신호와 종료점을 확인하는 것이었다. 또 기술 분석에서 어떠한 거래든 균일하게 수준을 측정하고 이상적인 기회를 정확히 파악할 수 있어야 한다는 것이었다. 또한 실전 매매는 언제나 이상적인 모델과 같지 않으니, 약간은 유연하게 생각하는 사고 또한 필요하다. 따라서 트레이딩 기술과 전략은 이상적인 모델과 현실이 다를 때도 대응할 수 있도록 설계되어 있어야 한다.

우리가 다룬 이 내용은 패턴의 식별 전략을 강화하는 데 도움이 되며, 이 패턴들은 본질적으로 결함이 있는 많은 헷갈리는 기회들을 걸러내는 역할을 한다. 또한 각 구조를 정의하는 정확한 규칙은 최고의 거래 기회를 얻게 해줄 매우 중요한 원칙이다.

또한 많은 사람이 작도할 때 곤경에 처하곤 한다. 그중 대표적인 것은 패턴의 시작점인 X점을 어느 부분에 두어야 할지에 대한 고민일 것이다. X점은 보통 파동 끝이라 생각할 수 있는데, 반드시 그런 것은 아니기 때문에 더욱 고민에 빠지게 된다.

어느 지점의 후보를 X점으로 선택해야 할지 차트와 함께 살펴보자.

그림 2-77은 RSI가 과매수 구간에 위치해 RSI 뱀(BAMM) 이론 성립을 기대해 볼 수 있는 위치다. PRZ 값이 나오기 전에 RSI 뱀 한 가지만 생각하면 좋은 아이디어일 수 있다. 그러나 가장 먼저 고려해야 할 중심점 B점의 위치를 잡았을 때 최소한의 되돌림 비율인 0.382 구간에 닿지 않는다. 그러므로 좋은 위치가 아니라 판단할 수 있다.

그림 2-77 | X점 위치 선정 첫 번째 경우

그림 2-78 | 두 번째의 경우

그림 2-79 | 세 번째의 경우

그림 2-78은 B점의 위치가 규격보다 약간 미달됐지만 괜찮은 수준이다. 그러나 패턴을 그렸을 때 PRZ로 설정한 D점이 뱃의 PRZ인 0.886 되돌림에 미달되므로 알맞은 패턴이라 할 수 없다.

그림 2-79는 그럭저럭 괜찮은 편이지만 B점의 위치가 좋지 않다. 그러나 생각의 틀을 넓혀 다른 거래소의 차트를 살펴보자. 여러 시장의 종목 중 코인 같은 경우에는 선물 거래, 현물 거래를 포함해 다양한 거래소의 차트가 있다. 만약 차이가 발생한다면 일반적으로 거래량이 많은 다른 거래소의 차트와 함께 다양하게 살펴보기를 권장한다.

그림 2-80처럼 거래소를 바꾸어 보면, B점의 위치도 개선되어 오차 허용 범위도 거의 없으며, 0.886XA에도 알맞게 닿은 알트 뱃 패턴을 찾을 수 있다.

그림 2-80 | 비율 개선 전략

그림 2-81 | 네 번째 경우

그림 2-82 | 다섯 번째 경우

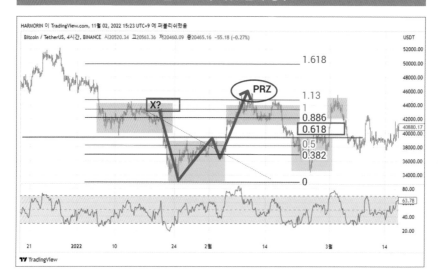

그림 2-81에서는 B점을 살짝 이동시켜 생각해 보았다. 이렇게 되면 0.5 피보나치 되돌림을 가진 B점의 규격에 잘 맞는 뱃 패턴이 완성된다. PRZ 부분에 있어서는 0.886XA를 초과했지만 허용 규격에는 들어왔으므로 위반했다고 보기에는 어렵다.

그림 2-82를 보면 0.618의 B점 규격에는 맞출 수 있지만, 이와 잘 맞는 PRZ의 비율이 보이지 않는다. 그러므로 이 아이디어는 좋지 않다고 할 수 있다.

지금까지 살펴본 5가지의 경우 중, PRZ가 정확하게 0.886XA에서 완성되고 조금 더 큰 프레임에서의 패턴을 규격에 잘 맞는 세 번째의 경우가 가장 최상이라 할 수 있다.

많은 하모닉 트레이더는 PRZ에 도달하기 전에 선진입과 선예측을 한다. PRZ가 만약 정해지기 전이라면, 다양한 X점을 지정해 많은 경우의 수가 생기게 될 것이다. 선진입한다면, 첫 번째 경우는 0.382의 최소한의 비율 미달이라 해당하지 않으며, 다섯 번째의 경우도 0.618을 되돌렸지만 C점을 완성하는 되돌림이 일반적인 경우에 비해 너무 짧게 완성되었다. 그러므로 가틀리 패턴을 그린다면 CD가 너무 짧아지며, 크랩 패턴의 값이 되기에는 너무 길다. 그렇기 때문에 이 두 경우는 안 좋다.

두 번째부터 네 번째의 경우는 모두 뱃 패턴 계열의 값을 가진 경우의 수다. 사실 X점이 근접하게 위치하기 때문에 미리 정확하게 알기는 어렵다. 그러나 PRZ 영역에는 측정을 위한 보완 값이 있다. X값을 배제한 채 AB=CD 패턴으로 떼어내어 한번 측정해 보자. RSI를 살펴보면 또렷하게 윤곽이 보이기 때문에 이 아이디어를 고려해 볼 수 있다고 생각한다.

뱃 패턴을 고려했을 때 가장 유력한 1.618AB=CD의 위치를 기준으로 측정해보자.

그림 2-83 | RSI를 함께 보는 전략

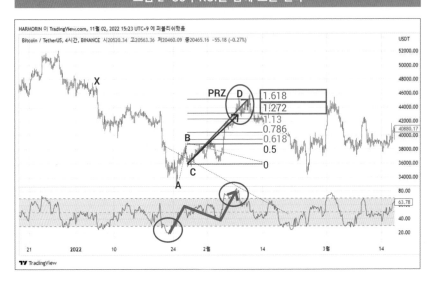

그림 2-84 | 가장 적합한 형태 정리

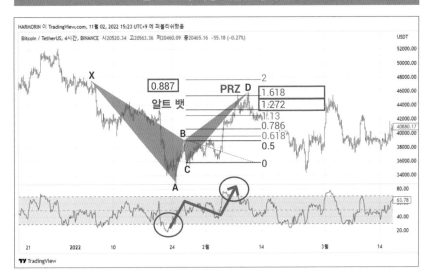

사실 실전에서는 그림 2-83과 그림 2-84에 동그라미로 표시해 둔 부분이 정확하게 어느 지점일지 예측하기는 어려울 수 있다. 그러나 충분히 훈련한다면, 분명 수익을 내며 거래를 완료할 수 있다.

하모닉 트레이딩 제1단계 '식별' 요약

하모닉 패턴의 기초

●

하모닉 패턴은 과거의 주가 흐름을 존중하고 자연의 반복성의 원리를 따른다. 어떠한 가격 흐름의 관계들이 지속성을 가지고 반복적으로 이루어지는지 하모닉 패턴 구조를 통해 주가의 흐름을 살피는 것이다. 그러므로 하모닉 이론은 자연의 법칙과 우주의 고유 질서에 관한 피보나치 비율을 신뢰하며, 이것은 자연의 흐름과 마찬가지로 주식 시장에서도 똑같이 적용된다는 원칙을 가지고 있다.

가격 흐름(Price Action)의 원칙
- 자연의 법칙(Natural Laws of Movement) 움직임을 따른다.
- 가격은 반드시 수요와 공급, 상승 및 하락의 변동성이 있어야 존재할 수 있다.
- 하모닉에서는 이러한 주기적인 변동성을 M자와 W자 모양을 중심으로 펼쳐낸다.

하모닉 패턴의 원칙

•

측정된 패턴은 다음을 수행할 수 있는 집합체로 나타난다.

- 각 고유 데이터 하위 집합 패턴의 특성을 변환해 예측 주기를 생성한다.
- 잠재적 가격을 확인하는 반복적인 과정을 활용한다.
- 가격 행동은 언제나 극적인 반전이 아닌, 반응 또는 반전의 기대를 정의한다.
- 식별 가능한 것을 정의해, '시장 메커니즘'을 일관되게 식별할 수 있다.

인고의 시간

•

이 과정에는 시간과 준비가 필요하다. 하모닉 패턴을 잘 판별하고 패턴을 이해하는 데는 노력의 시간이 필요하고, 이 이론을 잘 사용하기 위해서는 훈련과 경험의 시간이 필요하다. 또한 하모닉 이론의 세 단계 과정을 생각해도 패턴을 식별하는 데는 시간이 걸린다. 실행 단계가 시작된 이후에도 시간을 요구하는 경우도 다양하게 존재한다.

각 단계는 시간이 생각보다 더 걸릴 수도 있을 것이고, 짧은 시간 내에 완성될 수도 있다. 일반적으로 세 단계 과정 중 두 번째 과정인 실행 영역에서의 시간은 다른 나머지 두 단계인 식별과 관리 영역보다는 훨씬 짧게 걸리는 경향이 있다. 그러나 실행 영역은 가장 짧지만 고도의 집중력을 요구하는 가장 중요한 단계일 수 있다. 이 실행 단계의 스위치를 누르기 위한 준비 단계가 바로 식별 단계다. 올바르게 식별해야 올바른 스위치를 누를 수 있으니 식별 단계에서 올바른 패턴을 식별하는 것은 중요하다.

하모닉 패턴의 식별

•

하모닉 패턴은 일반적으로 서로 대칭 관계인 AB=CD 패턴을 내부적으로 보유하고 있고, 이것은 패턴의 원리다.

패턴의 각 점은 서로 연관성이 있으며, 지지와 저항의 영역을 뜻한다. 또한 이 비율들은 대칭 피보나치 비율의 관계로 연결되어 있으며, 패턴이 완성되면 XABCD의 5개 점의 구조 반응은 독특하게 나타날 수 있다.

식별 단계에서는 구조 형성에 기초한 가격 범위 측정을 제공하며, 규정된 자연의 한계 내에서 올바른 패턴 식별을 통해 다음 단계로 나아갈 수 있다.

HARMONICS

3장

하모닉 제2단계:
실행

하모닉 실행 단계 소개

전략과 접근 방식

•

하모닉 트레이딩에는 피보나치 비율로 특징을 갖는 구조의 반복성을 활용해 만든 전략적인 기술 패턴이 완성된 이후, 이 패턴의 성공 여부를 판별하기 위해 고려해야 할 많은 요소가 있다. 터미널 바(T-bar)를 판별하고 그 의미를 이해해 전략적으로 사용하는 것, 하모닉 최적의 가격(Harmonic Optimal Price, HOP)을 이해하고 패턴을 사용하는 것, 타입 1(Type-1)인지 타입 2(Type-2)인지 구별하는 것, 하모닉과 가장 잘 맞는 보조 지표 중 하나인 RSI를 병행해 사용하는 것, 그리고 시간론을 통해 판단하는 것 등등 다양한 전략이 존재한다.

다우 이론, 엘리어트 이론을 비롯한 시장의 대부분 기술적 이론은 '만물은 순환한다'는 자연의 법칙을 따른다. 과거 기록인 차트의 역사 또한 자연의 흐름과 같이 반복된다는 가정하에 통용적으로 사용하고 있다. 갠 이론(Gann Theory)으로 유명한 윌리엄 갠(William D. Gann) 역시 '역사는 반복된다(History Repeats)'는 사실을 항상 강조했다.

사실은 반대의 의견도 있다. 폴 쿠트너(Paul H. Cootner)는 자신의 저서 『주식 시장 가격의 무작위적 특성(The Random Character of Stock Market Prices)』
(1964)에서 "가격 행동은 연속적으로 독립적"이라고 주장했다. 이것은 가격의
기록인 차트가 미래 가격 행동에 신뢰할 수 있는 지표가 아님을 의미하는 말
이다.

> 가격 행동은 "연속적으로 독립적입니다." 이것은 가격 기록이 미래 가격 행
> 동에 대한 신뢰할 수 있는 지표가 아님을 의미합니다.
>
> -폴 쿠트너

시장의 가격 행동에 100%라는 것은 없다. 어떠한 방향으로도 예측할 수 없
는 움직임이 있을 수 있다는 것을 알아야 한다. '시장은 항상 옳다'라는 말이
있듯, 하모닉 이론은 모든 자연 행동의 반복을 알아내는 것이 아니라 주어진
기회 내에서 식별 가능한 트레이딩 기회를 확률적으로 잡는 것임을 기억하자.

하모닉 이론의 많은 연구가는 수십 년간의 하모닉 패턴 연구를 통해 초기
개념을 확장시켜 왔다. 방법론을 구성하는 일관된 측정의 기반을 다지는 동시
에 이론을 향상하고 개선하고자 큰 노력을 했다. 특히 스콧 카니는 단순한 하
모닉 패턴에 그치지 않고 더 발전시켜 세 단계의 구성을 취함으로써 거래 시
작부터 마무리까지 하나의 이론으로 완결될 수 있는 포괄적인 이론으로 진화
시켰다.

하모닉 패턴을 최대한 활용하기 위한 핵심 이해는 근소한 반응과 더 큰 반
전을 구별하기 위한 분류 및 예상하는 결과에서 나온다. 즉 올바른 결과를 위
한 첫 단추는 올바른 패턴 식별에서부터 시작된다. 이 이론을 활용하기 위한
핵심 이해는 PRZ 반전 영역 이후, 즉 첫 단계의 거래 식별 이후 가격 행동의

반응과 반전을 구분해 대응하는 거래 실행과 거래 관리 영역에 있다.

실행 부분은 세 단계 중 핵심 열쇠를 쥐고 있는 단계로, 가장 짧지만 가장 강렬하다. 차트 분석과 거래는 본질적으로 다르므로, 올바른 실행을 위해서는 훈련이 필요하고 규칙을 준수해야 한다.

거래 실행 후 어디서 포지션을 정리할 것인지 수익의 극대화를 위한 관리 또한 중요하다. 매수를 잘했다면 매도를 잘해야 하는 것은 당연한 이치이며, 추세의 흐름을 읽는 능력은 언제나 중요하다.

그림 3-1을 보자. 패턴을 판별하고 식별 단계를 거쳐 이후 PRZ 구간에서 거래 실행 단계로 넘어간다. 터미널 바가 나온 이후 반전이 이루어지는지 확인해야 하고, 혹여 반전이 바로 이루어지지 않는다면 터미널 바의 개수나 영역을 이용한 다양한 전략을 통해 조금 기다려볼지 아니면 PRZ를 위반하게 되

그림 3-1 | 하모닉 트레이딩의 3단계

는지 모니터링해야 한다. 이후 반전에 성공했다면 추세의 흐름을 읽으면서 관리하는 것이 대표적인 전략이다.

하모닉 트레이딩의 세 단계

●

스콧 카니가 제시한 하모닉 패턴을 사용해 거래하는 과정은 총 세 단계다.

1단계: 식별(Identification)

하모닉 패턴의 여부를 피보나치 비율에 맞게 식별하고 분석하며, 매매의 의사를 결정한다.

2단계: 실행(Execution)

성공의 열쇠는 '준비와 대응'에 있다. 패턴을 분석하고 식별하는 것은 시작에 불과하다. 이후에 발생할 수 있는 예기치 않는 상황들을 해결하기 위해 미리 준비하고 대응해야 하며, 전략을 세워 일관된 규칙을 만드는 것이 중요하다.

3단계: 관리(Management)

2단계에서 패턴이 잘 실행되어 안정권에 들어왔다면, 수익은 극대화하고 손실을 줄이기 위한 것이 바로 관리 단계다.

1단계는 금융 시장의 흐름을 나타내는 가격 차트에서 실질적으로 반전이 일어나기 전까지에 해당한다. 추세 반전의 가능성 있는 하모닉 패턴을 식별하는 단계로 앞서 2장에서 살핀 내용이다. 이후 패턴이 식별되었다면 2단계인 실행에 접어든다. 잠재적 반전의 가능성에서 실질적으로 반전이 일어나는지 확인하고 판별하는 과정을 뜻한다. 세 단계 중 가장 짧으면서도 강렬한 핵심 단계라 할 수 있다.

스콧 카니가 제시한 하모닉 식별 이후의 단계에서 가장 큰 과제는 반응과 반전(Reaction vs. Reversal)을 구별하는 것이다. 이는 피보나치수열과 관련된 비율의 측정과 자연이 가지고 있는 구조적인 한계 내에서 찾아내야 한다. 하모닉 패턴은 자연의 과정과 시장의 추세 변화에 영향을 미치는 중요한 변곡점을 제공한다.

하모닉 패턴은 잠재적인 가능성 있는 반전 영역을 제공하는 것이다. 모든 반전의 순간이 이상적이지 않음을 반드시 기억하라. 따라서 패턴 식별 이후 기준을 세워 놓고, 그 기준에 맞게 가격의 흐름을 분석하는 능력은 분석을 수익으로 바꾸는 결정적인 요소가 될 것이다. 그것은 바로 실행 단계에서 결정된다.

하모닉 패턴을 성공으로 이끌기 위한 지침

1. 하모닉의 반전 영역에서, 지속적으로 시장의 반응을 살펴보아라.
2. 반전 영역에서 가격의 흐름에 대해 일관된 대응의 자세로 임하라.
3. 확인 후 하모닉 패턴이 의미 있게 잘 실행되는지를 결정하라.

하모닉 트레이딩 2단계 실행하기

하모닉 트레이딩 2단계: 실행

●

하모닉 패턴에서는 각 패턴이 가지고 있는 기본 성질과 일반적으로 통용되는 전략적 규칙이 세워져 있어 성공적인 거래를 위한 대응이 쉽다. 또한 모든 거래에는 효과적인 수익 달성을 위한 전략과 예상치 못한 상황에 대한 준비, 그리고 현재 상황에 대해 이해를 하고 있어야 한다.

반전이 예상되는 영역이 있다면 잠재적 반전 영역인 PRZ를 측정하고 손절가를 설정한 후, 최소의 이익 목표가 설정까지 미리 해놓아야 한다. 트레이딩이란 언제나 예기치 못한 상황이 발생할 수 있다. 따라서 침착하게 대응하기 위해선 미리 계획을 세워 놓고 포지션을 취해야 한다. 하모닉 실행 단계에서는 규칙을 가진 전략 지침을 제시하고 있으며, 훈련을 통해 일관성 있게 사용할 수 있도록 규격화되어 있다.

실행 단계에서의 고려 사항

●

차트를 분석하는 것과 분석을 토대로 투자나 매매를 하는 것은 본질적으로 다르며, 매매와 자금 관리 또한 다르다. 효과적인 실행을 위해서는 패턴 식별도 중요하지만 매매를 위한 훈련과 경험치가 필요하다. 그리고 여기에는 반드시 원칙이 있어야 하며 자금 관리와 함께 일관된 규칙을 준수하는 습관이 필요하다.

실행 단계에서의 하모닉 패턴의 성공 여부를 판별하는 고려 사항 중 가장 중요하면서 꼭 알아야 할 것이 있다. 바로 반전 영역에서 보여주는 추세의 흐름이 반응(Reaction)인지 반전(Reversal)인지 구별하는 지혜다. 이를 위해서는 유한한 자연의 한계성을 가격 수준에서 판별할 수 있도록 효과적으로 정량화시킨 하모닉 비율 측정을 통해, 잠재적 반전 영역(PRZ)에 대한 이해와 터미널 바(Terminal Bar, T-bar), 컨펌 바(Confirmation Bar), 트리거 바(Trigger Bar) 등의 개념을 이해해야 한다. 잘 정의된 이론의 영역은 기회를 제공하지만, 시장이 우리에게 제시하는 전략과 그 기대를 잘 실행하는 것은 철저하게 본인의 몫이다.

고려 사항의 예시

- 일반적으로 반전이 강하고 빠르게 일어날 때, 반전 추세 지속성의 힘이 강하다 할 수 있다.
- PRZ을 여러 번 테스트하며 추세를 되돌리지 못하는 것은 패턴이 실패하거나 잘못된 패턴 설정일 수 있으므로, 실행 단계에서 제시하는 전략들을 대입해 판단해야 한다.

그림 3-2 | PRZ와 T-bar

패턴 실행: 잠재적 반전 영역(PRZ)

•

하모닉 패턴 구조는 위치 및 방향을 정의하기 위해 피보나치 비율을 사용해 해당 대칭 관계에 있는 점들을 고려해 측정된다. B점 이후는 패턴 규격에 적절한 AB=CD 패턴으로 설정되며, 이러한 대칭 비율을 통해 잠재적 반전 영역(PRZ)이 정해진다.

이때 D점은 가장 중요한 역할을 한다. PRZ 측정은 일반적으로 AB=CD와 XA값의 계산에 초점을 맞춘다. 이후 D점이 완성되고 반전이 진행됨과 동시에 확인 요인을 평가해야 한다.

PRZ의 초기 테스트는 잠재적인 기회를 제공한다. 수익 목표를 달성하기 위해서는 PRZ에 대한 이해가 필요하다. 올바르게 패턴을 식별했다면 여러 가지 요소들을 고려해 반전 가능성이 있는 가격 흐름이 평가되어야만 한다.

하모닉 이론의 본질은 수익을 낼 수 있는 구체적인 영역 제시를 통해, 계산할 수 있는 범위 내에서 PRZ를 잘 판단해 수익을 내는 것이 목표이며, 그 목표를 이루기 위한 전략들이 있다. PRZ에서 추세 전환이 일어난다면 이 영역은 매우 중요한 전환점이 될 것이다.

PRZ 반전 가능성 이해: 훈련의 중요성

PRZ를 가리키는 영역은 대부분 XA값에 해당하는 D점이 중심 역할을 한다. 가끔은 BC 프로젝션 값이 이를 대신하기도 하지만, 보통은 XA값의 규격에서 정해진다. 그러나 PRZ는 언제나 잠재적인 영역일 뿐 '100% 반드시'라는 의미는 없다.

PRZ 전략

PRZ 전략은 다음과 같다.

첫째, 반전의 가능성이 있는 융합 영역을 찾는 과정에서 피보나치를 바탕으로 한 하모닉 비율은 매우 중요하다.

둘째, 월봉 차트부터 분봉 단위의 차트까지 다양한 시간 단위로 살펴보고, 하모닉 패턴뿐 아니라 추세, 매물대 등등 수렴하는 위치를 함께 고려하자. 또한 일반적으로 큰 패턴 안에 작은 패턴이 있는 경우, 큰 패턴이 일반적으로 더 중요하다.

셋째, PRZ 영역 중에 여러 가지 근거가 겹치는 부분이 더 많을수록 그 가격대의 중요성의 수준을 나타낸다.

넷째, 하모닉 패턴의 완료 영역은 그 자체로도 매우 중요하다. 지지와 저항

매물대의 기준이 될 수 있다. 만약 반전하지 못하면 기존 추세가 상당히 강하다는 것을 의미하니 주의해야 한다.

초기 PRZ 확인의 중요성

초기에 반전을 잘하는 것은 중요하다. 그러나 실패하는 경우가 있기 때문에 반전의 첫 번째 시도를 지켜보는 것은 더욱 중요하다. 첫 반전 시도에 PRZ의 예상 범위를 초과하는 것은 꽤 흔한 일이다. 패턴 완료 후 형성되는 캔들 형태 차트의 가격 막대는 예상되는 반전을 판별하기 위한 기준 역할을 한다. 이때 형성되는 초기 가격의 흐름(Price Action) 이해의 중요성은 강조할 수밖에 없다.

PRZ는 몇 가지 중요한 가격 움직임을 나타내는 매우 정확한 영역이라는 것을 기억해야 한다. PRZ의 첫 번째 테스트는 구조의 완성과 추세의 흐름 변화를 예상하지만, 경우에 따라 짧은 반응에 그칠 수도 극적일 수도 있다. 사전에 대비책을 최대한 세워두고 대응하자.

PRZ 대응 아이디어

PRZ 대응 아이디어를 정리하자면 다음과 같다.

① PRZ에서 반전 영역을 뚫고 초과하는 경우가 있으니 손절매 규칙을 정해 대응해야 한다.

② PRZ에서 약간의 반응 후 추세가 정체된다면, 수익이 손실로 바뀔 수 있으니 수익을 확보하고 손실로 이어지기 전에 포지션 정리를 해야 한다.

③ 물론 PRZ에서 한번에 반전을 크게 할 수도 있다. 이런 경우에는 짧은 시간에 좋은 수익을 낼 수 있다.

PRZ 영역 요구사항

하모닉 패턴은 한 가지 이상의 패턴 완성이 확인되는 증거가 있어야 한다. 패턴 완성 후, 반전의 강도에 따라 반응 대 반전(Reaction vs. Reversal) 기대치가 결정된다.

패턴을 확인하는 것을 컨퍼메이션(Confirmation)이라 하며 이것을 간단하게 '컨펌(Confirm)'이라 부른다. PRZ 영역에서 반전을 기대하려면 근거가 될 수 있는 요소를 찾아야 하며, 확인되지 않는다면 섣불리 거래에 진입하는 것을 재고해야 한다.

PRZ 요약

PRZ란 측정된 이후 명확하게 추세의 변화가 펼쳐질 것으로 예상되는 하모닉 패턴 구조 분석의 '최종' 단계다. 이 개념은 피보나치 비율의 규격을 준수해 일관성 있고 정확한 가능성을 제공하는 고유한 과정으로, 일반적으로 추세의 지지와 저항의 영역에서 발생한다.

하모닉 패턴은 정확도를 보완하기 위해 최적의 조합을 위한 공차 허용 범위가 있으며, 정확한 비율 배열(sequence)을 기반으로 한 정렬을 제시한다. 따라서 정확함과 유연함 사이에 균형적인 사고를 해 분석하길 바란다.

터미널 바(Terminal Bar, T-bar)

•

터미널 바는 패턴의 완료를 결정짓는 캔들 막대를 뜻한다. 이상적인 터미널 바는 모든 PRZ의 요소가 지나가는 하나의 단일 캔들 막대다.

2단계인 실행 영역에서 터미널 바가 시사하는 바는 매우 크다. 터미널 바는 실행 영역의 시작점을 의미하며, 터미널 바를 통해 시장이 제시하고 있는 신호를 정확하게 읽으려 노력해야 한다. 캔들 막대는 거래 기회를 가지는 '실행 스위치'다. 터미널 바는 예측 가능한 상황에서 행동을 취하는 직접적인 가격 범위를 제시한다. 대표적인 역할은 다음과 같다.

① 패턴 성공 및 실패에 대한 잠재적 반전 영역 신호 감지
② 손절가 측정

모든 실행 결정은 터미널 바를 지난 이후 본격적으로 시작된다 해도 과언이 아니다. 터미널 바 완료 후 해당 잠재적 반전 기회의 실행 여부가 결정된다. 터미널 바를 기준으로 우리가 확인해야 할 조건들을 확인하고 판단한다. 터미널 바는 실행 단계의 열쇠다.

터미널 바가 확립된 후의 확인 사항

PRZ 내에서의 가격 흐름을 관찰해야 한다. 터미널 바 형성이 확인되면, 캔들의 움직임을 잘 살펴서 지지/저항의 역할이 터미널 바를 기준으로 어떻게 움직이는지를 관찰해야 한다. 또한 추가로 다른 근거가 뒷받침되어주는지 확인해야 한다.

하모닉 이론은 모든 단계에 걸쳐 추세를 읽는 것의 중요함은 물론이며, 캔들 이론이나 RSI 등의 추가 근거 해석도 함께 요구된다. 본인만의 독특한 지표를 만들어 사용하는 많은 연구가가 있으나, 일반적으로 많이 사용하는 대중적인 보조 지표로는 RSI를 사용한다. 물론 다른 이론이나 지표를 근거로 같이 사용해도 무방하다.

터미널 바

가장 이상적인 추세 반전은 터미널 바를 생성한 다음 전체 PRZ를 테스트한 뒤, 빠르게 추세를 전환하는 것이다. 이상적인 터미널 바는 PRZ의 가능성이 있는 구간들을 포함하는 가격 캔들 막대다. 스콧 카니가 제시하는 터미널 바는 일반적으로는 이러한 잠재적 반전 영역들을 포함하는 패턴의 끝에 위치하는 캔들 막대를 뜻한다. 한 파동이 끝난 자리가 만약 이 조건에 해당하지 않는다면, 몇 개의 캔들 앞에 설정될 수도 있다. 반드시 파동의 끝에 형성되는 것은 아니다. BC 프로젝션, AB=CD, XA값의 규격을 모두 포함하고 있지는 않더라도, 보편적으로 XA값은 포함하고 있다.

PRZ의 패턴 완료 지점에 도착하면, 터미널 바 캔들 막대가 완성되고 가격의 움직임이 진행됨에 따라 계산된 피보나치 영역들을 테스트한다. 이 구간에

그림 3-3 | 터미널 바

그림 3-4 | PRZ 리테스트

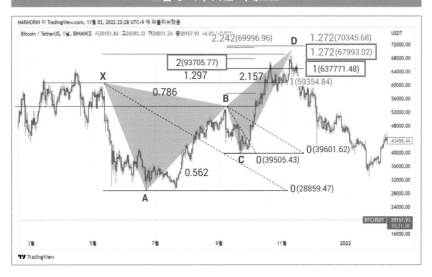

그림 3-5 | 이상적인 터미널 바

서 뚜렷한 반전을 하지 않는다면 다시 한번 해당 영역을 리테스트(Retest, 재시험)할 수 있다. 그러나 원래의 강한 추세 또한 지속되는 경우일 수 있으므로 반전 실패에 주의해야 한다. 예시를 통해 살펴보자.

그림 3-5를 보자. 이상적인 터미널 바는 PRZ 영역의 XA값, BC 프로젝션, AB=CD(또는 알트 AB=CD)값을 모두 포함하고 있다.

또한 피보나치 영역과 캔들 막대의 끝이 항상 정확하게 일치하지는 않는다. 판단 기준에 따라 조금씩 차이가 생길 수 있다.

한 종목에 다양한 거래소나 차트가 존재한다면, 거래소마다 차트가 다를 수 있다. 차트의 비율이 달라지므로 로그 차트는 일반적으로 잘 사용하지 않는다. 터미널 바를 지정했다면, 그다음에는 손절의 기준을 세우고 반전의 가능성을 확인하는 전략을 세워야 한다.

① 터미널 바를 이용해 패턴 위반의 손절가 설정하기: 터미널 바를 기준으로 잡고, 터미널 바로부터 1.618 확장되는 곳을 손절가로 잡고 사용할 수 있다(그림 3-6).

② 터미널 바를 기준으로 반전 가능성 살펴보기: 터미널 바가 형성된 이후, 터미널 바를 기준으로 세워 현재 터미널 바의 위인지, 터미널 바에 머무르는지, 터미널 바의 아래인지에 대한 가격 흐름 판단을 통해 반전 가능성을 살펴볼 수 있다(그림 3-7).

③ 터미널 바 이후 캔들 형성 구조 분석하기: 패턴에서 터미널 바가 닫힌 이후, 이어져 나오는 캔들 막대들의 초기 형성의 구조를 분석하는 것은 굉장히 중요하다. 많은 경우에 반전이 초기에 성공적으로 완성된다면, 최대 터미널 바 이후 캔들 막대 3개가 완성될 동안 PRZ 테스트를 완료하며 반전 여부가 확인된다. 반전의 가능성이 있는 영역이라는 것은 반전하지 않을 가능성 또한 있

그림 3-6 | 손절가 설정

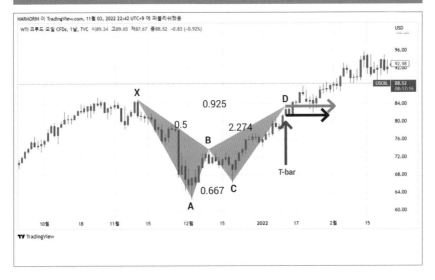

그림 3-7 | 터미널 바를 기준으로 추세 판별하기

그림 3-8 | 스콧 카니의 터미널 바 전략

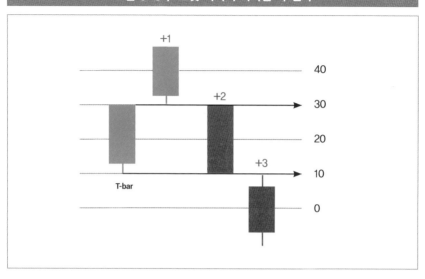

그림 3-9 | PRZ 리테스트 예시

다는 뜻이다. 3개의 막대가 형성될 동안 뚜렷한 반전 신호가 없다면 조심해야
한다.

그림 3-9는 터미널 바 이후, 가격의 흐름이 짧은 반응에 그치고 다시 터미
널 바를 리테스트하는 캔들을 예로 든 것이다. 터미널 바를 기준으로 다음 캔
들이 터미널 바의 어느 위치에 있는지에 따라 흐름을 판단할 수 있다.

하모닉 패턴 설정(Set-up)

●

일반적으로 하모닉 패턴을 작도할 때는 반전의 성공 또는 실패를 판별하기
위한 몇 가지 표기를 사전에 같이 해둔다.

잠재적 반전 영역 표기(XA값, BC 프로젝션, AB=CD 패턴의 값)

매번 표기하기도 힘들고 단기 시간으로 접근할 때는 진행 속도가 매우 빠르
므로, 익숙해지면 패턴만 표기한다. 하지만 이제 막 입문했다면 익숙해질 때
까지 보완 값까지 다 표기해가며 훈련하는 것이 좋다. 왜냐하면 이 피보나치
의 비율들은 그 숫자에서 정확하게 반전하지 않았다 하더라도, 중요한 가격의
영역대이기 때문이다.

가격 반전이 PRZ 영역에서 바로 하게 된다면 정말 감사할 따름이지만, 현
실의 트레이딩에는 가격의 움직임이 매우 복잡하게 변형된 형태가 빈번하게
나온다. 이때 이 보완 값들을 표기해 놓고 자세히 살펴보면, 가격 흐름의 방향
을 판단하는 데 아주 중요한 지지 또는 저항의 구간으로서 계속 작용하고 있
다는 것을 알 수 있다.

그림 3-10을 보자. 1.27AB=CD와 2.24BC가 동일 수준의 선상에 있다.

그림 3-10 | 보완 값과 XA값이 겹치는 경우

보편적인 반전 값인 D점의 0.886XA에서 반전하지 않고, 1.27AB=CD와 2.24BC의 영역에서 반전을 시도했으며, 지지를 받은 후 한 번 더 지지 여부를 테스트한다. 이때 가격의 지지에 성공하면 비로소 반전하게 된다. 이런 경우 XA의 힘보다 피보나치 비율 2개의 보완 값이 만나는 지점에서 가격대를 받쳐주는 힘에 반응했다 할 수 있다. 보완 값의 중요성을 보여주는 예시다. 또한 지속적으로 지지의 영역으로 테스트받은 것을 볼 수 있으므로 저 구간을 지속해서 살펴보았다면 당시 가격의 흐름을 놓치지 않을 수 있다.

최소 이익 목표가 T1(Target 1), T2(Target 2)

반전 이후 최소 목표 이익 구간에 해당된다. T는 타깃(Target)의 약어이며, 기본적인 M자나 W자형에서는 AD의 되돌림 구간을 뜻한다. 이 뜻은 피보나

그림 3-11 | T1의 중요성

치 되돌림 비율의 툴을 가지고 파동 흐름의 끝부터 되돌림을 재는 것이 아니라, AD라는 하모닉의 선분에 의해 되돌림을 설정해야 한다는 것으로 해석할 수 있다.

예를 들어 가틀리의 T1의 정의는 AD의 0.382(T1=0.382 of AD)를 의미한다. 즉 파동 끝의 0.382 되돌림을 뜻하는 것이 아니라 AD의 0.382 구간을 뜻하는 용어다. 그러나 가격 흐름에서 파동의 양 끝을 기준으로 피보나치 비율을 측정하는 방법은 여러 이론에서 흔히 사용되는 방법이므로 보통은 그렇게 측정해도 무방하다고 생각한다.

T1의 개념은 타입 1(Type-1)에서 타입 2(Type-2)로 나아갈 가능성에 대해 판별할 때도 기준이 되므로 중요하다. 타입 2로 이어지려면 타입 1의 성공 여부가 확인되어야 한다. 그것을 판별하는 기준은 최소한의 반응을 가늠하는 T1

그림 3-12 | 타입 2 반전 예시

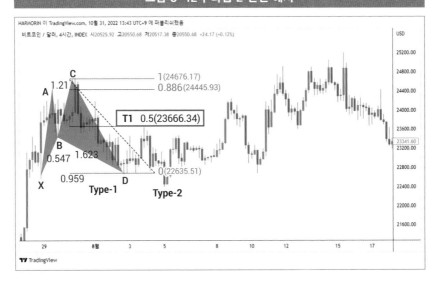

그림 3-13 | 5-0 패턴 최소 이익 목표

에 도달했는지에 대한 여부다. 기본 패턴은 AD의 0.382가 T1으로 설정되며, 하모닉 임펄스 패턴에서 파생된 샤크와 5-0 패턴 같은 경우는 설정 값이 다르다. 샤크는 XABCD 툴 기준으로 CD의 0.5가 T1이 되며, 5-0 패턴도 마찬가지로 XABCD 툴 기준 CD의 0.886이 T1이 된다.

하모닉 최적의 가격(Harmonic Optimal Price, HOP)

•

하모닉 패턴을 측정하는 새로운 전략

HOP(Harmonic Optimal Price)은 하모닉 최적의 가격을 나타낸다. 이 이름이 HOP이 가지고 있는 역할이 잘 표현되지 않았다는 어감이 다소 들 수 있으나, 하모닉의 PRZ에서 최대한으로 허용하는 초과 가격 범위로 이해할 수 있다. 중요한 것은 반드시 손절가(Stop Loss)의 개념과는 구분되어야 한다는 것이다. HOP을 잠시 초과했지만 다시 패턴의 범주 안으로 빠르게 돌아온다면, 패턴 실패가 아닌 성공으로 다시 이어질 수도 있다.

또한 각 패턴에 대한 HOP 레벨은 PRZ 및 터미널 바, 또는 BC 레이어링 기법으로 약간의 오차가 허용될 수 있다. 그러나 패턴마다 다르며 일반적으로는 XA값의 피보나치 레벨에서 한두 개 레벨이 초과한 비율의 수치로 설정된다. 피보나치 되돌림 도구를 사용해 규격을 잴 수 있다.

일반적인 HOP 설정(XABCD 툴 기준)

가틀리 > 1.0XA

뱃 > 1.13XA

크랩 > 2.0XA

나비 > 1.414XA

5-0 > 0.618BC

딥 가틀리 > 1.0~1.13XA(AB=CD에 따라)

알트 뱃 > 1.27XA

딥 크랩 > 2.0XA

샤크 > 1.13~1.27XC(XABCD 툴 기준)

HOP 사용 전략

일반적으로 PRZ+α의 개념으로 HOP을 같이 사용한다. 그러나 가격의 흐름은 자로 잰 듯 딱딱 떨어지지 않는다. 그렇기 때문에 HOP의 개념은 꼭 필요하며, 가격의 흐름을 살펴볼 줄 아는 경험치가 필요하다.

HOP은 최대 구조 허용 오차로 사용하며 PRZ를 초과하더라도, 어느 정도 패턴에는 유연함이 있다는 것을 강조한다. 그러므로 터미널 바의 완료 이후, 반드시 보조 지표의 확인(Confirmation)이나 다른 근거와 함께 반전 여부를 확인해야 한다. 관리 단계로 진입하기 위해서는 가격 흐름을 가속화시켜 포지션을 수익 구간에 안정적으로 진입시켜줄 방아쇠(Trigger)를 찾아야 한다. 터미널 바 완성 이후 일반적으로 캔들 차트의 30개 막대를, 기다릴 수 있는 유효한 시간으로 간주한다.

패턴의 실패와 무효화, 판별과 확인

패턴의 실패에 대한 이해와 판별은 무엇보다 중요하다. 왜냐하면 패턴이 실패될 때는 추세가 굉장히 강한 상태여서 간과하면 매우 큰 손실로 이어질 수 있기 때문이다. 패턴 무효화의 여부는 HOP의 설정으로 인해 더 느슨해졌다.

스콧 카니가 제시한 일반적인 무효화는 2가지 판별법이 있다. 첫 번째는 터미널 바와의 거리로 생각해 보는 판별법이며, 두 번째는 PRZ+HOP의 수준을 생각한 전략이다.

무효화 판별법
① 터미널 바의 피보나치 비율 1.13~1.618의 거리
② PRZ와 HOP의 거리×2배의 길이(Doubling)

또한 HOP을 넘어갔다 하더라도 캔들 막대 3~4개의 정도 안에 재빠르게 다시 규격 안에 들어온다면 패턴을 계속 유효하다. 또한 패턴은 일반적으로 식별의 영역이기 때문에 패턴의 반전에 실패했다 해서 패턴이 아닌 것은 아니다(물론 패턴 판별 자체가 틀렸을 수도 있다). 패턴의 규격은 일관되게 정해져 있으며, 패턴이 실패했다 해도 하모닉 패턴 5개의 점은 지지와 저항의 영역

으로, 이후 가격의 흐름에도 지지 또는 저항의 영역으로서 역할이 유효하다. 그러므로 섣불리 이미 지난 패턴이라 생각해 이전 패턴을 그냥 넘겨버려선 안 된다. 지속적으로 해당 패턴이 주는 연속성의 영향력을 염두에 두고 생각해야 한다.

패턴의 실패는 당연히 있을 수 있다. 패턴 식별 후 성공이 아닌, 성공 또는 실패를 할 수 있다고 생각할 수 있어야 한다. 패턴이 식별되었다 해서 막연하게 반전이 일어날 것으로 생각해서는 안 된다. 이는 PRZ의 사전적인 의미, 즉 '잠재적인(Potential)'이라는 뜻에 대한 정의 자체가 안 잡혀 있는 것이다.

또한 패턴의 신뢰도에 대해 궁금해할 수 있으나, 이 이론은 패턴의 신뢰도에 초점을 맞추어 생각하는 전략이 아니다. 패턴의 식별은 꽤 정밀하고 정확성 있는 규격으로 정해져 있으며, 식별 이후 경우의 수를 따져 분석하고 그에 맞는 대응의 지침을 일관성 있게 제시하는 총괄적인 전략이다. 패턴의 실패에 관해 몇 가지 경우의 수를 알아보자.

대표적인 실패 패턴의 신호
① PRZ를 비롯해 추세선 또는 터미널 바를 빠르게 위반할 때
② PRZ 부근의 갭(GAP) 발생
③ PRZ에서 RSI+패턴 컨펌이 미루어지는 경우

대표적인 실패 패턴의 신호

•

1) PRZ 영역을 강하게 뚫으며 극심한 가격 확장이 발생하는 경우
반전을 기대하는 영역인 PRZ에서 지지와 저항의 역할을 하지 않고 강하게

그림 3-14 | 위반하며 가속화한 경우

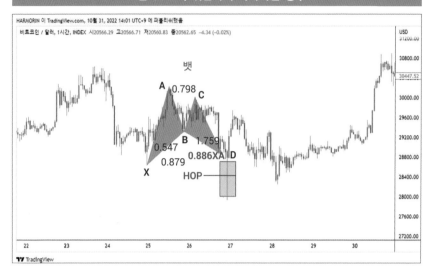

실패하는 움직임이 보이면, 경고의 신호로 받아들여야 한다(그림 3-14). 또한 이런 경우에 추세선을 위반하거나 터미널 캔들 막대를 위반하면, 가속화될 수 있다.

2) PRZ 부근에서 가격 갭이 발생할 경우

가격과 가격 사이에 공백이 발생하는 것을 갭(Gap)이라 부른다. 주가에서 갭이란 시장이 24시간 열리지 않는 경우가 종종 있는데, 주가가 갑자기 크게 변할 때 차트상에 빈 곳이 발생하는 것을 이야기한다. 갭에는 여러 종류가 있는데, 이럴 경우의 갭은 강한 장대 음봉 또는 장대 양봉으로 판별되어야 한다. 하모닉 반전이 일어나야 할 자리에 강한 추세의 지속성을 보여주는 것이기 때문에 이는 패턴 실패의 경고 신호로 받아들여져야 한다(그림 3-15).

그림 3-15 | 갭이 발생하며 위반하는 경우

3) 패턴과 RSI가 컨펌이 나지 않는 경우

RSI를 잘 읽는 것은 매우 중요하다. 일반적으로 반전 영역에서 바로 패턴에 성공해 드라마틱하게 추세를 돌려 반전에 성공하는 경우는 많지 않다. 하모닉에서는 추가적인 근거와 함께 상황을 이해하고 가격의 흐름을 파악하도록 제시되어 있다.

또한 RSI 뱀(BAMM) 이론과 함께 여러 가지 전략이 사용된다. 캔들 막대가 닫혔음에도 불구하고 RSI가 과매수/과매도 영역에서 정상 범주인 30~70선 사이로 들어오지 않는다면, 이것을 '패턴이 아직 컨펌이 나지 않았다'라고 표현한다. 즉 패턴 반전이 확인되지 않은 미완성인 상태다.

하모닉 패턴은 최소한 30개 이상의 캔들 막대로 구성되어야 하는 CLT 원칙이 있다. 패턴 완료 후 유의미한 반응이 없다면 최대 30개의 캔들 막대까지

그림 3-16 | 컨펌이 나지 않으며 위반하는 경우

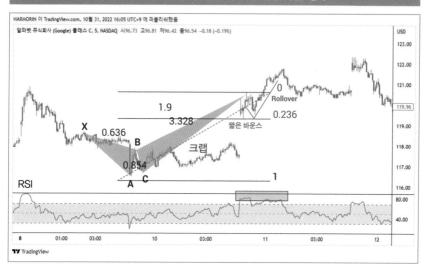

살펴보아야 하며, 이 역시 CLT 원칙을 따르는 개념에서 나온 것이다. 일반적
으로 기다림의 시간은 필수다.

그림 3-16은 패턴이 완료되었지만 RSI 보조 지표의 컨펌이 나지 않은 예시
다. RSI가 과매수의 영역에서 정상 범주로 안착하지 못한 모습을 보여준다. 패
턴이 잘 반전되는 경우는 과매수 영역에서 정상 범주로 들어오며, 정상 범주
영역의 RSI를 테스트한다.

보통의 반전에 실패할 때는 반전에 실패하기까지 판단할 수 있는 짧은 시간
이 주어진다. 그 말은 반전에 실패할 때 살짝 들어 올리며(Bounce) 추세를 반
전하기 위한 시도를 하는 경우가 종종 있으며, 이후 빠른 시간에 가격의 흐름
을 동그랗게 말아 올리거나 내리는 형태(Rollover)로 강력하게 힘을 비축해서
기존 추세를 이어 나갈 수 있다. 그래서 이 짧은 시간의 기회를 잘 활용 및 평

가해야 하며, 수익성 있는 단기 수익 또한 제공할 수 있다. 패턴은 항상 동일하지는 않으며, 반전 또한 마찬가지다.

패턴의 되돌림 피보나치 비율 0.236 구간

•

일반적으로 패턴이 실패할 때의 가격 흐름은 초기에는 PRZ에서 단기 반등을 주어 반전에 성공하는 듯 보이나, 그 이익분을 말아 올리며 가던 추세대로 빠르게 PRZ 전체 테스트를 하고 그대로 강한 추세를 유지하는 것이 일반적이다. 이러한 행동이 피보나치 되돌림 0.236 구간에서 일어나는 경우가 많다. 따라서 이 되돌림 구간에 오면 주의 깊게 살펴보는 것이 좋다.

실패한 패턴을 확인하기 위해서는 숙련된 해석이 필요하지만, 만약 PRZ 리테스트를 하며 포지션이 뒤집히게 되면 기존 포지션을 빠르게 종료하고, 새로운 포지션을 취할 수도 있다. 이 구간의 반전 영역은 대단히 중요하면서도 위태로운 영역이므로 주의가 필요하다.

리스크를 줄이기 위해서는 반전이 나오면 짧게 수익이라도 취할 수 있게 손절가를 당기고, 추세를 관찰하다 지속성이 없으면 짧게 수익 이익을 취한 후 거래를 종료하고 나오는 것이 좋다. 어떤 추세의 강함이 확인된다면 새로운 포지션을 잡을 수도 있다. 하모닉 기원에 있는 본래의 목적인 위험을 최소화하고 초기 이익을 효과적으로 보호하려는 보수적인 사고방식이 필요하다.

그림 3-17에서 0.236의 역할을 살펴보자. 저항과 지지가 바뀌어 가면서 0.236 구간이 중요하게 작용하고 있는 것을 볼 수 있다. 또한 하모닉 패턴 완료 시, 바로 반전이 이루어지지 않고 추세를 돌리기 위한 시간이 필요할 수 있다. 0.236 구간에서의 가격 흐름은 꽤 중요해 보인다.

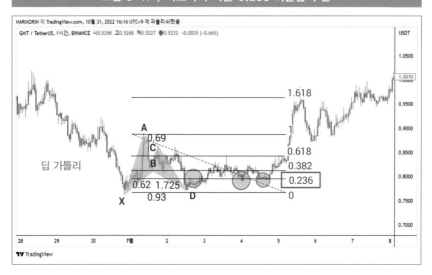

그림 3-17 | 피보나치 비율 0.236 되돌림 구간

하모닉 브레이크아웃과 지지/저항
(Harmonic Breakouts and Support/Resistance)

•

지지와 저항의 개념에서 지지 또는 저항의 5개 점으로 이루어진 하모닉은, 각 점이 중요한 지지점이나 저항점이 될 수 있다. 추세 지지와 저항은 수십 년간 가장 기본적인 테크닉 분석 중 하나다. 지지와 저항을 넘나들며 추세를 형성하는 것이 바로 가격의 자연스러운 흐름이다.

지지를 위반하면 미래에는 저항 구간이 되고, 저항이 실패하면 그 저항은 미래에 지지 구간으로 바뀐다. 또한 리테스트를 하게 될 경우, 그 구간은 지지 및 저항으로 작용한다.

하모닉 이론에서 D점(PRZ)이 완성되면 지지와 저항의 판별 기준이 될 수

그림 3-18 | 지지와 저항, 그리고 돌파

그림 3-19

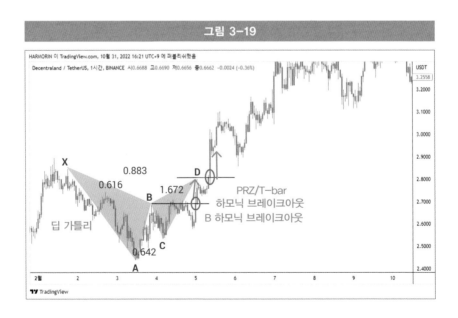

있다. PRZ는 지지와 저항의 의미를 넘나들 수 있다. 저항 구간의 터미널 막대 또는 PRZ(D점)을 재차 돌파하며 올라가면 터미널 바 위반 또는 PRZ 위반이라 부르며, 돌파(Breakout)라는 뜻을 넣어 터미널 바 브레이크아웃 또는 PRZ 브레이크아웃이라 표현한다. 또한 중심점 B점을 기점으로 가속화되며 B점을 강하게 돌파하며 통과한다면, 그것을 B점에 대한 하모닉 브레이크아웃이라 한다(그림 3-19).

측정되는 가격의 흐름이 무엇을 의미하는지 확인하기 위해서는 과거의 역사를 바탕으로 일어나는 반복성을 인정하고 이해해야 한다. 자연의 법칙에 따라, 지지와 저항의 수준을 하모닉 패턴으로 표현하고 그 정의에 따르는 것이 하모닉 이론이다.

반응 vs. 반전(Reaction vs. Reversal)

지속해서 반복되는 가격 행동 현상을 측정하고 정의하는 과정에서 시장의 가격은 종종 방향성을 보여주지 않을 때가 많지만, 우리는 그 안에서 유효한 신호를 잡아내고 시장의 올바른 방향을 알아내야 한다.

하모닉 패턴 기회의 강도는 다양하게 나타난다. 하모닉 이론은 일관된 측정이 가능하도록 규격화되어 있으며, 최소한의 가능성과 기회를 제공하는 반전의 개념을 통해 균형 잡힌 시각으로 기회를 활용할 수 있다. 그러나 하모닉에서 이상적인 반전이 이어지는 하나의 가능성만 보아서는 안 된다.

모든 하모닉 패턴 과정의 단계를 최적화하려면 반응과 반전을 구별하는 훈련 과정이 필수다. 이러한 여러 경우의 수가 있는 가격 흐름의 변화를 적절히 인식할 수 있어야 한다. 또한 전체적으로 파악하기 위해선 나무를 바라보는 것이 아닌 숲을 보아야 하는 것처럼, 큰 대추세를 파악하고 소추세를 분석하는 것이 좋다. 그렇게 되면 소추세에서는 반대 방향일지라도 큰 대추세에서는 같은 방향을 바라보는 트레이딩을 할 수 있다. 하모닉은 무조건 역방향 매매를 한다고 단순하게만 생각해서는 안 된다.

하모닉 일시정지(Pause)

·

일반적으로 식별되는 패턴 이후 성공적인 반전을 기대하지만, 반응이 거의 없는 그저 그런 가격의 흐름 또한 흔히 생길 수 있는 일반적인 현상이다. 즉 패턴 완료 후 가격이 바로 힘을 받아 반대 추세로 뻗어나가지 않는 정체된 현상 또한 기본적인 기대 중 하나다.

우리가 취해야 할 모든 행동은 사전에 계획되어 있어야 하고 하모닉에 정립되어 있는 규칙의 틀 내에서 각 지점에 알맞은 전략을 사용하는 단계별 절차를 따라야 한다. 이러한 단계별 생성 구조를 이해한 후에야 비로소 측정된 자연적 가능성의 한계 내에서 복잡한 가격 흐름의 환경을 평가할 수 있다. 이러한 과정을 실행하기 위해서는 최소한 이론상으로 무엇을 예상해야 하는지에 대한 정확하고 일관된 이해가 정립되어 있어야 한다.

그러므로 시장의 흐름을 살피고, 거래와 관련된 변수를 평가한 이후, 포지션을 최적으로 관리하기 위해 사전에 준비하는 것은 매우 중요하다. 트레이더는 단계별로 수익을 극대화하기 위한 중요한 변수를 관리하고 예상치 못할 상황을 고려해야 한다.

많은 경우에 반전 지점 이후 초기 반응에서 횡보 단계 이후에 반전을 시작할 수 있다. 모든 조치가 모든 상황에 적용되는 것이 아님을 유념하고, 기회를 최적화하기 위해 각 단계의 구체적인 전략을 세워야 한다.

그림 3-20에서는 RSI 뱀(BAMM)도 비교적 잘 보이고, 샤크 패턴이 나옴과 동시에 뱃 패턴으로 생각해 볼 수도 있다. 샤크 패턴과 뱃 패턴은 모두 D값을 0.886으로 가질 수 있으므로 종종 함께 나타나는 경향이 있다. 그러나 패턴 완료 후 단지 짧은 반응만 나타났고, 이후 기존 추세의 지속성을 강하게 이

그림 3-20 | 하모닉 패턴과 추세

어나갔다. 여기에서 뱃 패턴의 최소 이익 목표치에는 도달했으나, 샤크 패턴의 최소 이익 구간 목표에는 도달하지 않았다. 되돌림 0.382를 완료한 이후, 0.236 구간을 지지하며 재차 큰 상승을 만든다. 이런 경우에는 추세가 아래쪽으로 크게 반전되지 않았으며, 기존 추세의 힘이 매우 강한 것으로 판단해야 한다.

그림 3-21은 뱃 패턴이 완성된 이후 패턴 반전을 바로 하지 않고 어느 정도 시간이 걸린 뒤에 크게 성공한 사례다. RSI가 이 가격의 흐름을 잘 표현해주고 있으며, 과매도 영역의 구간을 여러 번 테스트하며 추세가 정체되어 있음을 알 수 있다. 추세를 되돌리기 위해서는 언제든 충분한 시간이 필요할 수 있으며, 예상되는 반전 구간에서 하모닉 퍼즈라 불리는 이러한 가격 흐름의 전개를 항상 염두에 두어야 한다.

그림 3-21 | 하모닉 일시정지

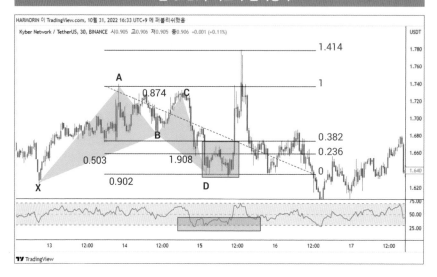

또한 샤크 패턴의 경우에는 T1은 50%의 되돌림으로 5-0 패턴으로 연결되는 경우가 많으나, 그렇지 않을 수도 있다. 그럴 땐 두 번째 목표 구간까지 단숨에 도달할 수 있다. 다른 패턴과 마찬가지로, 최상의 설정은 비율의 뚜렷한 정렬에 의존해 설정된다. 이때 5-0 패턴의 연결이 아닌 T2인 0.886 구간으로 바로 도달하는 경우도 있다.

설정할 때는 반드시 또렷한 구조를 가졌는지 필수적으로 살펴보아야 한다. 샤크 패턴 후 5-0 패턴이 실패할 경우, 일반적으로 가격의 움직임은 더 확실한 추세를 보여준다. 많은 경우에 패턴 완료 지점을 넘어 최소한 0.886의 되돌림과 관련되어 하락한다(그림 3-22). 그러나 이것은 특정 규칙이라기보다는 일반적인 가이드라인에 가까우며, 0.886 되돌림 구간은 일반적으로 샤크 패턴의 최소 이익 목표 두 번째 영역으로 설정된다.

그림 3-22 | 5-0 패턴이 실패하는 경우

하모닉 구성의 최소 요건

•

중심 극한 정리(Central Limit Theorem, CLT): 30개의 캔들 막대

확률을 연구하는 이론에서 중심 극한 정리(CLT)는 어떠한 표본 크기가 커짐에 따라 많은 상황에서 독립 확률 변수를 합산할 때 원래 변수 자체가 정규 분포를 따르지 않더라도 적절하게 정규화된 표본 변수의 분포가 종 모양을 닮은 정규 분포 곡선(또는 종형 곡선(Bell Curve))에 근사하다고 했다. 이때의 표본의 크기는 모두 동일하다고 가정한다.*

다시 말해 CLT는 유한 수준의 분산을 가진 모집단으로부터 충분히 큰 표

---

* Hans Fischer, A History of the Central Limit Theorem, Springer New York Dordrecht Heidelberg London, 2011

그림 3-23 | 중심 극한 정리

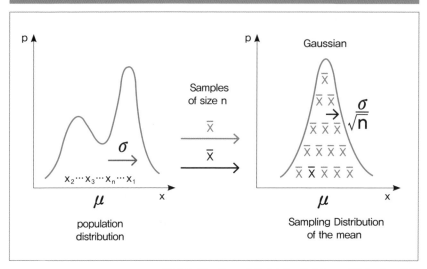

자료: Mathieu Rouaud, Probability, Statistics and Estimation, 2013

본 크기가 주어지면 동일한 모집단에서 샘플링된 모든 변수의 평균이 전체 모집단의 평균과 거의 같을 것이라는 통계적 전제를 하고 있다. 이 개념은 아브라함 드 모이브레(Abraham de Moivre)에 의해 1733년 처음 개발되었지만, 헝가리의 수학자 조지 팔리아(George Pylya)에 의해 중심 극한 정리로 명명되어 1930년에 공식화되었다.[*]

• 30보다 크거나 같은 표본 크기는 종종 CLT가 보유하기에 충분한 것으로 간주된다.

---

[*] Chang, H. J., K. Huang, and C. Wu., 'Determination of sample size in using central limit theorem for weibull distribution', International Journal of Information and Management Sciences, Vol. 17, No. 3, 2006

- CLT의 주요 측면은 표본 평균과 표준 편차의 평균이 모집단 평균과 표준 편차와 동일하다.
- 표본 크기가 충분히 크면 모집단의 특성을 더 정확하게 예측할 수 있다.
- CLT는 대규모 증권 컬렉션을 분석해 수익률, 위험 및 상관관계에 대한 포트폴리오 분포 s및 특성을 추정할 때 금융 시장에서 유용하게 사용된다.**

하모닉 이론은 피보나치 비율의 정밀한 측정을 통해, 지지 저항의 영역을 보다 근거 있게 분석하고 대응책을 구상할 수 있는 통찰력을 가지고 있다. 또

그림 3-24 | 터미널 바 ±3이 중요한 이유

**   Sheldom M. Ross., 'Introductory Statistics', Section 7.4. Academic Press, 2017

한 이러한 수학적·통계학적인 연구로 중심 극한 원칙에 따라 30개의 표본 크기가 가장 이상적인 충분한 크기라는 것을 밝혀내었다. 이 원리는 가격 행동 결과에 대한 최소한의 기대치를 설정할 수 있게 해준다.* 따라서 하모닉 패턴 식별과 실행에서 30이라는 제한된 숫자의 의미는 중요하며, 이러한 규격은 하모닉 패턴의 잘못된 반응의 분포를 어느 정도 걸러내어, 더 견고하고 제한된 범위 내에서 설정할 수 있도록 설계되어 있다.

모든 패턴은 식별되는 시간에 최소한 30개 이상의 캔들 막대를 가져야 한다. 그리고 어떠한 시간 프레임을 기준으로 설정하든, 30개 캔들 막대에 가장 가까운 패턴이 기본 패턴에 가장 적합한 것으로 간주되어야 한다. 예를 들면 하나의 패턴은 몇 시간의 가격에서 동일하게 생각될 수 있다. 1시간에서 보이는 하모닉 패턴은 15분봉에서도 당연히 보인다.

만약 어느 시간 프레임을 기본으로 두어야 할지 고민된다면, 하모닉 패턴을 이루고 있는 총 캔들 막대의 개수가 30개에 근접한 차트가 좋다. 또한 터미널 바를 판별함에서도 유용하다. 때때로 작은 봉의 차트가 좀 더 정확성을 가질 때도 있다. 하모닉 패턴의 매개 변수를 분석하기 위해서는, 30개의 캔들 막대 개수를 기준으로 놓고 기준이 되는 시간 프레임을 설정해 가격의 흐름을 분석할 수 있다.

그림 3-25 DXY 달러 차트의 나비 패턴 예시를 살펴보자. 패턴을 판별할 때 1시간과 4시간 봉에서 모두 패턴이 보일 것이다. 이럴 경우 터미널 바를 판별하는 데 필자는 4시간봉의 터미널 바를 더 선호한다. 이유는 30개의 캔들 막대에 더 가까운 규격이기 때문이다. 그리고 이후 이 터미널 바를 기준으로

---

*   Scott Carney, Harmonic Trading vol. 3, 2016

그림 3-25 | 적절한 시간 프레임 판별

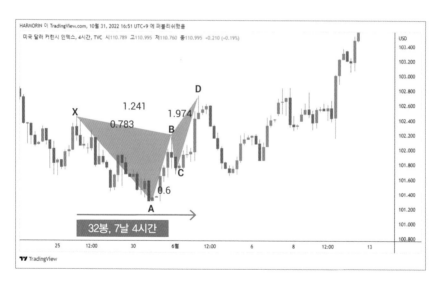

이후 최소한 +3개의 막대까지 가격 추이에 변화가 나타나는지 유심히 살펴보아야 한다.

사인파(Sine, SIN)와 코사인파(Cosine, COS)

① **수학적 사인 파동과 코사인 파동:** 사인 파동은 주기적이고 연속적으로 진동하는 가장 간단한 수학적 곡선을 말한다. 사인함수로 기술되므로 '사인 파동'이라고 부르며, 코사인함수도 기본적으로 같은 현상을 기술한다.

회전하는 점의 한 축 방향의 그림자는 사인 파동을 만든다. 평평한 공간 전체를 채우면서 진행하는 평면파는 사인 파동의 가장 대표적인 예다. 평면파는 이상적인 대상이지만, 실제 세상에 존재하는 많은 주기적인 물리현상은 여러 사인 파동의 합으로 나타낼 수 있다. 이것은 다른 사인 파동에 추가될 때 파형의 형태를 유지하기 때문에 물리학에서 중요하다.[*]

사인 파동(Sine Wave)

자연에서 하모닉 비율을 적용하는 것과 동일한 방식으로, 이 또한 측정 구조 내에서 가격의 흐름을 분석할 수 있다. 금융 시장에 적용하면 특정 패턴의 상황을 고유한 유형으로 분리할 수 있다. 가격의 움직임은 단지 거래되는 에너지 파동의 표현일 뿐이며, 이는 단지 시간에 대한 가격 분석일 수도 있다.

코사인 파동(Cosine Wave)

코사인 파동은 사인 파동의 보완적인 기능을 하는 신호 파형이다. 이상적인 주

---

[*]   한국물리학회-물리학백과

파수 이동은 임의의 시간 간격에 걸쳐 측정되고 투영될 수 있는 S자형 특성을 갖는다. 방정식이 파동 구조와 이동 제약 조건을 수학적으로 설명하고 이것은 금융 시장에서 완전한 값으로 귀결되진 않지만, 핵심 개념은 가격에 대한 최소한의 구조적인 매개 변수를 인식하는 것이다.**

② AB=CD 패턴에서 사인과 코사인: AB=CD 패턴은 금융 시장에서 최소 에너지 파동의 유형이다. 각 선은 하나의 완전한 진동의 구성 요소를 나타내며, 관련 가격 목표 및 완료 목표를 정확하게 측정할 수 있다. 이것은 가격 행동을 정의하는 데 도움을 주는 기본 가정이다. 이 개념은 모든 하모닉 패턴 기회에 대한 가장 중요한 평가 중 하나이며, 모든 AB=CD 구조를 독립적인 가격 신호로 연구한다. AB=CD 패턴은 하모닉 패턴 설정 최소 요구 사항으로 A, B, C, D의 4개 점으로 이루어진 가격 구조다. 하모닉의 C지점에서 대칭 비율이 설정되며, 이 비율을 갖는 2개의 등거리 가격 선분으로 구성되어 있다. AB=CD 패턴의 완성도는 중요하며, BC 프로젝션은 이를 보완한다.

AB=CD 패턴은 역배열의 구조인 역(Reciprocal) AB=CD 패턴도 있다. 퍼펙트(Perfect) AB=CD 패턴은 0.618:1.618의 구조로 모든 구조 중 가장 대칭적이고 조화로운 패턴이다. 퍼펙트 AB=CD 같은 완벽한 구조는 우리에게 자연이 보여주는 것과 가장 가까운 이상적인 대칭 모델을 제공하지만, 이러한 측정 구조는 어느 정도의 편차를 허용한 여러 시나리오와 중첩될 수 있다. 사인파와 코사인파는 이러한 AB=CD 패턴 구조의 중요한 수준을 정의하는 규칙으로 사용되며 대부분의 하모닉 전략에서 사용된다.

**   Scott Carney, Harmonic Trading vol. 3, 2016

그림 3-26 | AB=CD 패턴과 사인, 코사인 파동

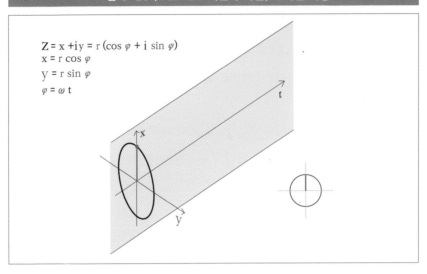

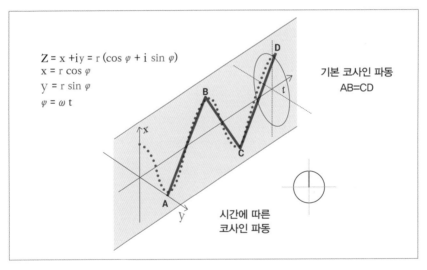

자료: Scott Carney, Harmonic Trading vol.3, 2016

스콧 카니는 물리학의 방정식인 삼각함수의 사인파와 코사인파를 하모닉 운동 방정식에 적용해 설명했다. 물리학에서 θ(세타)는 평면 좌표계에서 일반적으로 쓰이고, φ(파이)는 구면 좌표계에서 일반적으로 사용된다. 파이는 위상 상수(위상각)를 뜻하며, ω(오메가)는 각진동수, 또는 각속도를 나타낸다.[*]

삼각비에서부터 파생된 삼각함수에서의 코사인과 사인 함수는 각각 일정 주기를 가지고 있는 주기함수이자 파동이다. x축은 Cos(코사인함수)의 파동의 값, y축은 Sin(사인함수)의 파동의 값을 의미한다. 두 값의 파동을 3차원의 공간 좌표에서 하나 더 추가된 시간(t)이라는 축을 따라 일정 주기만큼 움직였을 때, AB=CD 패턴이 나타난다는 것을 의미한다(그림 3-26).

또한 추가적인 하모닉 패턴 구조는 이 최소한의 운동을 보완하는 역할을 한다. 특히 이런 패턴 유형을 초기에 예측해 식별해낸다면, 예측 완료 지점을 미리 측정해 이익을 낼 수 있다. 또한 올바르게 AB=CD 패턴이 식별되었다면, 가격의 움직임을 명확하게 분석하고 추세의 방향을 효과적으로 정의할 수 있다.

① AB=CD 패턴은 각 선분에 해당하는 가격 흐름의 크기와 시간이 동일한 사인 파동 형태를 나타낸다.
② AB=CD 패턴은 구조적으로 형성되는 최소 수준을 정의하는 최소한의 자연 주기이다.
③ 사인과 코사인 파동은 하모닉 이론을 뒷받침해주는 과학적인 기본 원리와 바탕이 된다.

---

[*] Raymond A. Serway and John W. Jewett, Physics for Scientists and Engineers with Modern Physics, 2018

그림 3-27 | AB=CD 패턴과 코사인 파동

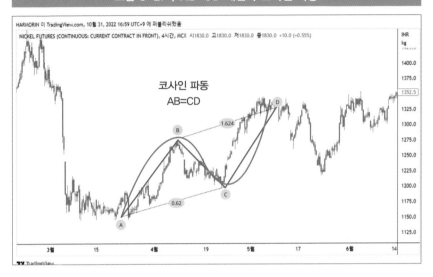

초과 허용 실행 영역 PEZ

•

패턴 완료 이후 실행의 기회가 열린다. 이때 여러 신호로 빠르게 판단하고 평가해야 하는데, 터미널 바가 확립된 시점 이후 생각보다 과하게 흐름이 형성되는 경우는 허다하다. 이를 넘침 또는 과잉이라는 뜻을 가진 오버스필(Overspill)이라 부른다. 터미널 바가 완성되면 그 캔들 바 범위는 여러 가지 중요한 역할을 하며, 우리는 전략을 사용할 수 있다. 이 중 PEZ는 이상적인 수준을 넘는 허용 오차를 판별하는 전략이다. 시간 프레임과 함께 캔들이 닫히고 열리는 원리를 이해해야 한다.

PEZ의 정의=PRZ+터미널 바(T-bar) 초과 영역(Extreme)

그림 3-28을 보면 원래의 PRZ 영역이 있고, 기대되는 반전 영역은 PRZ 영역 안에 속해 있다. 그러나 과잉 초과(Overspill)함으로 인해 터미널 바가 일반적인 예상치보다 과하게 형성되었고, 원래의 기대 영역인 PRZ와 초과한 터미널 바가 형성된 이 구간을 통틀어 PEZ라고 한다.

PEZ는 PRZ를 넘어 허용되는 오차 내에서 실제 트레이딩을 위한 개념으로, 손절가 설정에 도움을 줄 수 있다. 다시 말해 예상되는 힘의 원리를 생각해 보면, 강하게 내리꽂을 때 반등이 세게 나올 경우가 많으며, 그로 인해 PRZ 영역에서 마지막 터미널 캔들 바가 과하게 표현될 경우는 흔하다.

PEZ 영역은 모든 패턴에서 발생하지는 않으며, 하모닉 제2단계인 실행 영

그림 3-28

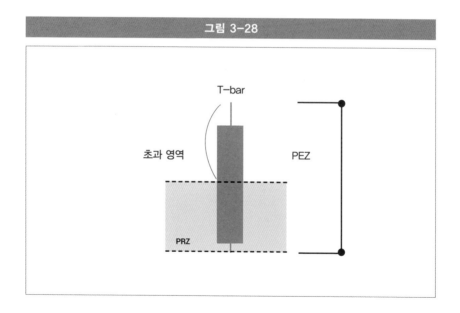

그림 3-29 | PEZ와 PRZ

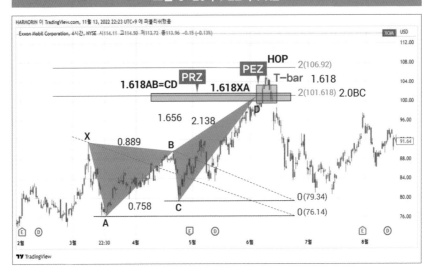

그림 3-30 | PEZ의 예시

역은 다른 보완 지표의 신호나 근거와 함께 사용되어야 한다. 이 영역에서의 PEZ는 지지 또는 저항의 수준을 정의하지만, RSI 지표 컨펌은 실제적인 거래 실행을 알리는 선행 신호로 판별될 수 있다.

하모닉과 시간 프레임

하모닉 이론에서는 다음 2가지에 대해서 반드시 알고 있어야 한다.

① 하모닉은 가격 구조의 훌륭한 기회를 제공하지만 언제나 완벽한 것이라는 건 있을 수 없다.

② 효과적인 실행을 위해서는 인내심을 필요로 하는 훈련의 시간이 반드시 요구된다.

하모닉의 실행 단계는 잘 식별된 패턴의 적절한 비율 측정과 구조 분석을 적용해, 시간이 지남에 따른 시장 이동의 자연스러운 흐름을 파악하는 것이다. 스콧 카니는 "하모닉 패턴의 틀 안에서 각 단계(식별·실행·관리)에 대한 기대치는 시간과 특성에 따라 다르다."라고 말했다.

하모닉 패턴 구성 요소는 어떠한 시간 단위에 상관없이 공통으로 적용된다. 하모닉 현상은 모든 시간대를 기준으로 하루에도 여러 번 발생할 수 있지만, 주간 및 월간 장기적인 시간의 패턴으로 실현될 때, 특히 눈여겨보면 좋다. 또한 모든 측정 전략은 기간이나 시장에 상관없이 동일하게 적용되나, 기준이 되는 시간 봉이 너무 작은 단위일 경우, 예를 들어 가틀리 패턴 같은 경우엔 대응할 시간이 부족하거나 손익비가 좋지 않을 수 있다.

패턴은 언제나 잠재되어 있는 반전의 기회이지 반드시 반전한다는 것이 아니다. 패턴을 이기는 강한 흐름의 확률은 언제나 있는 것이다. 따라서 언제나 염두에 두고 주의 깊게 사용해야 한다.

또한 작은 패턴일 경우에 큰 패턴이 자리 잡은 추세에서 역방향으로 포지션을 진입한다면, 이 또한 주의해야 한다. 큰 추세에서 흐르는 가격 흐름을 반드시 고려해야 한다. 섣불리 역추세 진입을 하면, 달걀로 바위를 치는 격이 될 수 있다. 본질적으로 아주 작은 미세한 틈의 작은 문제로 인해 결국 큰 흐름이 깨지는 법이지만, 그래도 그 시기가 지금 당장이라는 보장은 없다. 스스로 기대하는 생각과 시장의 흐름은 언제나 다를 수 있다. 하모닉 패턴에서의 잠재적 반전의 가격은 거래 기회를 분석하기 위해 일관된 기초를 제공하는 균일한 방식으로 전개되며, 중요한 것은 결정을 내리는 데까지 허용되는 시간의 양이다. 그러므로 시간이 충분하지 않을 때는 그것을 고려해 사용하길 바란다.

실행 단계 정리

　하모닉 패턴에 대해 가장 잘못된 개념 중 하나는 하모닉 이론 연구를 할 때 비율을 측정하는 것에만 몰두한다는 것이다. 하모닉이 생겨난 이후로 일차적인 기본 필수 구조에 상관없이 서로 다른 비율의 다양한 조합에 초점을 맞추는 많은 사람이 있었고, 그들은 하모닉 비율을 변화시키기도 했다. 그러나 이 피보나치 비율은 자연의 비율로 함부로 훼손해서는 안 되며, 오히려 이로 인해 혼란을 가중시켜 진정한 하모닉 장점과 분석의 본질로부터 멀어질 수 있다.

시간별 거래 실행의 4단계(Trade Execution Timeframe)

1. 분석(Anlayze)

　모든 시간 프레임을 보면서 위반 신호를 파악해 분석한다.

2. 평가(Assess)

　명확한 확인 요소를 통해 기회의 타당성을 평가한다.

3. 검토(Examine)

　정의된 PRZ 범위 내에서 이러한 요소를 재확인해 리스크를 관리해야 한다.

4. 실행(Execute)

　오직 명확한 컨펌 신호들이 있을 때만 기회를 나타낸다.

실행 단계는 가장 짧지만 강렬하다. 짧은 시간 내에 4가지 단계를 모두 완수해야 한다.

실행 단계는 하모닉 전체 단계에서 수익과 직결되는 핵심 영역으로 터미널 바 이후에 실행 여부를 파악하는 것이 핵심이다. 초기의 몇몇 캔들 막대는 엄청난 의미가 있으며, 이 바들은 즉각적으로 완성된 패턴에 대한 평가를 제공한다. 그러므로 터미널 바는 바로 PEZ 허용 실행 영역의 시작을 알리는 '스위치' 역할을 하며, 제2단계인 실행 또한 여기서부터 시작된다.

반전이라는 것은 바로 실행될 수도 있지만, 항상 이상적이지는 않다. 그러므로 하모닉 이론에 기초한 예상이 설명되는 영역 내에서 거래할 것을 권장하며, 패턴이 완료되면 더 작은 분봉 시간대에서 초기 증거를 제공할 수도 있다. 그럴 경우에는 판단할 시간이 주어진다. 그러므로 이 시점에서 정확한 실행 여부를 파악해 손절 고려 사항을 평가하고 초기 이익 목표 값을 세워 잘 대응하길 바란다.

자연의 흐름이 그렇듯 시장에서 매번 계획한 대로의 완벽한 실행이란 있을 수 없으며, 우리는 이상과 다른 현실에 대해 준비되어 있어야 한다. 패턴은 실패할 가능성도 있으며, 패턴 식별과 마찬가지로 실행 단계 전략에서도 자연적인 한계를 정의할 수 있다. 이것은 중요한 전략이자 기술이며 사전에 계획해 두어야 한다. 왜냐하면 변동성이 큰 상황에 효과적으로 대처하기 위해서는 적극적인 관리 전략이 필요한 상황들이 생기기 마련이기 때문이다.

시장의 환경과 상황을 이해해 의미 있는 피보나치 비율에서 가격이 어떻게 반응하는지 평가하길 바란다.

또한 규율을 지키지 못하는 것은 모든 사람이 흔히 직면하는 가장 큰 문제 중 하나다. 생각했던 흐름과 상이하다면 재검토해 패턴의 유효성을 다시 평가해야 하는데, 이상적인 구조가 없거나 규격과 원칙을 위배하는 하모닉 패턴은 피하거나 신속하게 포지션을 종료해야 한다. 어떤 거래든 압도적으로 그중에 좀 더 분명한 거래만 하는 것이 더 나을 수 있다.

실제 트레이딩의 생활에서 본인의 예상과 흐름이 멀어져 갈 때, 손절 또는 오판에 대한 대응 계획을 세우는 것은 필수 전략 기술이며, 미리 측정해 사전에 잡아둔 계획적인 관리 조치로 사용해야 한다. 또한 반드시 PRZ 영역의 피보나치 비율과 실행 단계의 열쇠를 쥐고 있는 터미널 바를 통합해 분석해야 오류를 개선하고 좋은 습관을 지닐 수 있다. 패턴의 완료 지점에 따른 터미널 캔들 막대(T-bar)는 기회의 타당성을 고려하기 시작하는 실행의 시작점이다.

이 단계의 기본 과제는 유효한 잠재적인 기회들 사이에서 허용 범위 규격을 초과하는 것을 판별하고 그에 알맞은 흐름을 구별해내야 한다.

반전의 신호가 보이기 전에는 기다리는 것이 현명할 수도 있다. 또한 예상치 못한 상황이 발생할 때 PRZ 영역에서의 명백한 징후들은 중요시되어야 한다. 터미널 바, 반전 영역, 그리고 실행 영역 같은 개념은 이러한 문제 중 많은 부분을 보완할 수 있는 해결책이다.

또한 측정된 하모닉의 범위들은 금융 시장 가격 흐름의 자연적인 한계에 기초하며, 이러한 하모닉 패턴들에 대한 바탕은 존중되어야 한다. 패턴이 반전에 성공하든 실패하든, 이것은 가격 행동의 전반적인 방향을 보여주는 지지 또는 저항의 중요 영역이 제공되는 것이다. 하모닉 패턴의 이러한 영역을 분석하면서, 피보나치 비율은 충분히 일관되게 정확한 정보를 제공하는 매우 효과적인 측정 도구다.

실행 영역은 하모닉의 세 단계 중 가장 짧은 시간이지만, 수익과 직결되는 가장 강렬한 단계다. 이 부분의 판단을 통해 수익이 결정되고 여러 전략이 이

러한 판단을 뒷받침해준다. 반응과 반전을 구별해 짧은 반응에서 그치고 위반
할지, 아니면 더 긴 반응을 보여준 후 다시 리테스트를 거칠지, 아니면 큰 반
전으로 이어나갈지 등 다양한 경우를 고려해 짧은 시간 내에 올바르게 판단해
내는 것이 핵심이다. 추세, 캔들, 뱀(BAMM) 이론 등과 함께 상호 보완되어 사
용되어야 할 것이다.

HARMONICS

4장

뱀 이론에 대하여

뱀(BAMM: Bat Action Magnet Move) 이론

뱀(BAMM) 이론은 스콧 카니가 창안했으며, 하모닉 거래 기회를 판별할 때 3가지의 필요 요소가 존재한다.

① 하모닉 비율(AB=CD, BC 프로젝션 등을 포함한 올바른 규격)

② PRZ 영역의 컨펌(T-bar를 포함한 전략들)

③ RSI 지표의 확인

RSI는 하모닉 이론의 시작부터 끝까지 함께 근거로 사용되는 중요한 지표다. 하모닉 패턴에 RSI를 덧붙여 가격의 흐름을 읽는 RSI 뱀 이론은 하모닉 패턴이 완성되기 전 작도 선행 시 반드시 고려해야 할 하모닉의 세 단계 전반에 걸쳐 사용되는 핵심 요소다. 이 이론은 W자형이나 M자형의 하모닉 패턴들이 단순한 패턴에서 하모닉 이론(HARMONICS)으로 발전하게 된 기폭제와 같은 역할을 했으며, 없어서는 안 될 중요한 기술 전략이다.

뱀의 기원

•

이 이론은 하모닉 패턴의 독특한 거래 상황에서 정의된다. 대부분의 패턴 내에서 예측해서 패턴을 작도할 때 매우 유용하게 식별을 도와준다. 또한 가격의 흐름을 판단할 때도 도움이 될 수 있다. 하모닉 트레이딩에서는 피보나치 비율의 정확한 정렬이 요구되어야 하며, 그중 B점에 대한 중요성을 특히 강조한다. 뱀 이론이 생기게 된 계기도 이 B점의 연구로부터 출발한다.

하모닉 이론 선구자들은 가틀리와 뱃 패턴의 구조를 차별화시키는 과정에서 패턴 구조 내의 'B점'을 판별하는 연구를 했다. 예를 들면 가틀리에 대한 해석에서 중심점인 B점은 XA의 61.8%에서 발생해야 한다. 그런데 61.8% 미만의 되돌림, 특히 50% 수준에서 가틀리 패턴과는 다른 형태로 반복성과 일관성 있게 X점 시작점에 더 가깝게 구조가 완료된다는 사실을 깨닫게 된다. 가틀리는 0.786XA 되돌림의 반전 값을 가진다면, 뱃은 0.886XA 되돌림의 반전 값을 가진다.

이러한 상황을 파악하고 동일한 현상이 전개되는 수많은 사례에서, 스콧 카니는 PRZ인 D점의 목표에 도달하기 전 어떠한 특정한 현상이 일관되게 반복적으로 일어난다는 사실을 발견했다. 이러한 상황이 뚜렷해지자, D점 완료점까지 기다리지 않고 C점 이후의 흐름을 연구해 이러한 동작을 미리 찾을 수 있는 방식을 연구했고, 반복성과 일관성을 가진 논리를 밝혀냈다. 이것은 어느 구간에 다다르면 자석에 끌려가듯, 뱃 패턴의 움직임이 어디로 향하는지 명확한 방향성을 제공했다. 이러한 연구로 뱀 이론은 탄생했다.[*]

---

[*]   Scott Carney, Harmonic Trading vol. 2, 2004

자석 효과(Magnet Effect)

•

하모닉 트레이딩에서 전반적으로 생각하는 기대치는 잠재되어 있는 패턴을 식별한 뒤, 가격의 흐름이 예상한 PRZ에 도달한 다음, 그 영역에서 정확하게 역방향으로 이동해주는 것이다. 이렇게 기대하고 있는 이상적인 가격 흐름의 상황에서 현실적인 실행 가능 여부를 미리 추측할 수 있는 방법이 바로 뱀이론이다.

많은 경우에 하모닉 패턴이 어느 시점에 도달하면 패턴 완성의 촉진을 가속화시켜주는 역할을 하는 뚜렷한 지점이 있다는 것을 알 수 있다. 이러한 기술적 현상은 하모닉의 5개 점 중 C점에 진입한 이후 또렷하게 나타난다. 패턴의 완성점인 D에 도달할 수 있도록 방아쇠 역할을 하는 지점을 뱀 이론을 통해

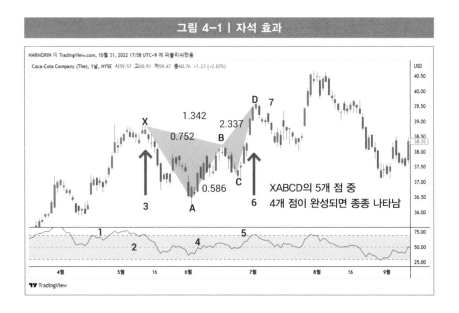

그림 4-1 | 자석 효과

밝혀내었고, 가속화되는 어느 시점을 방아쇠(Trigger) 현상이 일어났다고 표현한다. 이러한 개념은 트리거 바(Trigger Bar), 트리거 포인트(Trigger Point) 등의 용어로 사용되며, 이런 효과를 자석 효과(Magnetic Effect)라 한다. 이 움직임을 잘 익히면 좋은 거래 기회를 지속적으로 발견할 수 있다.

뱀의 정의

•

비율 정렬의 규칙에 따라 하모닉 패턴의 5개 점을 설정했을 때, C점 이후 CD선을 만드는 가격 흐름에서 중심점인 B점을 지나자마자 최종 D점을 향해 우세한 힘을 확실하게 보여주며, 추세를 활용할 수 있는 하모닉 구조의 완성을 위한 가속화(Trigger)가 발생한다. 전체 구조가 패턴을 검증하는 데 필요한 모든 기술적인 고려 사항과 필수 요소를 충족한다면, 이러한 움직임은 상당히 높은 확률로 성공이 예측될 수 있다.

또한 이러한 맥락에서 뱃 패턴은 다른 어떤 경우의 과정보다도 명확하게 이러한 기술적 특성이 있다. BAMM(뱀)은 '뱃 행동 자석 이동(Bat Action Magnet Move)'의 약어다. 뱃 패턴이 이 기술적 현상을 가장 잘 설명했고, 이런 이유로 뱀 이론의 첫 글자 B는 뱃(Bat)이라는 단어를 사용한다.

물론 초기에 뱃 패턴과 가틀리 패턴을 비교했을 때, 뱃이 가틀리보다 더 크게 완료되는 수치를 가짐으로써(0.786<0.886) 더 큰 이익의 영역을 제시하기 때문이라는 이유도 있었다고 한다. 원래는 C점 이후 C에서 D를 향하는 구간, CD선에서 B점을 돌파하며 가속화되는 현상이기 때문에 B점 하모닉 브레이크아웃 또는 브레이크다운(B Harmonic Breakout or Breakdown)이라는 이름도 고려되었다고 한다. 그러나 뱃 패턴이 기술적 현상을 가장 잘 설명했고 전

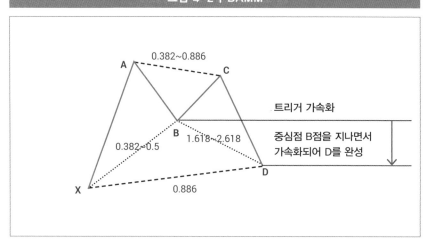

그림 4-2 | BAMM

체적인 개념이 뱃 패턴의 B점을 지나면서 포착되는 역동적인 움직임이 포함되기 때문에 최종적으로 뱀이라는 이름으로 결정되었다고 한다.[*]

왜 뱃인가?

1. 가틀리 패턴보다는 뱃 패턴이 더 큰 영역을 제시했다.
2. 뱃 패턴의 액션이 해당 기술적 현상을 가장 잘 설명했다.
3. 전체적인 개념이 뱃 패턴의 다이나믹에 포함된다.

---

[*] Scott Carney, Harmonic Trading vol. 2, 2004

뱀 트리거(BAMM Trigger)

•

뱀 이론에는 뱀 트리거라는 개념이 있다. CD선을 구성하는 가격의 움직임이 B 중심점의 구간을 지나감에 따라 끌어당겨지듯 가속화되며 힘을 받는 가격의 움직임, 즉 자석 효과가 시작된다.

이때 B점의 구간이 방아쇠(Trigger)를 당기듯 B점을 뚫으며 힘있게 진행된다. 그러한 이유로 이 현상을 뱀 트리거라고 부른다. 즉 뱀 트리거 현상이 보인다면, 하모닉 패턴이 나오기 전에 미리 패턴의 완성을 예측해 볼 수 있고, 예측한 시나리오의 성공 확률에 근거가 생기는 것이다.

그림 4-3 | 뱀 트리거 가속화 현상

뱀의 중요성

•

1) 선행성이 있다

모든 하모닉 패턴이 예상대로 완성되는 것이 아니지만, 종종 시나리오를 예측해 볼 수 있다. 이때 근거를 뒷받침하는 것이 바로 뱀이다. 미래의 잠재적 반전 영역인 PRZ를 구사할 때 이러한 자석 효과를 보여주는 경우가 많다.

그러나 반대로 하모닉 패턴의 완성을 염두에 두고 예측했으나 뱀의 가속화가 일어나야 하는 시점인 B점 이후 더 이상 예상 패턴이 힘을 받지 않고, 막히는 느낌이 들며 염두에 둔 패턴이 자꾸 옆으로 진행된다면, B점에 부딪혀 예측 패턴이 중지되는 경우일 수 있다. 그러므로 시나리오의 실패에 대한 전략도 미리 구체화해야 한다.

단순히 성급하게 C점을 잡은 경우, C점의 성급한 확정이 오류였고, C점을 바로잡은 이후에는 패턴이 완성되는 경우도 있다(그림 4-4).

2) 추세의 힘으로 방향을 예측할 수 있다

뱀은 B점을 넘으며 가속화되는 현상이 있다. 그러므로 추세의 강한 지속성을 나타낼 수 있다. 반대의 경우라면 예상한 패턴 완성을 위한 추세가 지속되지 않을 것을 예상해 볼 수 있다.

3) 지지와 저항을 이용한 전략 구사

하모닉 패턴의 5개의 점은 지지와 저항의 의미가 있다. 이 중 뱀에 사용되는 B점의 지지와 저항의 원리를 이용해 현재 상황을 판단할 수 있고, 높은 확률의 성공 기회를 가질 수 있다.

그림 4-4 | C점을 성급하게 잡은 경우

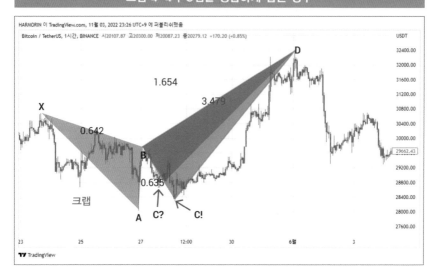

그림 4-5 | 예측하던 패턴이 B점의 저항을 받는 경우

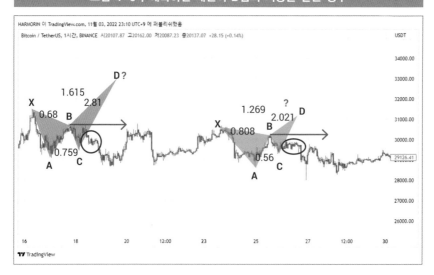

그림 4-5에서 보여주듯, B점은 하모닉 패턴의 중심점이며, 패턴은 지지와 저항으로 이루어진 5개 점으로 구성된다. 일반적으로 B점을 지날 때, 뱀 이론에 따라 강력하게 뚫어주어야 한다. 즉 예측한 패턴이 옆으로 횡보하며 대칭 구조를 깨고 있다면 추세의 힘이 약해지고 있는 것이고, B점에서 지지 또는 저항을 받는 여러 가지 이유가 발생한 것이다. 그렇다면 이 점을 고려해 옆으로 횡보가 길어지면 방향성이 틀릴 가능성이 크니 즉각 예측을 멈추고 포지션을 덮는 것이 최선이다.

4) 패턴의 진화를 미리 구체화해 볼 수 있다

예를 들어 가틀리 패턴은 크랩 패턴으로 확장하게 되는 상황이 있다. 크랩과 가틀리는 모두 0.618의 B점을 가질 수 있다. 이러한 상황에서 B점의 힘을

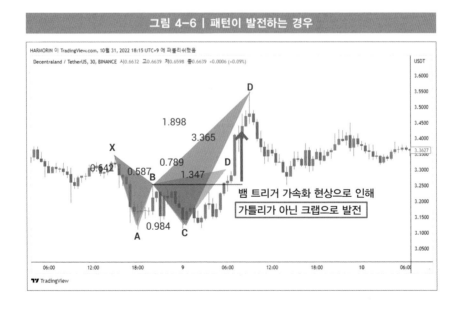

그림 4-6 | 패턴이 발전하는 경우

보고 이 패턴이 가틀리 패턴에서 멈출지, 아니면 더 가속화가 크게 되어 크랩까지 발전될지 생각해 볼 수 있다. 본질적으로 두 패턴의 차이는 가틀리 패턴은 X점을 초과하지 않는 되돌림 패턴이고, 크랩 패턴은 X점을 초과하는 확장 패턴이라는 것이다. B점에서의 가속화는, 가격의 흐름이 한 하모닉 패턴으로부터 다른 패턴까지 또 다른 유형으로의 진화가 될 수 있음을 암시한다.

뱀 이론의 3가지 유형

뱀 이론을 적용할 수 있는 유형은 크게 3가지다.

① AB=CD BAMM

② Harmonic BAMM

③ RSI BAMM

이 중 AB=CD 뱀은 기본 형태라 할 수 있다. 이를 응용한 하모닉 패턴 내의 뱀, 그리고 보조 지표인 웰스 와일더의 RSI 흐름을 통해 하모닉의 흐름을 판독하는 기술인 RSI 뱀이 있다.

뱀 이론의 핵심은 비율 정렬에 따른 패턴 구성에서 구조가 형성되는 중에 패턴을 검증하는 데 필요한 요소들을 충족한다면, 구조의 가속화가 발생하는 것을 이용해 예측할 수 있다는 원리를 바탕에 둔다. 패턴이 완성되기 전에 나타나는 강한 추세를 활용해 좋은 단기 기회를 잡을 수 있다는 것이다.

그림 4-7 | 뱀 이론의 3가지 유형

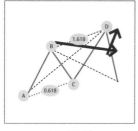

AB=CD 뱀

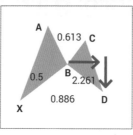

하모닉 패턴 뱀

RSI 뱀

AB=CD 뱀(AB=CD BAMM)

●

AB=CD 뱀의 원리

패턴의 A, B, C, D 각 점이 연결된 구조 중 마지막 움직임인 CD선의 흐름이 일관되게 끝까지 예측된 추세를 지켜주며 패턴을 완성하는지가 매우 중요한 핵심이다. 이것이 성공 여부에 가장 큰 영향을 미친다. 뱀 이론을 접목한다면 D점에서 반전의 흐름을 잡아내는 동시에, 미리 D점이 나타나기 전에도 이 이론을 통해 예측해 진입할 수 있으며, 양방향의 수익을 기대해 볼 수 있다.

가장 중요한 열쇠는, 뱀 이론을 이해한다면 AB=CD 패턴 완료를 분석할 때 CD선의 흐름 내에서 과거의 지지 또는 저항으로 위치했던 B점을 뚫는 액션을 취한 이후 판단이 가능하며, 그 이전까지는 D점 완성점의 결정을 절대 평가해선 안 된다.

그림 4-8 | 자석 효과

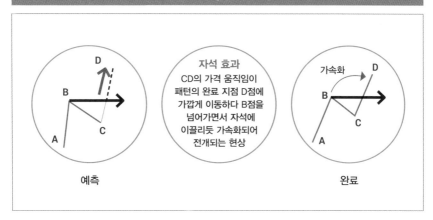

자석 효과
CD의 가격 움직임이
패턴의 완료 지점 D점에
가깝게 이동하다 B점을
넘어가면서 자석에
이끌리듯 가속화되어
전개되는 현상

예측   완료

자석 효과

기본 AB=CD 패턴의 뱀은 마지막 CD 가격의 움직임이 패턴의 완료 지점 D
점에 가깝게 이동하다 B점을 넘어가면서 자석에 이끌리듯 가속화되어 전개되
는 현상(BAMM Trigger, 뱀 트리거)을 나타낸다. 즉 바꾸어 말하면 이 현상이 발
견되지 않는다면 패턴에 대해 예측한 시나리오를 재고해 보아야 한다는 뜻이다.

AB=CD 뱀 이름의 유래

스콧 카니는 이 현상에 대해 AB=CD MM(Magnet Move)이라 부르는 것
이 더 적절한 표현일 수 있다고 했다. 왜냐하면 뱀(BAMM)이라는 표현은 뱃
(Bat) 패턴에 대한 행동(Action)이라고 지칭하는 표현인데, 이 현상은 AB=CD
패턴 내에서 나타나는 자석 효과이기 때문이다. 이후 하모닉 돌파(Harmonic
Breakout)라는 표현을 써서 B점에 대해 돌파한다는 의미를 넣은 표현을 생
각하기도 했으나, 최종적으로는 이 현상을 전체적으로 표현할 수 있는 뱀

(BAMM)이라는 단어를 넣어 AB=CD 뱀으로 결정되었다고 한다.

AB=CD 뱀의 활용

일반적으로 가격 행동이 B점을 지날 때 가속화되면 CD선의 흐름은 패턴의 완성 지점인 D점 값을 향해 추세의 흐름을 유지한다. 또한 지표 RSI를 함께 관찰하면 이 AB=CD의 완성 여부를 판별하는 데 도움을 줄 수 있다. 하모닉 패턴의 형태가 RSI 내에서도 관찰되거나, AB=CD 패턴의 형태가 차트와 지표 상에서 동시에 묻어나는 경우는 종종 있기 때문이다.

그러나 AB=CD 패턴은 알트 AB=CD 패턴으로 발전 가능성이 있으므로 주의해야 한다. RSI의 분석이 AB=CD의 완성 여부를 판별하는 데 도움을 줄 수 있지만, 단순한 극단적인 영역 한 번에 그치지 않고 다이버전스의 형태가 나타날 때까지 시간 조정의 시간이 더 필요할 수도 있다. 그에 따라 알트 AB=CD 패턴을 포함하고 있는 하모닉 패턴이 완성되거나, 완벽한 규격에서 조금 초과되는 경우도 있으니 꼭 흐름을 확인해야 한다.

이 기법은 B점을 지난 후 발생하므로 기술적으로 단기적인 거래 전략에 효과적일 수도 있다. 큰 패턴의 완성 안에서 실행 가능성이 큰, 가격의 가속 원리를 이용한 높은 승률의 트레이딩 기법이다. 이 기술의 가장 중요한 기술적 측면은 C에서 D점으로 이어지는 시간에서 B점의 저항/지지 영역을 지날 때 가속화되는 것이다. 그러나 가속화 습성 때문에 경우에 따라 진입할 시간이나 포지션에 대응할 시간이 부족할 수 있으니 손익비를 잘 따져보아야 한다.

가장 중요한 점은 가격 행동이 B점을 초과한 후 확실한 지속성을 보여줘야 한다는 것이다. 대부분 상황에서 또렷하게 연속성을 보여주며, 예측하던 패턴의 흐름이 B점을 기점으로 옆으로 가거나, 매물대의 벽에 부딪히는 양상이 차

그림 4-9 | RSI에서 형성된 하모닉 패턴

그림 4-10 | 다이버전스

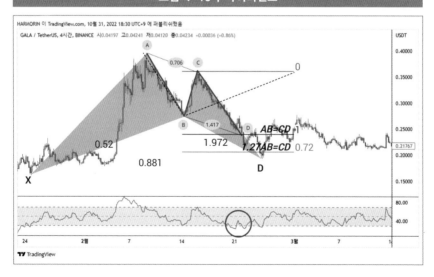

AB=CD 뱀 정리

- AB=CD 뱀은 뱀의 원리와 동일하며, CD선을 완성하는 구간에서 이전의 B점 영역을 초과하면서 흐름에 가속이 붙을 때 패턴의 완성 가능성을 예측하는 것이다. 즉 이전 B점 영역을 통과할 때의 가속화 흐름이 중요 시사점이다.
- 이전 지지 또는 저항의 매물대 영역을 통과하려면 강한 힘이 필요하다는 데 초점이 있다.
- 가속화됨에 따라 힘이 셀 수 있는데, 알트 AB=CD는 이를 보완한다.
- 단기 거래 전략에 적합할 수 있다. 또렷하게 나타나지만 시간이 충분하지 않을 수 있다.
- 이 현상이 발견되지 않는다면, 예측 시나리오를 다시 평가해야 한다.

트에 나타난다면 곧바로 시나리오를 재고해야 하며, 포지션을 정리하는 것이 낫다.

하모닉 패턴 뱀(Harmonic Pattern BAMM)

•

하모닉 패턴 뱀 이론은 기존의 AB=CD 뱀을 응용한 형태다. AB=CD 뱀과 마찬가지로, C점 이후 D점을 향해 가는 가격 흐름 안에서 B점을 재차 넘어갈 때 방아쇠가 당겨지듯 가속화되어 패턴이 완성된다. 패턴이 완성되기 이전에 예측할 수 있다는 선행성을 가지고 있다.

그림 4-11 | 뱀 적용 예시

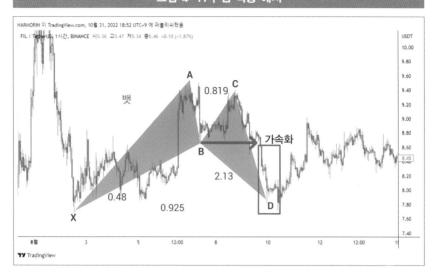

RSI 뱀(RSI BAMM)

•

뱀 이론이 정립되면서 하모닉 패턴은 총괄적인 이론(Harmonics)으로 발전할 수 있는 토대를 마련해 기존의 방식과 합쳐졌고, 비로소 더 큰 방향으로 뻗어나갈 수 있게 되었다.

단계별 RSI 뱀의 유용한 쓰임새

① 식별: 하모닉 패턴의 정확한 구조를 평가하면서 보완적으로 사용되며, 예측의 정확성을 높인다.

② 실행: 하모닉 패턴 완료 후 반전을 기다리는 과정에서 PRZ를 기술적으로 검증한다.

③ 관리: 추세의 변화를 읽는 핵심적인 전략을 제공한다.

RSI 뱀은 3가지의 뱀 형태 중 가장 진화된 형태로, 많은 전략을 포함하고 있다. 전반적인 하모닉 패턴의 사용에 없어서는 안 될 중요한 이론이다.

RSI(Relative Strength Index)

기술 지표의 선구자 웰스 와일더

•

RSI 상대 강도 지수는 기술 지표의 선구자 웰스 와일더(Welles Wilder)가 창안해냈다. 그의 저서『기술 거래 시스템의 새로운 개념(New Concepts in Technical Trading Systems)』(1978)은 오늘날 현대 기술 지표의 토대를 마련한 가장 중요한 작품 중 하나다.

그는 이 책에서 역사를 바탕으로 한 분석을 좀 더 명확하게 하기 위해서는, 가격 이동의 변화를 계산하는 수단으로 정해진 범위를 두고 고안된 상대 강도(Relative Strength), 즉 상대적인 가격 분석에 대한 필요성을 강조했다. 상대 강도 지수(Relative Strength Index, RSI) 지표 제시와 함께 정확한 공식을 밝혔을 뿐만 아니라 많은 전략을 제시했다. 현재 일어나고 있는 것과 과거를 비교할 때, 한 차트의 가격 내부에서 발생하는 변화를 효과적으로 분석할 수 있는 연구를 한 것이다.

또한 그는 이 책에서 다수의 트레이더가 동일한 시스템으로 거래해 같은 지점에 주문이 집중되어 이것이 결과적으로 잘못된 해석으로 이어질 수 있다는 문제점을 제기했고, 다양한 매개 변수를 제공해 해결책을 제시하려 노력했다.

그는 데이터를 기록하는 워크시트(Worksheet)를 작성해 변동성 시스템, 상대
강도 지수, 모멘텀, 추세, 방향 이동의 개념 등에 관한 연구를 했다. 무엇보다
도 '자금 관리의 중요성'을 강조하기도 했다.

오늘날 웰스 와일더의 상대 강도 공식에 관한 연구 결과물인 RSI 지표는 차
트 분석에서 없어서는 안 될 중요한 지표다.

RSI 전략

•

RSI는 개별 가격 조치의 내부 강도를 측정한다. 이 지표 신호는 일반적으로
반전되기 전에 지표 판독의 구체화를 통해 판별할 수 있는 선행성이 있다.

현재 추세의 강도를 백분율로 나타내어 언제 주가 추세가 전환될 것인가를
예측하는 데 쓰는 유용한 지표이며, 공식은 다음과 같다.

RSI＝100－[100/(1+n일간의 종가 상승 폭 평균/n일간의 하락 폭 평균)]

$$ RSI = 100 - \left[\frac{100}{1 + RS} \right] $$

$$ RS = \frac{\text{n일간의 종가 상승 폭 평균}}{\text{n일간의 하락 폭 평균}} $$

일반적으로는 14일 기준으로 설정되며, 과매수는 70 이상, 과매도는 30 이
하로 설정된다.

RSI는 0보다 낮을 수 없다. 30 이하와 70 이상이라는 제한은 상황의 극단

성을 평가하기 위한 필수 요건이다. 이 극단적인 구간에서의 더 깊은 움직임
은 주의 깊게 살펴보아야 한다.

RSI 영역 구별 전략

① RSI 50 수준: 이 지표 판독을 통해 사용할 수 있는 가장 기초적인 전략 중
하나는 50선의 중간 레벨을 활용해 추세의 지속성을 판단해 보는 것이다. 50
선은 전체의 숫자 0~100 사이의 중간 값으로 전체 수준에서 균형을 판단하
는 기준이 될 수 있다. 또한 50선의 테스트(Test)와 리테스트(Retest)의 판별을
통해 추세의 힘을 판단할 수 있다. 예를 들어 분명한 강세 추세라면 중간 값인
50선 이상을 유지하고 있어야 한다.

하모닉 패턴의 뱀 이론에서는 이러한 원리로 극단적인 구간에서 구조를 형

그림 4-12 | RSI 지표

성한 이후 판별할 때 중간 50선 테스트의 유무가 중요한 요건으로 작용한다. 예시를 살펴보자.

뱀의 원리를 적용시켜 해석해 볼 수 있다(그림 4-13). RSI는 선행성이 있으므로 하모닉 패턴보다 조금 더 먼저 판단되는 경향이 있다. B점을 뚫기 위해 50선을 리테스트하고 저항에 부딪혀 가속화됨과 동시에, B점이 뚫리면서 가틀리 패턴의 D값을 잘 완성했다. 이후 반전에 성공해 50선을 뚫어주며 상승해 최소 이익 목표인 T1을 달성했다. RSI는 다시 70선에 부딪혀 내려오지만 50선 구간을 다시 한번 지지에 성공하며 쭉 상승했고, 저항에 부딪혔던 70선을 뚫고 극한 영역에 도달했다.

② RSI 0~30, 70~100 수준: 항상 과매수, 과매도 영역의 형성 및 극한 테스트를 검토하는 것이 중요하다.

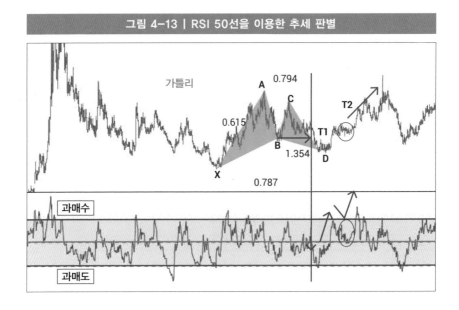

그림 4-13 | RSI 50선을 이용한 추세 판별

유형에 따라 다양한 흐름이 생길 수 있으며 시간이 필요할 수도 있다. 극한 영역에서는 어떠한 방향으로의 추세가 지나치게 강하다는 뜻이 된다. 그러나 중요한 것은 정상 범주 영역을 초과했다 해서, 섣불리 곧 반전한다 생각하지 말자. 특히 RSI 아주 극단적인 수치인 80 이상과 20 이하에서는 힘이 그만큼 강하다는 뜻이므로, 오히려 그 수준을 유지하며 한동안 머물 수 있다.

또한 하모닉 패턴과 연관되어 가장 중요한 것은 반전 이후 가격 행동이다. 극단적인 상황은 다르게 다루어져야 하며, 일반적으로 80 수준을 초과하는 범위에서는 반전 가능성을 확인하는데 더 많은 시간이 필요하다. 이런 경우에서는 몇 번에 걸친 테스트를 통해 다시 정상 범주로 들어오는 경우가 빈번하니 섣불리 판단하지 말아야 한다.

그림 4-14를 보면 과매수 영역에서 최고점(Peak)을 찍었으나, 정상 범주로

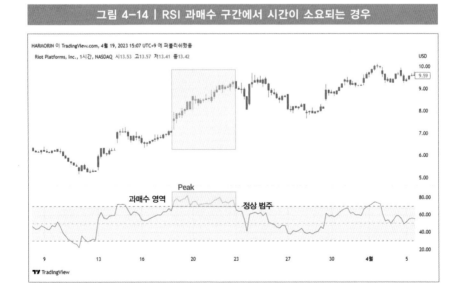

그림 4-14 | RSI 과매수 구간에서 시간이 소요되는 경우

들어오는 70선의 테스트를 거치기 전까지는 상승세를 유지했다. 따라서 극한 영역에 들어갔을 때는 추세의 강함을 나타내므로 더 많은 시간이 필요하고, 해결되지 않은 채로 한동안 머물 수 있다. 그러므로 더욱 신중을 기하는 것이 좋다.

RSI 시간 전략

RSI의 값에 따라 시간 완성의 차이가 생길 수 있으며, 이를 잘 이용하면 좋은 전략이 될 수 있다. RSI에서 보통 50의 중간선은 최대치의 반에 해당하는 균형을 표현하는 수준이다. 때로는 이 50선을 통과할 때까지 가속이 발생하지 않다가 갑자기 중간선을 위반하며 가속화될 수 있다.

RSI의 상태 구별은 중요하다. 이 현상은 특히 하모닉 패턴 반전 상황에서 가

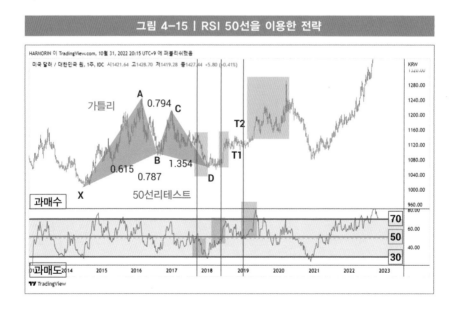

그림 4-15 | RSI 50선을 이용한 전략

격 행동의 특성을 정의할 수 있는 중요한 영향력 있는 요소다. 뱀 이론의 B점을 넘어갈 때 가속화되는 원리와 비슷한 점이 있다. 중간 지점의 지지나 저항의 역할, 그리고 그 상태가 해결되면서 가격은 가속의 상태를 유발할 수 있다. 즉 일반적으로 RSI가 50선을 넘어가면서 가격의 움직임이 커질 수 있으며, 동시에 지표가 극단적으로 빨라지면서 가속화될 수 있다.

그림 4-15를 보자. 50선을 기준으로 위 또는 아래 방향성의 지지/저항 테스트를 하게 된다. 이것의 성공 여부에 따라 지지 또는 저항이 확인될 때, 지표와 함께 가격이 가속화되면서 목표 구간인 D점의 기대치, 최소 이익 목표 구간들인 T1, T2까지 빠르게 도달함을 알 수 있다.

RSI 반전 전략: 패일러 스윙(Failure Swing)과 다이버전스(Divergence)

이 2가지는 웰스 와일더의 책에서 소개된 전략으로 극단적인 영역에서의 RSI가 해결되는 방식으로 판단하는 대표적인 전략이다. 먼저 패일러 스윙은 70 이상 또는 30 이하의 극단적인 영역 RSI가 다시 한번 테스트할 때 실패를 하는 형태다. 지지나 저항의 돌파를 확인하는 형태로 RSI값이 이전의 고점을 돌파하지 못하고 하락하거나 이전 저점 아래로 떨어지지 않고 상승하는 것을 말한다. 이러한 초과 정상 범위에서의 이 신호는 매우 강력한 반전의 신호다.

> 비록 다이버전스가 모든 반전 구간(Turning point)에서 발생하는 것은 아니지만, 반전 구간에서 가장 중요하게 발생한다. 방향의 움직임 끝에 다이버전스가 나타날 때, 이는 전환점이 가까워졌음을 보여주는 매우 강력한 증거다. 다이버전스는 RSI의 대표적인 특성을 가장 잘 보여준다.
>
> –웰스 와일더, 『기술 거래 시스템의 새로운 개념』

그림 4-16 | 패일러 스윙

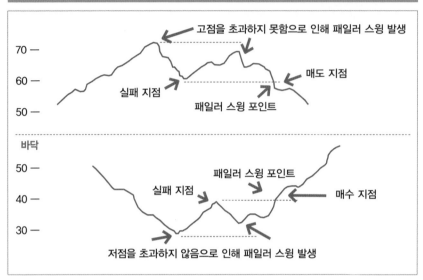

70 —

60 —

50 —

고점을 초과하지 못함으로 인해 패일러 스윙 발생

실패 지점

매도 지점

패일러 스윙 포인트

바닥

50 —

40 —

30 —

실패 지점

패일러 스윙 포인트

매수 지점

저점을 초과하지 않음으로 인해 패일러 스윙 발생

자료: Welles Wilder, New Concepts in Technical Trading Systems, 1978

그림 4-17 | 패일러 스윙의 예시

더 이상 높이지 못함

매도 포인트

실패 포인트

다이버전스는 시장의 반전 포인트, 추세 반전 신호(Turning Point)를 잡는 아주 강력한 신호로 사용되고 있으며, 매우 대중적인 전략이다. RSI의 최고의 장점은 지지 또는 저항의 영역에서 가격과 비교할 때 나타나는데, 핵심은 가격과 RSI가 다를 때 다이버전스가 생기며 발생한다.

RSI의 70 이상 또는 30 이하의 초과 영역에서 가격과 지표가 시간의 흐름 속에 반대 방향으로 형성되며 정상 구간 영역으로 들어오기 위한 테스트를 하는 것을 뜻한다. 웰스 와일더는 책에서 RSI 다이버전스의 중요성을 강조했다. 하모닉 패턴에서도 이런 다이버전스를 이용한 RSI 뱀 전략을 구사한다.

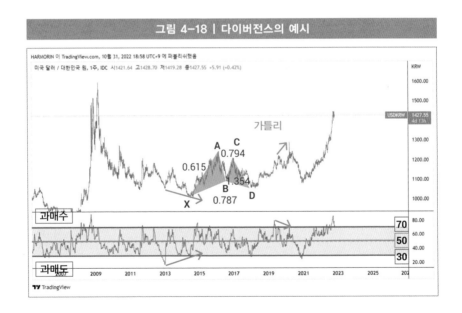

그림 4-18 | 다이버전스의 예시

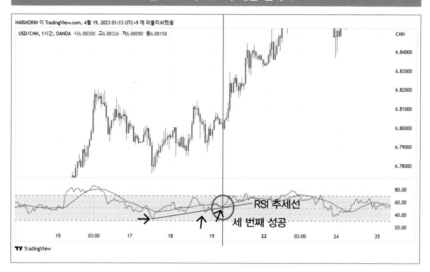

그림 4-19 | RSI 추세선 전략 1

RSI 추세선
세 번째 성공

그림 4-20 | RSI 추세선 전략 2

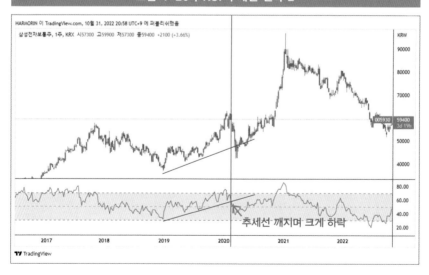

추세선 깨지며 크게 하락

RSI 추세선을 이용한 전략

하모닉의 세 번째 단계인 관리 단계에서 기본적으로 사용되는 전략이다. RSI 지지와 저항 구간의 각도와 추세선을 이용해 흐름을 판별하는 것이다. 예를 들면 추세선은 지지와 저항의 판별을 통해 추세의 지속성을 확인할 수 있으며, 돌파 또는 붕괴를 고려하는 추세 전략을 생각할 수 있다.

그림 4-19를 보면 RSI가 상승 추세를 형성했다. 첫 번째와 두 번째 점을 이어 추세선을 형성한 이후, 세 번째에서 다시 한번 지지하는 모습을 보여주며 큰 상승을 이끌었다.

그림 4-20에서는 RSI의 추세선이 깨지면서 크게 하락하는 모습을 볼 수 있다. 또한 이러한 RSI의 추세선은 동일한 시점에 그은 가격상의 추세선보다 선행성이 있음을 보여준다.

정리

RSI는 상대 강도 '지수'라는 이름을 가지고 있지만, 인덱스 지수(Index)라는 표현과 개념을 혼동해선 안 된다. 그 지수가 아닌 한 종목 안에서의 가격 내부 변화 차이를 계산하는 측정 방식이다. RSI가 아닌 다른 지표들과 함께 하모닉 패턴과 함께 사용해도 무방하다.

하모닉 뱀 이론 창시자인 스콧 카니는 연구 결과를 통해 하모닉 패턴은 추세 끝의 반전을 잡아내는 것에 그 목적이 있는데, 이러한 하모닉의 성격이 RSI와 가장 잘 맞는다고 했다. 어떠한 경우든 균형 잡힌 시각과 추세에 대한 이해는 중요하다. 큰 가격의 흐름에서 크게 강세장인지 약세장인지를 판별해야 한다. 강세장 중의 짧은 약세장, 약세장 중의 짧은 강세장과는 반드시 구별되어 다양한 전략의 방식으로 적용되어야 한다.

지지와 저항 구간에서는 가격 그 자체의 흐름보다 RSI의 추세가 더 빠르고 확실한 신호일 수 있으며, 다이버전스는 이 지표의 핵심이다. RSI는 하모닉 패턴과 연관되어 매우 효율적으로 사용될 수 있는 전략들이 있으며 단독으로 사용해도 좋은 장점이 많은 지표이니 꼭 알아두자.

RSI+BAMM=RSI BAMM

하모닉 패턴을 연구하던 스콧 카니는 하모닉 패턴에서 중요한 사실은 단순한 식별이 아니라는 것을 깨달았다. 그는 이를 뛰어넘는 실행 및 관리 전략들의 강화가 필수라는 사실을 발견했다. 오랜 연구 끝에 하모닉 이론 기법을 강화하고 발전시켰고 이런 과정에서 RSI 뱀 이론은 탄생했다.

이 이론은 하모닉 패턴과 함께 사용되는 보조 지표인 RSI에 뱀 이론을 접목한 것으로, 하모닉의 세 단계 모두에 적절히 사용된다. 뱀 이론의 핵심은 지지 또는 저항에서 중요하게 판별되는 구간에 도달하면 가속화가 이루어진다는 것이다. 즉 '가속화'가 이 이론의 핵심 열쇠다.

다이버전스를 통해 과매수 과매도 구간에서 차별화되고, RSI와 뱀 2가지가 결합해 좀 더 높은 정밀도와 정확성을 제공한다. 그래서 RSI와 하모닉 패턴을 같이 보게 되면, 지지와 저항 구간의 수준을 정확하게 판단하는 것에 도움이 된다. 또 반전 영역을 파악하는 근거를 제시함으로써 신뢰성을 높이는 역할을 한다.

RSI 뱀 사용의 장점
하모닉 1단계 식별: 패턴의 진행 형태가 올바르게 흘러가고 있는지 선행해 판별

하모닉 2단계 실행: PRZ에서 판독으로 인한 반전 여부 판단

하모닉 3단계 관리: 반전 이후 일시적인 반응인지 큰 추세의 반전인지 판단

상대적인 측정의 중요성

●

가격 패턴은 종종 중요한 추세의 구조적인 끝을 나타내기 때문에, 하모닉 패턴의 영역이라는 정해진 범위 내에서 상대적인 측정을 하는 것은 중요하다. 하모닉 패턴은 X점의 시작점으로부터 최종 가격이 어디에서 완성되는가를 알아내는 것이기 때문이다. 상대적인 구조 정렬의 중요성은 'RSI' 상대 강도 지수로 이어져 설명되었고, 이 2가지에는 공통적인 성질이 존재한다. 또한 단순 패턴의 구조 이외에 보완해줄 수 있는 기술 지표를 통한 해석은, 잠재적 반전 기회의 확인(Confirmation)을 제공해준다.

지표 판독에 적용했을 때, 뱀 개념은 극단적으로 과열된 구역에서 패턴의 구조를 다양하게 차별화했다. 뚜렷한 하모닉 패턴의 완료 시 차별화된 RSI 판독 값은 반전을 확인하고 완료시킨다. 이러한 과정에서 우세한 추세는 영원히 계속될 것으로 보이지만, RSI는 가격 행동의 상대적인 범위를 평가함으로써 다른 시나리오로 접근할 수 있다. 극단적인 값에 도달한 RSI는 반전이 임박한 잠재적인 경고 신호로 작용하기 때문이다.

RSI 뱀의 고유한 특성

●

RSI 뱀은 복잡해 보일 수 있지만, 고유한 특성을 보인다. 모든 상황에 등장하지는 않지만, 어떠한 조건이 존재할 때 RSI 뱀은 하모닉 영역에서의 지지와

저항의 정확한 수준을 파악하는 데 도움을 준다. 또한 하모닉은 이론 전반에 걸쳐 RSI 다이버전스의 독특함과 잘 맞는다.

또한 이 방법론은 하모닉 트레이딩 접근법의 기본 원칙을 따르며, 피보나치 측정 기술의 패턴 구조는 여전히 각 상황을 구분하고 잠재적 기회를 정의하는 주요 기반으로 작용한다. RSI 뱀에는 많은 요구 조건이 있지만, 중요한 신호들과 정확한 증거를 미리 제공하는 선행성이 있다.

즉 하모닉 패턴은 반전 가격을 제시하지만, 유효한 거래 실행의 여부와 수익을 내야 하는 직접적인 영역에서 RSI가 이 패턴의 근거를 뒷받침한다. 또 정확성을 높여 하모닉 이론의 세 단계 전체에 걸쳐 효과적인 확인과 판단을 위한 필수 도구로 작용한다.

RSI 뱀 필수 확인 요소

●

트레이딩할 때는 어떠한 흐름을 미리 파악하는 것이 관건이다. 이 전략은 하모닉 패턴과 함께 사용되도록 설계되었으며, 이러한 확인 전략을 위한 기술과 전략은 필수다. RSI의 개념은 추세와 다이버전스 등으로 확인할 수 있는 구조를 설명하는데, 이러한 판독 원리는 하모닉 패턴의 구조와 어느 정도 일치한다.

전체 RSI 뱀 방법론은 복잡하지만, 전략의 본질은 간단하다. 잠재적 반전의 하모닉 패턴이 있는 곳에서 RSI 다이버전스나 추세 확인은 이런 반전 가능성 있는 상황을 확인시켜준다.

PRZ 영역

잠재적 반전이 기대되는 PRZ의 영역에서는 RSI가 초과 영역에서 정상 범주로 돌아왔는지에 대한 흐름을 평가해야 한다. 보조 지표의 추세가 전반적인 가격 방향을 확인을 미리 보여주는 경우가 많다.

또한 RSI 지표는 극단적 수준에서 신호를 잡을 수 있는 별개의 W자나 V자의 구조를 형성할 수 있다.

RSI는 하모닉 패턴이 극단적으로 완료될 때 특정 유형의 반전을 효과적으로 구별하며, 미래 가격 작용에 대한 적절한 기대치를 확립할 수 있도록 도와준다.

다음으로 패턴 확인 여부를 판별해야 한다. 기존의 식별 위주의 하모닉 패턴에서 RSI 뱀 이론이 추가되며, RSI의 움직임에 따라 가격과 비교하고 패턴의 유의미한 가능성 확인이 가능해졌다.

패턴이 예상된다면 그 패턴은 잠재적 반전의 상태이며, 완성을 위해서는 반드시 확실한 신호와 근거가 뒷받침되어야 한다. 즉 패턴 완료의 확인을 의미하는 컨퍼메이션(Confirmation)이 이루어져야 하는데, 이때 판단을 위한 RSI 지표가 필수로 사용된다.

PRZ 부분에서 항상 터미널 캔들 막대와 함께 RSI 지표의 흐름을 읽으려 노력해야 하며, 지표 구성을 이해하는 것을 통한 전략은 우리에게 반전에 대해 종종 미리 알려준다. 패턴의 잠재적 반전 가능성은 확인되어야 패턴이 완성된 것이니, 막연하게 기대하는 반전이 즉시 나올 것이라 단정 짓지 말아야 한다. 또한 이 전략은 하모닉 이론의 흐름에서 PRZ 영역의 정밀도 수준을 높였으며, 더 높은 정확성을 제공한다.

그림 4-21 | 패턴 완료와 RSI 컨펌

트리거(Trigger)와 컨퍼메이션(Confirmation)

트리거는 방아쇠라는 뜻으로, 가속화의 의미를 포함한다. 컨퍼메이션은 흔히 줄여서 컨펌이라 부르며, 패턴 완료를 확인하는 구성 요소다. RSI 밴을 판단함에 있어서는 이 2가지 요소를 포함해 항상 판단한다.

지표가 극단적인 영역에서 해결되는 양상은 추세 변화가 임박했다는 초기 징후다. 하모닉 패턴의 경우 극단 영역의 터미널 바는 거래 기회를 위한 반전 가능성 있는 방아쇠 지점(Trigger Point)을 나타낼 뿐이며, 개별 가격 캔들 막대를 정확히 파악하는 방법론을 익혀야 한다.

RSI가 과매도 또는 과매수 영역에서 벗어나 일반 범주로 돌아갈 때 발생하는 캔들 막대가 트리거 바이며, 그 개념은 거래 기회를 정의하는 데 필요한 모든 정보를 과거의 가격 흐름에서 분석할 수 있다는 자연의 법칙으로부터 파생되었다. 가속화되는 지점을 의미하는 트리거 포인트(Trigger Point)와 가속화가 발생하는 캔들 막대를 의미하는 트리거 바(Trigger Bar)가 과매수 및 과매도 영역에서 해결되면서 먼저 발생한다. 트리거 바를 지나 구조의 완성이 진행됨에 따라 다시 과매수 또는 과매도 영역으로 되돌아가며 RSI가 리테스트를 거쳐 컴퍼메이션 포인트(Confirmation Point)가 생긴다. 그리고 이때 생기는 PRZ 영역에서의 캔들 막대를 컨퍼메이션 바(Confirmation Bar)라고 한다. 그림 4-22를 살펴보자.

과매도 영역에서 30선의 정상 범주로 들어오며 테스트를 한다. 이때가 바로 트리거 포인트와 바를 형성하는 영역이다. 이후 패턴을 완성하며 다시 과매도 영역으로 되돌아간다. 패턴의 구조가 완성될 즈음 30선 아래에서 V자 모양을 형성하며 영역을 테스트하게 된다. 이후 올라오면서 컨펌 포인트와

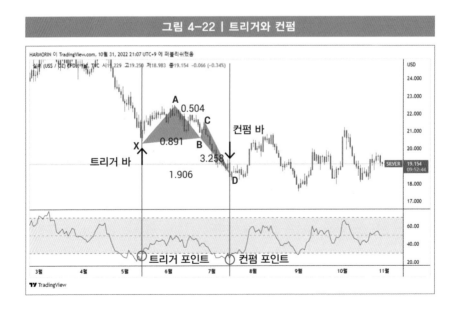

그림 4-22 | 트리거와 컨펌

컴펌 바를 형성하고, 비로소 이 1.902XA 딥 크랩 패턴은 확인이 되면서 완성된다.

콤플렉스(Complex, 복합)와 임펄시브(Impulsive, 충격)

극단적인 과매도 또는 과매수 수준의 충동성과 복합성을 시험하는 지표 구조에는 크게 콤플렉스와 임펄시브의 2가지 형태가 있다. RSI 뱀에서는 이 두 단어의 개념이 중요하다.

콤플렉스는 W자 또는 W자를 거꾸로 한 M자의 복잡한 형태를 나타내고, 임펄시브는 V자 또는 V자를 거꾸로 한 단순한 형태를 뜻한다. 2가지 모두 극단적인 초과 영역인 30 이하 70 이상의 지표 값이 필요하며, 패턴의 시작과 끝에 선행 신호를 판별할 수 있다. 언제나 그렇듯, 반전 영역에서 섣불리 진입하지 않고 RSI의 반전 성공을 확인하고 리테스트할 때 진입해도 좋은 전략이 될 수 있다.

이 구조를 알아야 하는 이유는 다음과 같다. 이 구조는 극단적인 영역인 과매수/과매도 구간에서 나타나는 현상이며, 선행 신호를 줄 수 있다. 과매수/과매도 구간에서 일어난다는 것은, 즉 RSI가 가지고 있는 주어진 범위 내의 한계성이 있으므로 어느 정도 시간이 걸리더라도 결국엔 추세의 반전을 예고한다고 할 수 있다. 이러한 구간에서 W자나 V자의 어떠한 구조가 완성이 예측되며 반전 신호를 판별할 수 있다는 것이다.

그러나 극단적인 RSI값에서 생성된 신호가 트레이딩에 대한 완벽한 접근 방식을 구성하지는 않을 수 있으므로 서로 보완적인 방법론으로 활용되어야 한다. 하모닉 패턴의 X점, 즉 초기 단계의 주요 초점은 과매도 구역에서 W자, M자형의 복잡한 구조와 V자, 거꾸로 V자의 단순한 구조를 식별하는 것이다.

하모닉 패턴과 함께 이러한 현상이 발견된다면, 우리는 가격 행동을 관찰하고 PRZ 신호 성공 여부의 시점을 판단할 수 있는 근거가 된다.

① RSI 임펄시브 구조(Impulsive Structure, RSI 충격 구조): 가격 행동이 짧은 순간

콤플렉스 RSI와 임펄시브 RSI 구조를 알아야 하는 이유

1. 선행 신호를 줄 수 있다.
2. 가격의 움직임을 관찰할 수 있다.
3. PRZ 신호를 판별할 수 있다.
4. 지표를 통해 반전을 확인할 수 있다.

그림 4-23 | RSI 임펄시브 구조

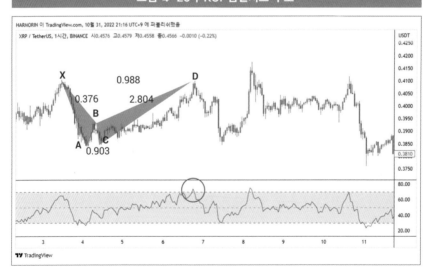

에 재빨리 어떠한 통합 영역이나 시간 없이 극단적 영역의 테스트를 완료하는 단순한 구조를 말한다. 강세 패턴과 다른 거래 신호를 확인하는 역할을 할 수 있기에, 효과적인 기술적 수단이 될 수 있다. V자를 형성하며, RSI의 수치가 30 이하 70 이상의 극단적인 영역에서 반전될 때 정상 범주 내로 다시 진입하며 확인이 이루어진다. 한 번의 테스트로 완성될 수도 있지만, 가격의 움직임에 따라 여러 번 테스트를 거칠 수 있다.

임펄시브는 단순명료한 V자 구조로, 반등 시 가격의 흐름이 시원하게 V자로 올라가는 경향이 있다. RSI의 극한 상태를 정량화하는 데는 정확한 지표 수준이 중요하다. 보조 지표의 형성은 잠재적인 트레이딩 기회를 검증하는 데 필수적인 나침반 역할을 하는 중요한 요소다.

현실은 이상과 차이가 있으므로 항상 이렇게 완료되는 것이 아니라, V자

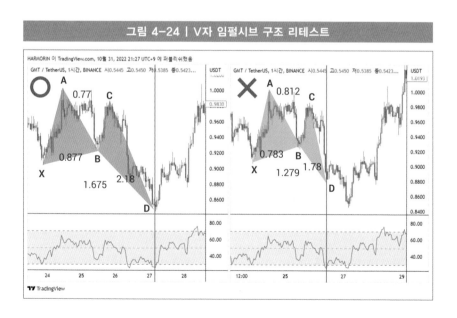

그림 4-24 | V자 임펄시브 구조 리테스트

가 나온다 해도 다시 리테스트를 통해 다이버전스가 형성될 수도 있다. 그림 4-24의 경우에는 하모닉 패턴 식별 전체에 영향을 끼칠 수 있다. 나비 패턴과 딥 크랩 패턴이 동시에 나올 수 있는데, RSI를 고려해 살짝 X점을 옆 캔들로 수정해 딥 크랩 패턴으로 식별해야 한다. V자 임펄시브 구조가 PRZ 영역에서 선행되어 관찰되었지만, 한 번 더 리테스트를 거쳐 반전했다. 이런 경우는 빈번하다.

② RSI 콤플렉스 구조(Complex Structure, RSI 복합 구조): 정확하게 식별된 콤플렉스 구조는 독특한 하모닉 이론의 전략이다. 가격 행동의 전반적인 추세 내에서 중요한 잠재적 반전 영역을 미리 나타내기 때문에 엄청난 기술적 이점을 제공한다. 콤플렉스 구조는 처음에 정상 범위를 벗어난 극단적인 영역 30선 아래에서 형성되며, 완전히 극한의 영역에서 W형 또는 M자형의 패턴을 형성한다.

이 구조는 일반적으로 임펄시브 구조보다 과매도 구간에 더 오래 머문다. 임펄시브 구조보다 더 중요한 기술적 조건을 나타냄에도 불구하고, 콤플렉스 구조는 보통 하모닉 패턴 내의 초기 신호를 형성한다. 또한 이 콤플렉스 구성의 확립은 전체 RSI 뱀 방법론 다이버전스의 중요한 측면의 시작을 확립한다.

이러한 구조는 전체적인 방향과 잠재적 변화 이전에 중요한 지지 수준을 표시하지만, 이러한 상황은 일반적으로 반전을 완료하기 전에 2차 리테스트를 필요로 하며, 복잡한 RSI 뱀 구조의 형성은 전체 프로세스의 시작점을 촉발한다. RSI 뱀에서 하모닉 패턴을 컨펌하는 중요한 확인 요소다.

콤플렉스 구조는 M자 또는 W자형의 구조로 임펄시브의 단순한 구조에 비해 복잡하게 형성되며 시간이 더 필요하다. 지표가 극단적인 영역을 벗어나 정상 영역으로 완전히 진입하기 전까진 컨펌된 것이 아니다. 이런 상황에서 트리거 바는 중요한 역할을 한다. 이 구조는 일반적으로 지표 반전의 초기 영역을 정의하고, 극한 영역을 벗어날 때 가속화가 발생한다. 복합이나 복잡이라는 사전적 의미는 시간의 의미도 가질 수 있다. 따라서 V자에 비해 시간상으로 더 걸릴 수도 있다. 초기 신호이기 때문에 W형 또는 M자형 구조가 정상 범주로 다시 들어갈 때까지 시간을 가지고 기다리는 것이 중요하다.

그리고 이러한 극단적인 영역을 벗어날 때는 추세의 중요한 역할을 하며, 30선 또는 70선의 정상 범주로 진입하면서 동시에 가속화가 발생할 수 있다.

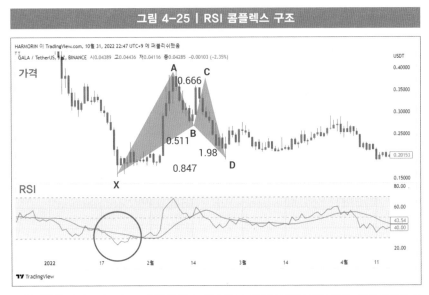

그림 4-25 | RSI 콤플렉스 구조

① 복잡함을 가진 W자 또는 M자 형태 구조: 이 구조가 형태를 점점 갖춰 나가는 동안 가격이 상승하는 것이 일반적이다. 복잡하다는 것은 초기 가격이 뚜렷한 추세 변화를 나타내지 못할 수도 있음을 의미한다.

② V자 형태보다 시간이 오래 걸릴 수 있음: 이 구조는 형성된 영역을 리테스트할 수 있다는 기대치를 의미한다. 이런 의미와 마찬가지로 시간이 더 필요할 수 있다는 것을 의미한다.

③ 추세의 신호에 중요한 역할: 이러한 상황에서 벗어날 때, 추세의 중요한 역할을 할 수 있다.

이 구조는 초기 형성된 영역에서 W자의 모양을 형성하며 리테스트가 발생한다. 복잡한 RSI 구조가 확립된 후 최적의 반전 PRZ 영역을 결정하기 위해 잠재적인 패턴 완성 및 특정 밴 측정에 대한 다른 고려 사항을 예측할 수 있다.

RSI 밴의 4가지 유형

●

앞서 설명한 복합 구조인 콤플렉스 RSI와 단순한 구조인 임펄시브 RSI의 2가지 형태는 하모닉 패턴과 동일한 방식으로 다이버전스와 컨펌 조건을 구별한다. 그렇기 때문에 각각 결합한 형태의 4가지 유형으로 나뉜다. 컨퍼메이션은 가격과 지표가 동일한 방향으로 진행되어 패턴이 완성하는 것이고, 다이버전스는 가격과 지표가 반대를 형성하며 그 힘으로 반전하는 형태다.

다이버전스(Divergence)와 컨퍼메이션(Confirmation)

이러한 조건들은 지표의 유형과 하모닉 패턴에 따라 다르게 형성된다. 다이버전스는 가장 대중적인 강력한 반전 신호 중 하나다. 이것은 가격이 지배적인 추세의 마지막 단계에서 지표 수치의 극단적 수준이 해결되며, 가격의 방향과 반대 방향을 제시하며 발생한다. 지표는 지배적인 추세 강도의 지속력에 대한 통찰력을 제시하고, 하모닉 패턴과 함께 사용될 때 실행력이 가장 정확한 전략 중 하나다.

RSI 뱀의 4가지 유형 나누기

약어로 앞 글자를 따서 SC, CC, SD, CD로 분류했다. 심플(Simple)은 V자 형태를 뜻하고, 콤플렉스(Complex)는 W자 형태를 말한다.

일반적으로 하모닉 기본 패턴을 기준으로 XA값이 1보다 작은 되돌림 패턴들이 보통 컨퍼메이션(Confirmation)에 해당되고, 1보다 큰 확장 패턴들이 보

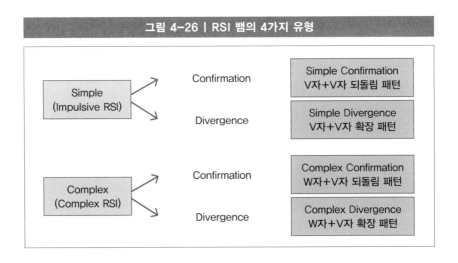

그림 4-26 | RSI 뱀의 4가지 유형

그림 4-27 | RSI 뱀의 4가지 분류

통 다이버전스(Divergence) 형태로 분류된다. 4가지 타입 모두 V자나 W자 구조가 형성된 이후, 마무리는 V자로 설정되어 있다.

RSI 뱀 시퀀스(Sequence)

RSI 뱀의 주된 과제는 가격의 흐름이 진행됨에 따른 RSI의 변화 과정을 살펴보는 것이다. 크게 네 단계로 나뉜다. 첫 번째는 극단적 영역에서 테스트받으며 정상 범주에 들어오는 단계로, 시작하는 구조가 단순한 구조인지 복잡한 구조인지를 판별하는 것이 과제다. 두 번째는 최소한의 RSI 50선 중간 영역을 테스트하게 된다. 세 번째는 그 영역에 부딪힌 후 다시 되돌리는 형태로, 다시 비정상 영역인 과매수 또는 과매도 영역으로 돌아오게 된다. 마지막 단계는 이 리테스트 이후, 새로운 좋은 반전의 기회를 잡는 과정으로 마무리된다.

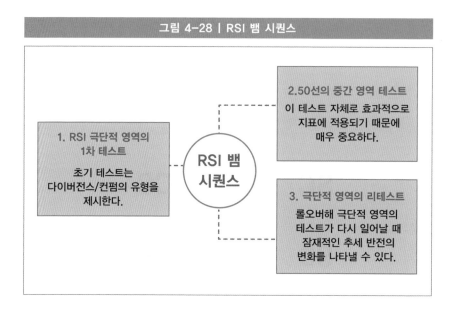

그림 4-28 | RSI 뱀 시퀀스

정리하자면 RSI 뱀 시퀀스는 가격과 RSI 지표의 2가지로 판단하며, 시퀀스는 유형별로 구분된다.

① SC: V자 더하기 V자 구성이다. V자는 임펄시브, 충격 구조다. 일반적으로 힘 있고 강하게 뻗어나가는 V자 형태가 형성된다.

SC(Simple Confirmation, 단순 확인)=V자+V자

: RSI 지표와 가격의 2가지가 모두 비정상 영역에서 해결될 때 임펄시브 극단의 반전으로 구성된다.

- RSI 뱀의 단순 확인은 2개의 임펄시브(충격) 판독 값을 가진다.
- 초기의 과한 영역에서 해결되며 지표와 가격 모두 테스트를 거친다.
- 최소 50선에서 테스트를 거친다.

그림 4-29 | SC

그림 4-30 | SC 응용(V+V)

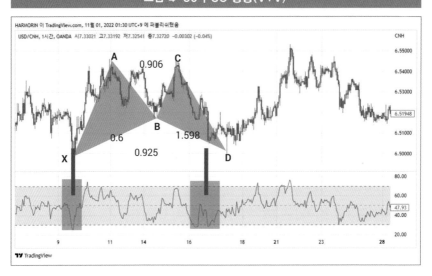

그림 4-31 | SC 응용

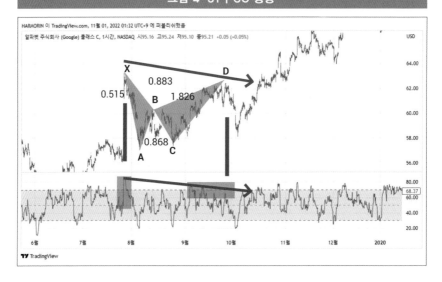

312

- 이후 다시 롤오버되며 2차 테스트가 시작된다.

그림 4-29는 하모닉 패턴의 기본 바탕인 XAB의 3개 점으로 이루어진 삼각형 구조다. 극단적인 영역에서의 V자+V자의 형태가 확연하게 보인다.

또 다른 형태를 살펴보자. 그림 4-30을 보면 하모닉 패턴에서는 RSI에 V자가 나왔더라도 단숨에 반전하지 않고, 한 번 이상 리테스트하는 경우다. 그러므로 하모닉 패턴의 PRZ값과 같이 서로 보완하며 생각해야 한다. 지금 같은 경우도 이미 다시 풀백을 해서 과매도 영역으로 들어왔지만, 바로 반전하지 않고 하모닉 패턴의 반전 영역 구간에 닿아 패턴을 완성하면서 반전했다.

그림 4-31을 보면 패턴이 완료되기 이전에 이미 과매수 영역에 도달했다. 반전에 대한 기회 신호가 선행으로 제공되었다. 그러나 패턴상 아직 비율이 남아 있으므로 기다려야 한다.

② CC: 원리는 동일한데 시작을 V자가 아닌 W자형으로 시작하는 형태다. 모양 그대로 V자보다는 복합적인 가격의 흐름을 보여주며, 이 형태 역시 임펄시브의 V자 구조로 완성된다.

CC(Complex Confirmation, 복합 확인)=W자+V자

: RSI 지표와 가격의 2가지가 모두 비정상 영역에서 임펄시브보다 다소 복잡한 W자 형태로 시작된다.

- **RSI 뱀의 CC 형태도 초기 W자 또는 M자형 구성 이후 50선의 중간 테스트를 거친다.**
- **지표와 가격이 동시에 같은 방향으로 움직인다.**
- **일반적으로 임펄시브 구조의 판독 값으로 리테스트를 거쳐 추세 변화를 시**

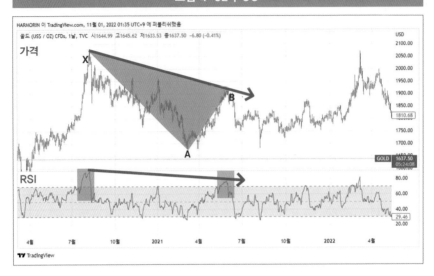

그림 4-32 | CC

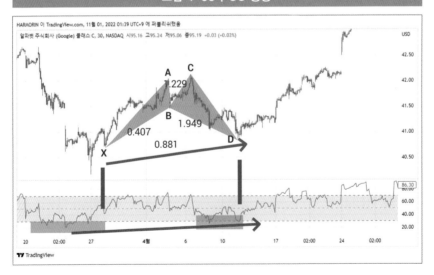

그림 4-33 | CC 응용

작하며 마무리된다.

XAB의 삼각형 기본 형태의 기본 예시를 살펴보자. 그림 4-32는 앞쪽이 W 자형으로 구성되어 있다. 이후 과매수 영역에서 정상 범주로 들어오며 의미 있는 반전에 성공한다.

그림 4-33은 응용된 하모닉 패턴의 예시다. 양방향 모두 한 번에 반전에 성공하지 않고 시간이 필요하며 재차 확인 테스트를 거친다. 이러한 모습은 흔하게 발견된다. 이 구조들은 선행 신호를 주지만, 이런 식의 재차 확인해야 하는 전개가 나올 수 있으므로, 하모닉 패턴과 함께 복합적으로 여러 요소를 고려해야 한다.

③ SD: 이번에는 단순한 다이버전스 형태다. 다이버전스는 하모닉 패턴과 함께 나온다면 강력한 기회를 줄 수 있으므로, 꼭 알아야 하는 개념이다. 또한 다이버전스는 하모닉 확장 패턴에서 나오는 개념으로, 긴 추세 끝을 내고 반전의 힘이 강할 수도 있다. 그렇기 때문에 좋은 성공을 거둘 수 있는 기회다. 극단적 영역에서 최소 50선에 도달한 후 테스트를 거쳐, 동그랗게 다시 돌아 다시 과매도 또는 과매수 영역을 리테스트하는 형태다.

SD(Simple Divergence, 단순 다이버전스)=V자+V자
: RSI 지표와 가격의 2가지가 모두 비정상 영역에서 해결될 때 서로 반대 방향으로 구성된다.
- **하모닉 패턴에서 다이버전스와 함께 완료되는 것은 패턴 완성의 가장 강력한 기회 중 하나다.**
- **초기의 과한 영역이 해결되며 지표와 가격 모두 테스트한다.**

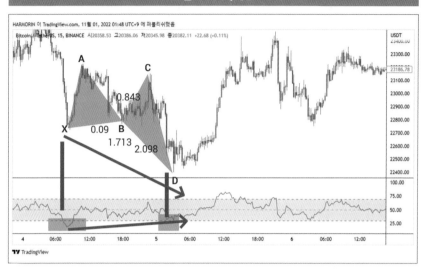

그림 4-34 | SD

- 최소 50선에서 테스트를 거친다.
- 리테스트 시 가격과 지표가 반대 방향을 형성한다.

그림 4-34를 보자. V자가 과매도나 과매수 영역에서 나온다고 되어 있지만, 그림과 같이 근접하는 정도로 나올 수도 있다. 이상과 현실의 모델은 다를 수 있으므로 여러 경우의 수에 대한 많은 경험과 훈련이 필요하다.

④ CD: 이 형태가 4가지 형태 중의 꽃이라 할 수 있다. 왜냐하면 이것이 모든 지표 조건을 잘 설명하는 가장 진보된 형태이기 때문이다. 하모닉 이론의 RSI 뱀에서 가장 발전된 모델로, W자 또는 M자 형태가 먼저 제시되고 이후 50선을 테스트하고 다시 되돌려 과매도 또는 과매수 영역에 진입 후 임펄시브 구조인 V자로 마무리된다. 지표와 가격 흐름의 상관관계는 매우 중요하다.

316

그림 4-35 | CD

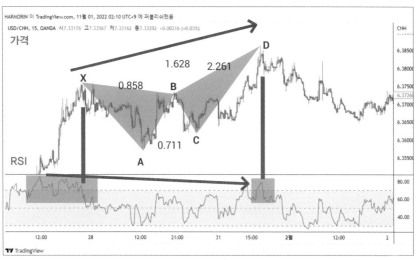

CD(Complex Divergence, 복합 다이버전스)=W자+V자

: RSI 지표와 가격의 2가지가 서로 반대 방향으로 구성되며, 모든 지표 조건을

잘 설명하는 가장 진보된 형태다.

- 하모닉 트레이딩 접근법에서 가장 발전된 형태의 모델이다.
- 초기의 과한 영역이 해결되며 지표와 가격 모두 테스트를 한다.
- 최소 50선에서 테스트를 거친다.
- 리테스트 시 가격과 지표가 반대 방향을 형성하며 임펄시브 V자형 판독 값
  으로 마무리된다.

그림 4-35를 보자. X점이 위치한 하모닉 패턴의 시작점에서는 복잡한 구조
의 M자형을 보이고, 이후 패턴이 완성될 때 Λ자 형태로 마무리된다. 또한 RSI

가 전체적으로 하모닉 패턴의 W자형 패턴과 비슷한 형태로 생성되었음을 알 수 있다. 패턴과 비슷하게 RSI의 형태가 잡히는 경우는 보편적이므로 경험을 통해 눈으로 익혀야 한다.

RSI 밴 요구 사항: 50선 테스트

하모닉 측정의 밴은 50 중간선에서 최소한 한 번 이상의 테스트를 거친다. 스콧 카니는 연구 초기에 RSI 밴에서 50선의 최소 테스트가 극단적 판독 값의 조합에서 가장 중요한 것이라는 것을 알게 되었다.

- RSI 극단적 영역 1차 초기 영역의 테스트는 밴의 유형을 제시한다.
- 50선의 중간 지점의 반전 −50선 테스트 자체로 효과적으로 지표에 적용되기 때문에 리테스트는 매우 중요하다.
- RSI 리테스트가 극단적인 영역에서 나타날 때, 이것은 잠재적인 추세 반전의 기회를 나타낼 수 있다.

또한 50선 리테스트는 기회를 파악하는 데 구조적인 요건을 나타낸다.

밴 이론은 하모닉 패턴과 동일한 맥락에서 개발되었으며, 이 전략은 하모닉 패턴이 보여주는 잠재적 반전 기회의 상황을 더 정확하게 파악하기 위한 이론 기술이다.

RSI 뱀의 7단계

RSI 뱀의 7단계 살펴보기

•

하모닉 패턴과 RSI 뱀을 함께 해석한 하모닉 형성 과정은 총 7단계로 제시되었다. 단계마다 중요한 포인트와 전략들이 숨어 있으며, 전체적인 모양을 이해하고 형태를 익혀야 한다. 이 과정은 하나의 하모닉 패턴이 이루어지는 동안의 RSI 뱀 구조가 일반적이며, 일반적인 패턴의 X점부터 D점뿐만 아니라 A와 C점을 구성하는 형태에서도 쓰이며, 모든 패턴에 적용할 수 있다. 7단계는 다음과 같다.

1단계: 극단적인 RSI 영역 한계의 초기 테스트. 과매수 또는 과매도 구간의 RSI 구조 형성
2단계: RSI 임펄시브 또는 콤플렉스 구조의 완료
3단계: RSI 트리거 바 판별 후 가속화
4단계: RSI 테스트를 거치며, 가격의 반응에 대한 평가
5단계: RSI 30 이하 70 이상의 극단적인 영역에 재도달
6단계: RSI V자 구조의 완료. 다이버전스 또는 컨퍼메이션 발생

7단계: RSI 뱀 형성 완료 후 반전

1단계: 극단적 영역에서 RSI의 구조 형성

RSI 뱀 시나리오의 첫 번째 단추는 과매수 또는 과매도 영역에서 RSI 판독 값을 보유한 가격 행동을 인식하는 것이다. 일단 과매수 또는 과매도의 극단적인 구간에서 발생하는 형태다. W자 또는 M자 형태의 '복잡한'이라고 해석되는 콤플렉스 구조와 단순한 V자 또는 Λ자 형태의 '충격적인'이라는 뜻을 가진 임펄시브 구조의 2가지로 제시된다.

RSI 뱀이 효과적인 이유 중 하나는 하모닉 패턴의 완료 신호가 발생하기 이전에 지표 형태가 한계성을 가진 극단적인 영역 구간에 들어간다는 것이다. 물론 RSI 모양의 형성이 마무리될 때까지 기존 흐름은 계속될 수 있다는 점을 기억해야 한다.

2단계: 단순 또는 복합 구조 완성

초기 단계에서의 주요 과제는 RSI 구조의 복합성과 충동성을 시험하며 2가지 유형 중 어느 유형인지가 판별하는 것이다. 이러한 형태는 정상 범주로 돌아가며 해결되고 완성된다. 형태를 완성하며 정상 범주로 RSI가 진입한다는 것은 그 자체만으로도 거래 신호를 확인하는 역할을 하기에, 효과적인 기술적 수단이 될 수 있다. RSI의 극한 상태를 정량화하는 데는 정확한 지표 수준이 중요하다.

RSI 지표의 형성과 정상 범주로의 재진입은 잠재적인 기회를 검증하는 데 방아쇠 역할을 하는 필수적인 중심 요소다. 또한 정확한 식별된 구조는 독특하고 가격 행동의 전반적인 추세 내에서 중요한 잠재적 반전 영역을 미리 선행 신호를 줄 수 있으므로 엄청난 기술적 이점을 제공한다.

3단계: 트리거 판별

RSI 구조를 판별한 후 다음 단계에서는 구조와 분석할 가격 영역의 측정이 필요하다. 이 단계에서는 정상 범주로 진입하며 가속화되는 트리거 포인트를 판별해, 가격 캔들에서 트리거 바를 식별한다. RSI 구조 완성에 따라 정의된 트리거 바는 RSI 뱀과 하모닉 패턴의 완료를 위한 시작점을 판별하기 때문에 중요하다. RSI 뱀의 가장 중요한 요소는 극단적 영역으로부터 RSI가 반전된 이후부터 시작된다. 본질적으로 RSI의 극단적인 영역에서 복합(Complex) 또는 단순(Simple) 구조를 완성한 후 다시 정상화되었기 때문에 유의미한 기술적 신호를 가진다.

4단계: RSI 테스트와 가격의 반응

초기 가속 흐름의 붕괴를 확인하게 되는 단계다. RSI 뱀 트리거 바 완료에 따른 가속화를 보여주었지만, 어느 수준이 되면 추세선을 위반하며 추세가 지속되지 못한다. 한 번 더 확인하는 리테스트 과정은 RSI 뱀 완료의 최종 단계를 실현하기 위한 필수 조건이다. RSI의 중간 지점인 50선에서 추세의 최소 테스트를 거친다. 초기 반응에서 RSI 수치는 50 수준을 초과할 수도 있지만, 50선이라는 것은 가장 이상적인 상황을 구별하기 위한 최소 요구 조건으로 작용한다.

5단계: RSI 극단적인 영역으로의 재진입

단기 랠리가 추세에서 벗어나 결국 이전 최저치에 대한 리테스트로 이어진

- 지배적인 추세의 강도와 RSI 구조에 의해 생성된 신호의 유효성에 대해 많은 것을 보여준다.
- 추세의 상대적 강도 지수인 RSI 판독은 가격이 최종 완료하는 동안 반전의 가능성을 나타낸다.
- 일반적으로 가격은 이후 빠르게 반전된다.
- RSI 뱀 확인 단계를 수렴하는 패턴 형성은 지배적인 추세와 미래의 가능한 방향에 대해 매우 중요한 기술적 증거를 제공한다.

다. 가격 및 RSI는 다시 극단적 영역의 리테스트에 들어간다. 이 리테스트가 완료될 때 최상의 거래 기회가 제공된다.

6단계:다이버전스와 컨퍼메이션(컨펌)

RSI 컨펌 포인트의 올바른 확장 영역을 구분한다. RSI의 V자 구조를 확인하며, 컨펌 포인트는 반전을 가속하는 역할로, 이후 가격의 반전이 일어나는지 확인해야 한다.

7단계: 패턴 완료와 RSI 뱀 완성 확인 후 거래 실행

RSI 뱀의 확인은 컨펌 바와 포인트에 의해 판단되며, 하모닉 패턴의 PRZ 완료와 함께 정의된다. 그러나 하모닉 구조는 상황에 따라 여러 가능성이 발생한다. RSI의 리테스트 완성을 거친 상황은 결정적인 기술적인 형태다. 이러한 조정 단계에서 RSI 뱀의 완료는 추세의 끝을 나타내는 가격 구조에서 반전의 신호를 준다. 여기서 중요한 핵심은 구조와 가격 행동 2가지 모두 추세 반전의 결정적인 연속성을 보여줘야 한다는 것이다.

만약 컨펌 포인트에서 V자가 아닌 W자형의 복잡한 구조가 재발생한다면 바로 반전하지 않고 새로운 작은 RSI 뱀 형태를 형성한다. 시간을 필요로 할 수 있으며 패턴 위반의 가능성 또한 있다. 새로운 가격 움직임을 결정하는 시작을 표시해주지만, 정상 범주의 영역으로 진입하기 전에는 컨펌이 난 상태가 아니다.

마지막의 단계는 반전을 위한 신호라는 점에 유의해야 한다. 본질적인 RSI 뱀의 V자 구조는 새로운 추세의 빠른 가속화를 만들어낸다. 가격 행동이 마지막 가속이 컨펌된 이후 빠르고 결정적으로 움직여야 한다. 그러나 가격 행동은 언제나 일시적으로 멈출 수 있으므로 또한 조심해야 할 것이다.

실제 차트 살펴보기

•

하모닉 패턴의 측정 기술과 RSI 뱀의 조화로운 능력은 하모닉 트레이딩 접근법 내에서 융화되어 최적의 기술적인 상황의 분석을 나타나게 해준다. 실제 차트 예시로 살펴보자.

그림 4-36은 XAB의 삼각형 구조에서 초기 RSI가 과매도 구간에서 복잡한 모양을 그리며 W자 형태를 완성한다. 그 뒤 정상 범주로 30선 위로 RSI가 올라가며 가속화되고, 이 과정에서 차트의 가격 캔들 또한 동일하게 트리거 바가 확정되고 RSI와 함께 가격 행동이 가속화된다. 이후 최소 50선의 테스트를

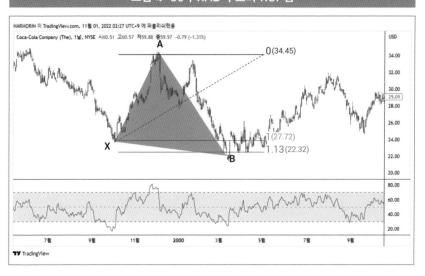

그림 4-36 | XAB 구조의 RSI 뱀

그림 4-37 | RSI 뱀의 7단계

거치며 반응의 시간을 거치다 다시 과매도로 돌아온다. 이때 XB선의 가격이 내려가고 RSI는 올라가는 다이버전스의 형태가 만들어진 후 V자를 찍으며 컨펌 포인트에서 컨펌이 나면서 컨퍼메이션 바가 생성되고 완료되는 것이다. 이것이 이상적인 기본 구조다.

이번엔 그림 4-37을 통해 실제 패턴 구조를 살펴보자.

1단계로 복잡한 RSI 구조를 형성한 이후 과매수 구간에서 내려온다. 2단계 과정에서 M자형 구조가 완성된다. 이후 정상 범주로 진입하며 트리거 바가 생성되고, 이후 하모닉 패턴의 X점이 형성되는 동시에 가속화되며 가격의 반응이 나타난다(3단계). 4단계는 패턴을 그리는 진행의 시간이다.

5단계는 마지막 다이버전스로 가기 위한 진행 과정이다. V자를 거꾸로 해놓은 형태를 완성하며, V의 뾰족한 부분에서 동일하게 컨펌 바가 완성되며 마무리된다(6단계). 마지막으로 패턴 완료와 확인 평가가 끝났고, 거래를 실행한다(7단계).

RSI 뱀의 용어

•

RSI 뱀의 구조를 설명하기 위해선 다음과 같은 용어를 알아야 한다.

RSI 뱀 트리거 포인트/바 (Trigger Point/Bar)

RSI 뱀 확인(컨펌) 포인트/바 (Confirmation Point/Bar)

RSI 뱀 가속 포인트/바 (Acceleration Point/Bar)

RSI 뱀 완료 포인트/바 (Completion Point/Bar)

먼저 용어의 이름 뒤에는 각각 동일하게 포인트(Point) 또는 바(Bar)라는 명칭이 붙는다. 포인트는 어떤 '지점'을 나타내는 용어이며 바는 '캔들 막대'를 이야기한다. 이것은 앞의 의미 뒤에 포인트인지 바인지는 가리키는 대상에 해당하는 것에 따른 구분이므로, 기본적으로 내포하고 있는 의미가 중요하며, 흐름을 이해하는 것이 중요하다.

트리거 포인트(Trigger Point)는 일반적으로 패턴 형성 초기에 발생하는 개념으로, 과매수 또는 과매도 영역에서 정상 범주로 재진입하며 RSI가 가속화되는 지점이다. 트리거 바(Trigger Bar)는 해당 막대 캔들을 뜻한다.

컨퍼메이션 포인트(Confirmation Point, 컨펌 포인트)는 RSI의 V자 형성 구조가 완성될 때 신호를 확인하는 과정이다. 관련된 해당 막대 캔들을 컨퍼메이션 바(Confirmation Bar, 컨펌 바)라고 한다.

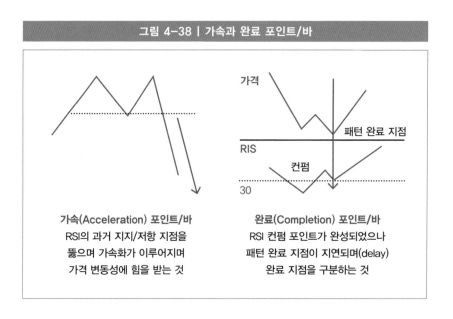

그림 4-38 | 가속과 완료 포인트/바

가속(Acceleration) 포인트/바
RSI의 과거 지지/저항 지점을
뚫으며 가속화가 이루어지며
가격 변동성에 힘을 받는 것

완료(Completion) 포인트/바
RSI 컨펌 포인트가 완성되었으나
패턴 완료 지점이 지연되며(delay)
완료 지점을 구분하는 것

엑셀러레이션(Acceleration)은 가속화라는 뜻으로, 주로 패턴이 완료되고 난 후 어떠한 반전 추세의 가속이 되는 주 역할을 하는 포인트를 가속 포인트 (Acceleration Point), 해당 막대 캔들을 가속 바(Acceleration Bar)라고 한다. 이는 이상적인 구조에서는 완벽하게 컨펌 포인트가 나왔지만 바로 반전을 보여 주지 않고 리테스트를 거쳐, 이후 이 부분이 해결되면서 힘을 받아 가속화되는 것을 뜻한다. 항상 발생하는 것은 아니지만, 컨펌 포인트 이후에 발생하는 경우 반전의 가속화를 제공한다.

RSI가 가속되기 이전에 잠시 조정을 받는 일시 정지(Corrective Pause) 시간이 있다. 일반적으로 몇 개 바의 시간이 걸린다. 이상적인 구조는 가격보다 RSI에서 더 눈에 띄게 보인다는 점에 유의하자. 가속 트리거를 기다리는 동안 실행이 지연될 수 있지만, 추가 확인은 반전에 대한 신뢰할 수 있는 신호를 제공한다.

완료 포인트(Completion Point)는 컨펌 포인트와 패턴의 완료 위치가 다를 때, 패턴이 완료됨을 나타낼 때 표기를 위해 사용할 수 있다. 항상 RSI 구조 형성이 이상적이지는 않다. 앞서 제시한 4가지 형태는 모두 끝이 V자 형태로 끝을 맺는데, 이렇게 단순한 구조가 아닌 복합 형태의 W자 또는 M자형으로 끝이 마무리되는 경우도 많다. 또는 단순한 V자 구조가 한 번이 아닌 여러 번에 걸쳐 나타나게 된다. 그렇게 되면 RSI 구조가 패턴의 완료와 비교해, 컨펌 포인트와 완료 포인트가 다를 수 있는 것이다. 이러한 상황에서 구분을 짓기 위한 용어로 나타낼 때 사용한다.

트리거 바의 위치가 중요한 이유

•

여기에 흥미로운 사실이 하나 있다. 스콧 카니는 RSI 뱀 중 다이버전스를 나타내는 형태에 있어서, RSI 뱀 컨펌 포인트 완료 위치인 곳에 1.13~1.618 중 어떤 피보나치 비율이 완료 위치에 오게 되는지 결정하는 중요한 요소가 이전의 'RSI 뱀 트리거 바의 위치'에 달려 있다는 사실을 연구를 통해 알아냈다. 그렇지만 항상 절대적인 것은 아니다.

트리거 바의 위치

- 알트 뱃과 나비 패턴: X점 이후 2~4개의 캔들 바
- 크랩 패턴: 트리거 바가 X점
- 가틀리나 뱃 패턴: 일반적으로 X점에서 5개 이상의 가격 바에 트리거 바 생성
- 5-0 패턴: 1.13의 비율과 너무 동떨어져 있어 적용시키기 어렵지만, RSI 뱀 컨펌 포인트에 초점을 맞추어 생각해 볼 수 있음

1.13

RSI 뱀 트리거 바가 이전의 고점 또는 저점으로부터 몇 개의 캔들 막대 뒤에 위치하고 있을 경우, RSI 뱀 실행은 1.13 확장이 될 것이라 했다. 일반적으로 1.13 확장을 사용하는 RSI 뱀 트리거 바는 극단적인 이전 지점, 즉 X점에서 몇 개의 캔들 막대 뒤에 위치한다.

1.13 확장은 RSI 뱀 다이버전스의 형태에서 1보다 큰 비율로는 최소한의 가격 수준에 불과하다. 이러한 예시는 가장 기본적이고 이상적인 경우이며, 패턴의 시작 부분이 복합적인 W자형이 아닌 단순한 V자형인 경우도 있다. 이

그림 4-39 | 1.13의 경우 트리거 바의 위치

그림 4-40 | 1.618의 경우 트리거 바의 위치

상적이지 않을 경우도 종종 나타나므로 여러 경우를 다양하게 비교해 보는 것이 좋다.

1.618

RSI 뱀 트리거 바의 위치가 바로 최고점 또는 최저점에 위치한다.

RSI의 W자형이 미리 생성되고, 이후 극단적인 영역에서 정상 범주로 진입할 때 근처 영역이 저점 또는 고점의 X점이 된다. 극단적 수준에서 발전하는 RSI 뱀 트리거 바는 1.618의 결과를 가질 것이다. 이 기술적인 차이는 추세 내의 중요한 내부 지점을 측정하기 때문에 가장 중요한 부분이다.

특히 RSI 30 이하 과매도 구간을 이 테스트를 통해 완료하면 컨펌 포인트는 결정적인 저항 또는 지지점 역할을 한다. 또한 이 영역은 1.13나 1.618 확장의 강세 패턴의 존재를 입증한다. 핵심 요소는 RSI 뱀 컨펌 바와 같은 영역 안에서 완료되는 하모닉 패턴을 식별하는 것이다. 하모닉 패턴과 결합해 서로 보완해 정확한 결정을 만들거나 판단하는 기술적인 수준을 파악한다.

패턴별 RSI 뱀 예시

하모닉 확장 패턴

•

확장 구조인 1.13, 1.27, 1.618의 구조에서는 추세가 강하기 때문에 확장이 일어나는 원리로, RSI 뱀이 다이버전스 형태로 나타나며 반전을 주는 경우가 많다. 일반적으로 확장 패턴은 뒤에 다이버전스를 형성하는 단순 다이버전스(Simple Divergence), 또는 복합 다이버전스(Complex Divergence)의 형태로 RSI 뱀이 생성된다.

RSI 뱀은 다이버전스가 개발 핵심 요소이고, 다이버전스는 그중에서도 하모닉 확장 패턴의 피보나치 비율에서 잘 구현된다. 그러나 컨펌 구조도 있기 때문에, 전체적인 RSI의 흐름을 읽는 데 시간을 투자해야 한다. 함께 예시를 살펴보자.

알트 뱃 패턴

뱃 패턴이 이 현상을 가장 잘 구현하기 때문에 뱀(BAMM)의 첫 글자인 B는 뱃 패턴을 뜻한다. 따라서 뱃 패턴 계열의 1.13 피보나치 비율을 갖는 알트 뱃 패턴이 기본 예시가 될 수 있다.

그림 4-41 | 알트 뱃 패턴 1.13

그림 4-41을 보면 기본적인 알트 뱃 패턴의 트리거 포인트와 바는 X점에 위치하지 않는다. 구조물이 형성되고 몇 개 바를 지난 뒤 트리거 포인트와 바가 형성되었다. 패턴 완료가 되는 부분은 컨펌 포인트와 컨펌 바가 아주 잘 형성된 예시라 볼 수 있다.

컨펌이 정상 범주 밖에서 V자로 일어나는 것이 이상적이지만, 현실의 RSI 차트에서는 극단적인 영역으로 다시 못 돌아가고 RSI의 정상 범주의 벽에 부딪히는 이런 경우가 대단히 많다. 이 책의 RSI 설정은 기본 설정 값인 RSI 14이다. 그러나 이 숫자를 바꾸면 설정에 따라 RSI가 다르게 표현될 수 있으니 유념해서 사용하자.

그림 4-42 | 딥 크랩 패턴

크랩 패턴

패턴 완료의 RSI 뱀 컨펌은 미리 결정되었다고 볼 수 있다. 그림 4-42는 패턴의 완성까지 아직 비율이 남기도 했지만, RSI가 극단적인 영역으로 더 올려주지 못하면서 완료가 되었고, 지연되던 다이버전스가 완료되면서 가속 포인트가 발동되며 반전을 잘 이루어낸 경우라 할 수 있다. 이상적인 구조에 서는 가속화가 극단적 과매수 또는 과매도 영역에서 나타나지만, 정상 범주 내에서도 나타날 수 있다. RSI의 설정 값에 영향을 받는 것이므로 영역이 조금씩 차이가 날 수 있으므로, 이런 경우에는 감각적으로 이해하고 파악하길 권한다.

딥 크랩 패턴

컨펌 포인트가 미리 출현했지만 패턴 완성 값이 남아 있는 상태였고, B점 위로 다시 올라가지 못하고 B점의 저항에 부딪혀 재차 하락하게 된다. 이후 패턴의 완성 후 반전의 관점에서 보면, 타입 1의 반응을 거쳐 타입 2의 형태로 이어지게 된다. 타입 1에서는 반전이 크게 나오지 않고, PRZ 영역으로 다시 되돌아가 재차 테스트하게 된다. 이후 리테스트를 거쳐 타입 2의 형태에서 진정한 반전을 보여주었다.

일반적으로 타입 1은 다시 PRZ로 되돌아가기 때문에 짧은 반응의 흐름을 보여준다. 반면 타입 2는 리테스트를 거쳤기 때문에 일반적으로 기대치가 높게 설정된다. 그러므로 더 큰 반전을 기대하게 되고, 엑셀 포인트가 굉장히 역할을 잘 소화하면서 이상적인 반전의 모습을 보여준다(그림 4-43).

그림 4-43 | 딥 크랩 패턴 1.618

나비 패턴

나비 패턴은 기존의 1.13 뱀 컨펌이 구간을 살짝 초과해 1.27의 영역으로 완성되는 느낌이다. 1.13 확장의 테스트는 RSI 뱀 컨펌 포인트에서 거래가 촉발되기 위한 최소한의 요구 사항이다. 하모닉 패턴의 완성에서 잠재적인 거래의 유효성을 결정하기 위한 더 큰 중요성과 잠재적 반전을 결정하는 본래의 기술적 가격 수준을 가지고 있다.

나비 패턴은 기본 1.13의 확장 패턴에서 조금 더 가격의 행동이 커져서 크게 완료되는 형태라고 보면 된다.

그림 4-44는 RSI 뱀 컨펌이 일어났지만 역시 조금 더 완성이 지연되며, 패턴이 크게 나와서 1.414XA에서 반전했다. 앞서 구조에서 말했듯 나비 패턴이 1.414XA로 초과해 나오는 경우는 많다. 그러므로 하모닉 최적의 가격

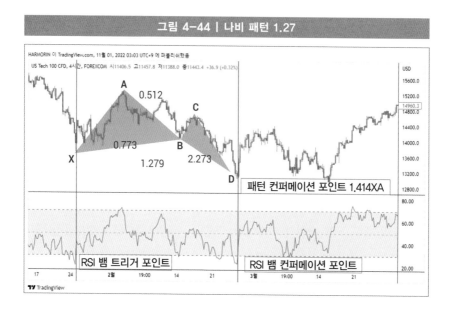

그림 4-44 | 나비 패턴 1.27

(HOP)을 표기해, 패턴의 완료가 확인되기 전까지는 항시 염두에 두는 것이 좋다.

되돌림 패턴

•

0.886, 0.786, 0.5 등의 구간에서 발생하는 되돌림 패턴의 RSI 뱀은 커다란 채널 안에서 다이버전스의 형태가 아닐 경우가 대부분이며, 추세의 지속성을 보여주는 경우도 많다. 따라서 확장 패턴은 다이버전스의 형태, 되돌림 패턴은 컨퍼메이션 형태가 일반적이다. 컨펌 포인트 완료 시 반전이 바로 반전으로 연결되지 않고, 몇 개의 캔들 바 이후 PRZ 영역을 모두 테스트한 이후에 반전이 나타나는, 시간이 필요한 경우도 대단히 많다.

뱃 패턴

일반적으로는 W자나 M자+V자 구조인 복합 확인(Complex Confirmation) 구조 형태로 형성된다.

그림 4-45 역시 조금 지연되어 완료 캔들 바가 좀 늦게 출현했으나, 이후 곧 가속화가 될 것이라는 RSI 뱀 가속 신호를 제공했고, 이후 가격 캔들이 힘을 받은 모습이 보인다.

가틀리 패턴

가틀리 패턴은 뱃 패턴과 비슷하다. 그림 4-46은 패턴 완료 전 RSI가 떨어지지 않고, 컨펌 포인트가 계속해서 출현하며 RSI가 해결되지 않는 모습을 보여준다. 그러나 패턴을 완성한 이후 RSI 추세선과 가속 포인트가 만나면서, 컨

그림 4-45 | 뱃 패턴 0.886

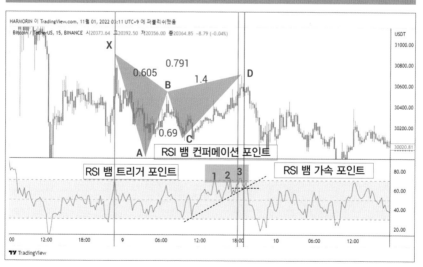

그림 4-46 | 가틀리 패턴 0.786

펌 포인트에 많은 도전을 했던 만큼 실패가 확정된 후 빠르게 가속화되며 반
전을 보여준다.

샤크 패턴

샤크 패턴은 언제나 독특하다. 되돌림 패턴과 확장 패턴의 2가지를 동시에
가지고 있기 때문이다.

그림 4-47에서 중요한 점은 RSI 뱀의 형태는 하모닉 패턴의 W자나 M자와
유사한 형태를 구사할 때가 많다. 다시 말하면 RSI의 모양이 시간이 지남에 따
라 형성됨에 있어 하모닉 패턴의 형태와 비슷하게 흘러갈 때가 많은 것이다.
그런 이유로 이 흐름을 기억해두면 아주 유용하게 사용할 수 있으며, 때로는
RSI에 피보나치 비율이나 하모닉 패턴 작도 도구를 사용해 볼 수도 있다. 그리

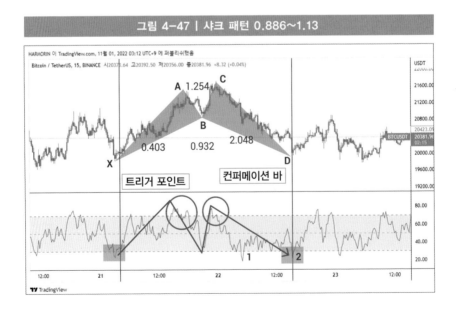

그림 4-47 | 샤크 패턴 0.886~1.13

고 XABCD 하모닉 도구로 패턴을 작도할 경우, A와 C점 또한 RSI 밴의 형태를 띠고 있을 경우가 많다. 이러한 RSI 형성은 하모닉 패턴과 어우러져 패턴의 성공적인 반전의 기회를 파악함에 있어 매우 좋은 경우다.

5-0 패턴

5-0 패턴은 B점과 D점이 RSI 밴 구조를 이루고 있다. B점에서 M자형이 보이고 D점에서 RSI 밴이 컨펌되는 것을 볼 수 있다. 패턴 완료 후 이후 가속 포인트에서 힘을 받아 잘 내려가는 모양이 관찰된다. 그러나 그림 4-48의 예시역시 컨펌 포인트가 패턴 완료점에 정확히 딱 맞지는 않는다. 그러므로 유연하게 대처해야 한다.

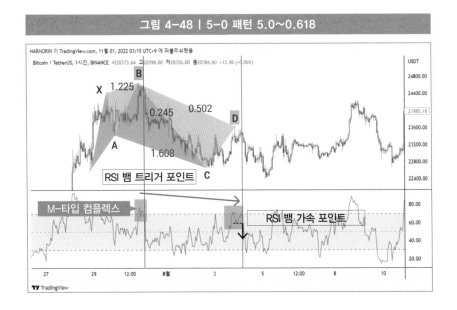

그림 4-48 | 5-0 패턴 5.0~0.618

요약

•

RSI 뱀 구조는 항상 이상적이지 않다. 응용해 유연하게 대처해야 할 경우의 수가 매우 많으니, 경험과 훈련을 통해 예시를 눈으로 익히도록 해야 한다.

그리고 RSI의 구조 형성도 하모닉 패턴과 비슷한 모양으로 동시에 형성될 경우도 많으니 형성 구조를 잘 살펴야 한다. 하모닉의 W자와 M자형 모델은 5개의 점 중 X와 D점이 기본적으로 RSI 뱀 구조를 형성하지만, A와 C점도 역시 RSI 뱀의 형태를 띠고 있을 경우가 많다. 이 점을 꼭 기억하도록 하자.

1. RSI 뱀 구조는 다양하게 나타날 수 있으며, 항상 이상과 같지 않고 응용의 수가 많다.
2. 하모닉 패턴과 RSI의 모양이 비슷한 흐름을 보여줄 수 있다.
3. 하모닉 패턴 A와 C의 부분도 RSI 뱀의 형태를 보여줄 수 있다.

RSI 뱀 형성 시 앞부분, 뒷부분이 꼭 앞서 말한 4가지 타입에 해당하는 것은 아니다. 응용되어 앞에도 V자 구조가 나올 수 있고, W자 구조가 뒤에 나올 수도 있다. 그리고 RSI 뱀 역시 패턴이 완성될 때 항상 발생하는 것이 아니라, 형태가 보이지 않고 패턴이 완성되는 경우도 많다. 이 RSI의 구조가 뱀 구조처럼 수평하게 나오는 것이 아닌 한쪽으로 기울어져 있는 형태로 나오기도 한다.

언제나 100%는 없다. 경우의 수가 많으므로 구조물의 전체적인 그림을 읽는 경험치가 쌓이는 것은 매우 중요하다. RSI 뱀이 잘 보이는 구조는 하모닉 패턴의 완성과 반전을 예측해 보는 신뢰도 측면에서 근거로 쓰일 수 있다. 또한 가격의 반전을 위해서는 시간이라는 것을 필요로 하는 경우도 많으니 유념하자.

RSI 뱀 반전 실패 위반을 결정하는 요소

●

RSI 뱀 컨펌 포인트 범위와 영역을 설정한 후, 그다음 고려해야 할 사항은 반전이 실제로 이루어지는지 모니터링을 하는 것이다. 반드시 위반의 경우를 생각해 위험(Risk)을 관리해야 한다.

기본적으로 기존 추세가 강함을 의미할 수 있으므로 패턴 반전 위반의 가능성은 항시 존재하며, 반전하더라도 바로 반전하지 않고 주춤할 때도 있다. 이럴 땐 RSI 테스트를 거친 후 반전하기도 한다. 또한 손절가 또는 패턴 위반의 수준을 정할 때는 하모닉 패턴의 설정에 포함된 예상 반전 가격 수준과 예상하는 추세의 흐름을 고려해야 한다. 손절가는 RSI 뱀 확장에 의해 설정된 범위 제한과 동일한 영역에서 발생하는 하모닉 패턴의 반전 위반 요소의 조합에 의해 결정된다.

RSI 뱀의 연장과 하모닉 패턴의 PRZ 영역 초과

하모닉 패턴의 예상 PRZ를 넘어 HOP 레벨을 넘어가게 되면 기술적인 위반의 의문점이 제기된다.

일반 하모닉 패턴과 마찬가지로, 첫 번째 테스트에서 위반하는 가격 흐름은 기존 추세가 상당히 강하다는 위험 신호다. HOP 영역을 초과하면서 패턴의 PRZ 전체를 테스트한 후 위반하게 되면 이것은 실패할 수 있다는 신호다. 또한 RSI 뱀의 완성이 테스트 되기도 전에 PRZ를 위반하는 신호가 보이면, 가격 행동은 전체 하모닉 패턴의 영역 위에서 PRZ를 위반하게 될 것이다. 이러한 위반 상황에서는 다시 상황을 평가하고 판단해야 한다.

실전 차트 살펴보기

그림 4-49를 살펴보자. 뱃 패턴이 완성되었다. 트리거 바도 잘 나타났으며, 완료 확인을 의미하는 컨펌 포인트도 구조물에서 잘 형성된 것으로 보인다.

뱀 구조물의 형성이 당시에는 매우 잘 표현된 것으로 보이지만, 앞서 말한 트리거 바의 위치가 패턴이 완료되어야 할 0.886XA 영역에서 힘의 가속화를 보이며 강하게 뚫어주었다. 이렇게 큰 양봉이 PRZ 영역에서 형성되었다면, 기존 추세가 강하다 할 수 있으며 대표적인 위반 신호다.

하모닉 패턴에서는 캔들의 흐름을 잘 살펴야 한다. RSI 뱀 구조물의 컨펌이

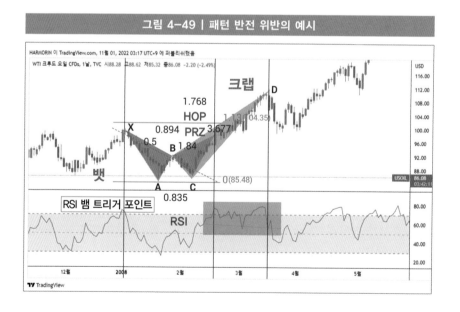

그림 4-49 | 패턴 반전 위반의 예시

연장되면서 가격이 계속 추세를 타고 상승하고, HOP 수준은 뚫어주고 PRZ 영역을 지지하며 상승한다. 이런 HOP과 PRZ의 영역에서 가격과 RSI가 어떠한 흐름을 보여주는지 파악해야 하며, 이 경우에는 트리거 바의 위치가 힌트를 주었다 볼 수 있다. 트리거 바의 구조물 위치가 1.618에서 잘 나오는 형태이기 때문에 앞서 말한 트리거 바의 위치에 대해 알아두면 좋다.

이 경우엔 트리거 바의 위치에서 한 번 힌트를 얻었을 수 있었다. 보통 패턴의 위반 시의 흐름은 RSI 뱀이 컨펌되었으나, 50선 근방의 위치에서 테스트를 거쳐 지지와 저항의 모습을 보여준다. 이때의 하모닉 패턴 흐름은 강한 양봉으로 XA점의 예상 위치를 뚫어준다면, 일단 강한 추세의 흐름을 파악해야 한다. 이때의 PRZ는 지지/저항의 영역이 된다. 그 부분에서 가격이 어떠한 흐름을 보여주는지를 파악해야 하며, 보통 PRZ를 디디고 테스트한 이후, HOP을 뚫게 되고 그 이후는 패턴의 위반 영역이라 할 수 있다.

그렇지만 물론 패턴 위반 영역에 들어갔다 해도 이전 저점 또는 고점을 살짝 초과하며 가격이 잠시 이동한 후 다시 돌아오는 과잉된 초과(Overspill) 경우가 있을 때도 있다. 그렇기 때문에 감당할 수 있을 만큼의 원칙을 세워 대응해야 한다. 좀 더 안전하게 대응하려면 구조가 깨질 때까지 가속 신호를 기다리며 섣불리 결정하지 않는 것이 중요하며, 그리고 RSI 뱀 형성이 완료된 후 최적의 반전 영역을 결정하기 위해 잠재적인 패턴 완성 및 하모닉 패턴 측정에 대한 다른 고려 사항들을 잘 계획하길 바란다.

뱀 이론 정리

하모닉 패턴과 지표와의 상관관계를 연구한 RSI 뱀 이론의 융합은 하모닉 트레이딩 기술의 정확성을 크게 향상시켰다. 또 하모닉 패턴이 발전을 거쳐 하모닉 이론(Harmonics)으로 정의될 수 있도록, 작업 전반에 걸쳐 추진력을 실어준 바탕이 되었다.

본질적으로 다양한 기술 측정 도구에서 동일한 결과를 얻을 경우 제공되는 정보는 더 신뢰할 수 있고 정확성이 높다.

RSI 뱀 컨퍼메이션 포인트의 가장 중요한 측면은, 보조 지표 RSI의 구조와 하모닉 패턴에서의 가격 행동 2가지 모두 결정적인 연속성을 보여줘야 한다는 것이다.

뚜렷한 하모닉 패턴의 형성은 좋은 거래 실행을 위한 확인 신호다. 더불어 RSI 뱀과 결합 되어 나타난다면, 반전에 대한 훨씬 더 정확한 기술적 증거를 제공하는 것이다.

RSI 뱀을 효과적으로 사용하는 방법

- 과매수나 과매도 영역에서 RSI 뱀의 구조를 찾아라.
- 컨펌 포인트 완료 전 초기 반응을 확인해 최소한 RSI 50선 리테스트를 찾아라.

- 패턴 완료 후 임펄시브 RSI 리테스트가 이전 구조의 판독치를 초과하지 않는 한, RSI와 가격의 다이버전스 또는 컨펌 신호를 기다려라.
- 실행 시 RSI 밴 확장 완료에서 동일한 영역에 있는 하모닉 패턴의 완료를 확인하라.
- 가속 트리거는 RSI 밴 컨펌 포인트에 따라 전개될 때 매우 효과적인 확인 신호를 제공한다.

물론 하모닉 트레이딩 접근법에서는 그 무엇보다도 패턴이 가장 중요하다. RSI 밴은 기술적으로 유효한 반전과 중요한 움직임의 훨씬 더 큰 확률을 제공하는 것이다. 또한 이것은 가격 조치에 대한 전반적 이해를 개선하고 유효한 트레이딩 기회를 식별하기 위해 만들어졌다.

또한 RSI 밴이라는 독특한 기술은 이런 전략적 분석의 새로운 전략과 접근법을 제공함으로써 하모닉 패턴 트레이딩 방법론을 발전시켰다. 향상된 측정 기술은 접근 방식의 정밀도와 전반적인 정확성을 향상시켜 거래의 계획부터 실현까지 총괄적인 전략을 제시하게 되었다.

실행 단계에서 중요한 것은 바로 패턴 위반의 중요성을 깨닫는 것이다. 여러 패턴이 계속해서 반전에 실패할 수도 있고, 이러한 경우는 더욱 중요하다. 하모닉 패턴은 일관되게 피보나치 비율이라는 수학적·물리학적 근거를 통해 중요한 반전 영역을 표시하도록 설정되어 있다. 그러나 반복적인 패턴 실패는 시장의 상태를 효과적으로 검증하는 데 필요한 증거를 제공하며, 이는 큰 추세의 시장 상태를 효과적으로 이해하는 데 중요한 단서를 제공한다. 특정 패턴의 반전 여부만 생각하지 말고, 이러한 큰 추세 틀의 흐름을 이해해 미래 방향에 대한 정확한 흐름을 예측해 보길 바란다.

패턴 위반은 실제로 명확한 수익의 기회를 제공하며, 특히 패턴은 주요 반전의 영역을 정확히 파악하는 역할을 한다. 하모닉 패턴은 잠재적인 미래 행동의 신호이며 기회를 제공하는 것이지 전부는 아니다. 언제나 이상적인 상황에서도 발생할 수 있는 변동성을 이해하는 유연함이 꼭 필요하다. 가장 중요한 것은 전체적인 방향을 해석해 시장의 흐름에 순응하는 것이다.

HARMONICS

5장

하모닉 제3단계: 관리

하모닉 제3단계 관리하기

> 모든 트레이너가 이해하듯, 어떠한 가격도 바로 오르거나 바로 내릴 수는
> 없다. 매수와 매도가 이루어져야만 하고 반대도 마찬가지다. 이것은 시장의
> 자연적인 힘이다.
>
> ─스콧 카니, 『하모닉 트레이딩 3』

　스콧 카니가 제시한 하모닉 관리 단계에서 가장 중요한 건 3가지로 나눌 수
있다. 우선 이익 목표가를 뜻하는 타깃 포인트(Target Point) 설정에 관한 내용
이다. 이와 연관 지어 '시간'을 고려해 가능성 있는 기회를 판단한 후 가격의
흐름에 따른 유형별 전략이 중요하다. 그리고 마지막으로는 관리 중 손절에
관한 전략과 전술이다.

　패턴 식별은 시작에 불과하고, 실행은 짧지만 강렬하다. 이후 관리에서는
수익을 극대화하기 위한 전략이 핵심이다. 기본 측정 원칙은 모든 패턴에 대
해 동일하며, 실행 단계 이후 반전이 확정된 거래 영역 내에 측정된 터미널 바
등을 기준으로 한 모든 가능성의 고려 사항을 생각해야 한다. 하모닉 기회에
대한 결정 과정에서는 '가격과 시간'의 판단과 타입별 전략을 포함한다.

　기회를 관리하려면 리스크 및 변수를 최대한 미리 계산해 사전에 이익 목표

를 측정해 놓아 대응할 수 있도록 계획을 세워 놓아야 한다. 하모닉 이론의 관리 단계는 일관성 있게 접근할 수 있게끔 체계적으로 제시하고 있다.

실행 영역에서 넘어가기

•

    PRZ 영역 이후 가격의 흐름과 추세의 세기에 따라 반응과 반전을 가늠해 볼 수 있다. 먼저 뚜렷한 패턴의 식별과 측정이 되었다면, 터미널 바(T-bar)가 생성되고 터미널 바는 패턴 완료는 결정하는 중요한 핵심 열쇠다. 터미널 바의 다음 캔들 바는 실행 단계의 시작을 나타내며, 이 터미널 바의 테스트를 거치는 과정을 살펴보는 것이 이후 주된 과제다. 이 과정까지 잘 마쳤다면, 다음 관리 단계인 미리 설정해둔 이익 목표가까지 도달하는가에 대해 잘 살펴보아야 한다.

관리 단계 전 용어 확인

- PRZ: 뚜렷한 패턴의 식별은 시작 단계이며, PRZ를 정확하게 측정해야 한다.
- T-bar: 터미널 바의 완성은 하모닉 실행의 공식적인 시작 지점을 나타낸다.
- RSI: 이후 가격 흐름은 컨펌된 지표 판독 값들과 함께 모니터링되어야 한다. 꼭 RSI가 아니더라도, 다른 근거가 수반되어야 한다.
- 추세: 추세를 확인하는 것은 관리 단계의 기본 전략이다.

PRZ 영역 이후 리액션 vs. 리버설

- 뚜렷한 패턴을 식별했고 PRZ가 맞게 측정되었다면 터미널 바는 트레이딩 의 열쇠로 실행 단계의 시작 지점을 의미한다.
- 터미널 바 테스트를 거쳐 반전에 성공하는지 확인하고 관리한다.

관리 단계 기초 용어

•

관리 단계에서 알아야 하는 기초 용어를 먼저 정리해보자.

잠재적 반전 영역 PRZ(Potential Reversal Zone)

하모닉 완성 후 피보나치를 통해 예측되는 영역이다. 결정된 게 아니라 '잠 재적'인 반전 영역을 뜻하며, 이 영역을 위반할 시 기본 추세가 강하다는 것을 의미한다. 이 영역에서 반전에 실패할 만큼의 강한 추세는 엄청 강할 수 있다.

이익 보호 영역 PPZ(Profit Protection Zone)

손실로부터 보호될 수 있는 작은 이익 구간이다. 짧게 반전하는 듯 보이다 가 다시 원래의 추세가 지속될 경우, 짧은 시간 동안에 손실을 보지 않고 짧게 이익을 낸 후 빠른 이탈을 할 수 있도록 표시해두어야 할 구간이다.

PPZ의 존재의 목적과 이유는 이익이 손실로 바뀌는 것만큼은 막기 위함에 있다. 이 구간에서 짧은 이익을 설정해 놓으면 적어도 큰 손실의 위험으로부 터 짧은 이익으로 끝낼 수 있도록 하는 전략을 구사할 수 있다. 대표적인 설정 방법으로는 터미널 바를 기준으로 하거나, XA의 피보나치 되돌림 0.236 구간 을 기준으로 세우는 계획을 세워볼 수 있다.

그림 5-1 | PPZ

초기 이익 목표 IPO(Initial Profit Objective)

반전 이후 목표가 설정을 계획하는 것으로 T1, T2 중 상황에 따라 달라질 수 있는 최소한의 이익 목표 구간이다. 일반적인 W자나 M자형에선 되돌림 타깃 1(T1) 0.382, 타깃 2(T2) 0.618에 해당한다. 물론 최종 이익 목표는 더 확장으로 뻗어나갈 수 있다. 분할 이익 정리를 취하는 것도 좋은 전략이다.

손절 영역 SLZ(Stop Loss Zone)

강한 반전은 가파른 추세선을 갖는다. 만약 반전이 예상했던 흐름이 아니라면 적극적으로 모니터링하고 신중하게 대응해야 한다. 손절 영역은 필요하다면 적극적으로 활용해야 하며, 흐름에 따라 손절 영역을 당기면서 대응할 수 있다. 거래의 성격에 따라 꼭 손절만이 답은 아닐 수도 있다. 만약 패턴 실패

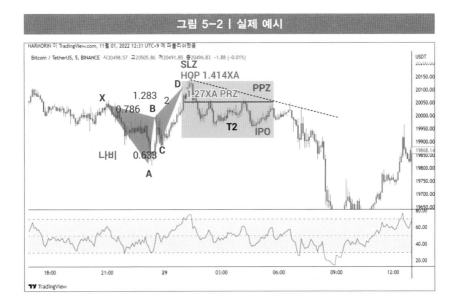

그림 5-2 | 실제 예시

시 손절하지 않을 것이라면 사전에 대응책을 마련해 놓아야 하며, 적극적으로 피해를 최소화하기 위한 노력을 해야 한다.

반전의 유형: 타입 1과 타입 2

하모닉 패턴의 반전 형태에는 타입 1과 타입 2로 나누어진다. 추세 반전의 흐름 중 짧은 기간만 새로운 추세를 유지하고 되돌아간 경우를 반응(Reaction)이라 하고, 추세 반전의 힘이 좋아서 그 추세가 오랫동안 지속되는 경우를 진정한 반전(Reversal)이라 한다.

최소 이익 구간: 타깃(Target) 1, 2

•

하모닉 패턴 이후 최소 이익 구간은 매우 중요하다. 패턴이 형성된 이후 반전 여부를 판단했다면 이후 관리 단계에서는 일관성 있는 거래를 위한 수익 목표가 중요하다. 타깃(T)은 최소한의 이익 목표를 제시하며, 타입 1과 타입 2를 나누는 데 결정적인 역할을 하고 있다. 패턴의 형태에 따라 최소 이익 구간은 다르게 설정될 수 있다.

하모닉 패턴의 최소 이익 목표가는 패턴 식별 시 미리 설정되며, 일차적인 최소한의 목표는 관리 전략 역할의 기본 설정이 된다. 그 이후 터미널 바를 기점으로 한 가격의 움직임과 RSI의 흐름을 살피며 관리 단계를 시작한다.

하모닉 패턴 완료 이후에는 일반적으로 역추세로의 최소한의 반응 결과가 있다. 그러나 짧은 반응 이후에 추세를 이탈하며 역행할 수 있으니 최소 이익을 확보하도록 하자.

보편적인 패턴별 목표가(Target) 정리

- 가틀리, 나비, 뱃, 알트 뱃, 딥 크랩, 크랩: T1=0.382 of AD, T2=0.618 of AD
- 샤크: T1=0.5 of CD, T2=0.886 of CD(XABCD 툴 기준)
- 5-0: T1=0.886 of CD, T2=1.13 of CD
- 사이퍼: T1=0.382 of CD, T2=0.618 of CD

모든 하모닉 이익 목표가는 추세 전략과 혼합되어야만 한다. 관리의 시간이 필요하다면 반전이 지연될 수 있다. 앞에서 제시했듯, 반전이 더디더라도 완전히 추세를 이탈하지 않고 유지된다면 30개의 캔들 막대를 최대한 기다릴 수 있다.

반응과 반전

•

하모닉 패턴 완료 이후 반전의 상태를 나타내는 반응과 반전의 상황은 구별되어야 한다. 패턴 완료 후 첫 번째 반전을 했지만, 곧 다시 돌아오는 경우가 많다. 이러한 상황을 설명할 때 반전(Reversal)이란 단어는 정확하지 않다. 이 단어를 구별하기 위해 반응(Reaction)이라는 개념이 있다. 어떤 가격도 매번 바로 드라마틱하게 오르거나 내릴 수 없으며, 이것은 자연적인 이치로 언제나 패턴이 환상적인 반전을 쉽게 안겨주지 않는다.

하모닉 패턴의 관점에서 초기 패턴의 완성은, 자연 주기의 유형을 나타낸다. 비록 그 패턴이 반전에 실패해 하모닉 반전 위반이 될지라도, 하모닉 패턴의 형태는 기본적으로 가격 수준의 지지 또는 저항을 구별해 나타낸 구조물이다. 이상적으로는 PRZ에서 테스트 후 즉시 반전이 실행되어야 하지만 그렇지 않으므로 프로세스 전반에 걸쳐 실행 및 관리 결정을 용이하게 하는 전략들을 아는 것은 필수다.

하모닉 트레이딩에서 측정된 패턴이 정확하게 반전할지에 대해 판별할 수 있는 기회는 초기 반응의 구조를 형성하는 과정에서 일어난다. 이런 타입 1 상황은 타입 2의 상황과는 다름을 이해해야 한다.

터미널 바가 설립됨에 따라, 가격은 PRZ의 모든 숫자를 테스트한 직후에 반전되어야 하며, 이때 최소 38.2~61.8% 사이의 되돌림 범위를 테스트해야 한다.

초기 반전의 특성상 공격적이고 자동적으로 관리되어야 하며, 이런 거래들은 날카롭고 빠른 반응을 하고 있다. 이러한 상황들을 활용하는 성공의 핵심 열쇠는 이 가격의 움직임이 작은 반응인지, 큰 반전으로 연결될지를 구별하고 분석해내는 것이다.

타입 1과 타입 2

•

타입 1(Type-1)

먼저 패턴들을 분류하고 식별했다면, 실행 단계에 접어들고 이후 관리를 용이하게 하는 변수들을 고려해야 한다. 따라서 가격 수준을 정의하는 패턴 식별은 시작점에 가깝고 매 순간 확인하며 관리하는 것이 중요하다. 패턴을 식별하고 가격 완료 지점에서 실행되어 빠르게 PRZ 영역 테스트를 한 후 본격

그림 5-3 | 이상적인 반전의 예시(1.902 딥 크랩 패턴)

적인 반전을 시작해 단기간에 최소 이익 목표 구간인 T2 이상까지 도달한다
면, 정말 감사한 일이다.

타입 1로 패턴 관리가 마무리되는 것은 이상적인 반전 형태로, 패턴 완료
후 반전을 곧 시작해 오랜 기간 반전 추세를 유지하는 단순한 형태를 말한다.
그러나 가격의 흐름이라는 것은 단순하지 않으므로, 초기적인 반응을 항상 고
려해 하모닉 패턴을 효과적으로 관리할 수 있도록 노력해야 한다. 정리하자면
타입 1에서의 핵심 포인트는 작은 반응 대 큰 반전이다. 터미널 바의 완성은
실행의 공식적인 시작 지점을 나타낸다.

이상적인 반전의 예시로 그림 5-3의 딥 크랩 패턴을 살펴보자. 이 경우 패
턴이 완성되고, 터미널 바 아래로 가격이 내려간 이후 힘이 있는 추세의 기울
기를 유지하며 지속해서 큰 하락세를 보여주었다. 이런 경우가 이상적이라

할 수 있고, 한 번에 반전을 잘하는 이 유형이 바로 타입 1의 기본적인 반전 형태다.

그러나 매번 이렇게 패턴 완료 후 한 번에 완벽한 반전을 보여주지는 않는다. 그런 이유로 최소한의 반등만 보여준 후 다시 한번 저점 또는 고점 테스트를 하는 경우가 빈번히 발생하며, 이런 경우에 타입 2를 고려하게 되는 것이다.

① **이상적인 타입 1 형태 반전(그림 5-4)**: 패턴을 관찰하다 보면 반전 이후 반복적이고 공통적인 특징들이 나타난다. 의사 결정의 최적화에 도움이 될 수 있는 전략들이 필요하며 반전의 신호를 알아차릴 수 있도록 노력해야 한다.

하모닉 패턴의 5개 점 X, A, B, C, D는 지지 및 저항의 영역으로 구성되어 있기 때문에 그 점의 영역 근처에서는 기본적으로 공통적인 반응을 보인다.

가격의 움직임에는 리테스트를 거치지 않고 첫 번째에 반전이 완료되는 경우와 아닌 경우 사이에 수익성 있는 잠재력에 엄청난 차이가 있다는 것을 알아야 한다.

타입 1 하모닉 패턴의 반전이 한 번에 완성되는 경우는 대부분 짧은 시간 내에 뚜렷한 반전을 보여준다.

② **타입 2로 이어지는 타입 1의 형태(그림 5-5)**: 타입 1은 기회가 훌륭하지만 리테스트를 거칠 수 있으므로, 좀 더 적극적이고 능동적으로 대처해야 한다. 타입 2로 이어질 때는 터미널 바의 완료에 따른 가격 반응은 일반적으로 이익 실현을 초기에 가능하게 해주지만, 오래가지 못한 채 전체 패턴 완료 지점 PRZ 테스트를 다시 마주하게 된다.

PRZ를 테스트하는 것은 가장 중요한 고려 사항이며, 이 경우 PRZ와 터미널 바를 기준으로 삼아 분석하고 판단하는 전략은 적극적인 관리 전략의 기

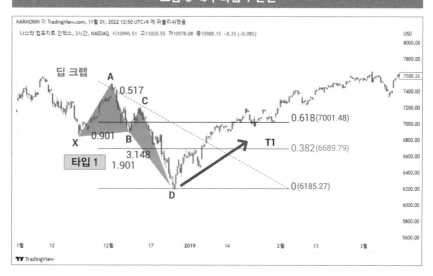

그림 5-4 | 타입 1 반전

그림 5-5 | 타입 2 반전

초다.

③ **타입 1 관리 요약:** 타입 1은 즉각적인 패턴 반전을 뜻하기 때문에, 각 상황에 대해 미리 결정된 전략과 제한적인 선택 사항이 있다. 대응 계획과 목표가 미리 세워져 있어야 하며, 터미널 바를 기준으로 분석 초점을 맞추어야 한다. 때로는 PRZ를 테스트 이후 빠르게 진행될 수 있으므로 순발력과 적극적인 모니터링을 요한다.

- 이상적인 타입 1: 반전 지점 확립 이후, 즉시 반대 방향으로 반전하기 시작한다. 초기에 약간의 시간이 필요할 수 있지만 그래도 터미널 바의 형성 이후 더 이상의 고점 또는 저점을 수립하지 못하고 내려가는지 살펴보아야 하며, 터미널 바가 완성된 이후 3~5개의 가격의 막대 캔들 바 이내에서 즉각적이고 명확한 지속성을 입증한다.
- 타입 2로 이어지는 타입 1: 때로는 패턴 완료 이후 확인을 기다리는 것이 유리할 수 있으며, 최소한의 이익을 가져갈 수 있을 때, 적극적으로 취해야 한다. 타입 2로 이어질 수 있지만, 그대로 실패로 이어지는 경우가 있으므로, 이익에 대해서만큼은 최소한의 이익을 지키려는 대응 자세가 중요하다. 이때 타입 1 이후 타입 2의 기준은 타깃 1의 구간에 도달했는가가 중요한 기준이므로, 꼭 되돌림 반응의 피보나치 비율을 확인해야 한다.

타입 2(Type-2)

타입 2라는 형태는 첫 번째 반전에서 추세를 계속 유지하지 못하고 다시 한 번 PRZ 영역으로 되돌아와 반전을 재시도하는 경우를 이야기한다. 이는 '타입 1의 시도를 거쳐서 타입 2에 도달했다'라고 말하며, 타입 1에서 최소한의 반응을 주고 PRZ 리테스트를 통해 반전을 재시도함을 의미한다.

하모닉 이론에서는 W자와 M자형 구조에서 중요한 되돌림 이후 최소 타 깃을 되돌림 0.382 구간에 두고, 그다음 타깃을 0.618에 두는 것이 일반적이 라 할 수 있다. 그림 5-6은 일반적인 형태를 예시로 작성한 것이며, 패턴별로 조금씩 다르게 설정될 수 있다. 타입 2의 경우는 첫 번째 최소한의 반응 이후 PRZ 영역을 다시 한번 지지 또는 저항을 확인한 상태다. 두 번째 시도 추세의 힘이 더 셀 것으로 생각해, 일반적으로 반전 최소 이익 목표 구간을 타깃 2의 수익 구간을 첫 목표로 잡는 경향이 있다.

반대로 말하면 되돌림 0.618 구간에 도달하기 이전 2차 시도의 반전 추세

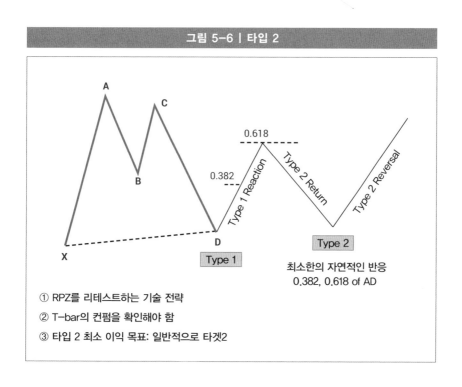

그림 5-6 | 타입 2

① RPZ를 리테스트하는 기술 전략
② T-bar의 컨펌을 확인해야 함
③ 타입 2 최소 이익 목표: 일반적으로 타겟2

가 머뭇거린다면 기존 추세가 매우 강함을 의미하는 것이니, 타입 2가 아닐 경우를 생각해야 한다.

W자나 M자형을 가진 기본 하모닉 구조에서 피보나치 비율 0.382와 0.618은 최소한의 자연적 반응이라 한다. 따라서 AD의 0.382를 최소한의 자연 반응의 첫 목표가 기준으로 삼으며, 반전 1차 시도 때 최소한의 반응인 되돌림 0.382인 타입 1의 최소 이익 목표가를 거친 후 리테스트를 하는 것이, 타입 2의 형태를 고려할 수 있는 최소한의 기준이 된다.

즉 이때 중요한 것은 타입 1의 목표가 성립 여부에 관한 판단이다. 일반적으로 'T1=0.382 of AD'가 1차 익절 목표 지점이며, 이후 되돌아가는지 확인하는 것이 중요하다. 그렇다면 0.382까지 도달하지 못하는 반응은 타입 1의 실행 단계 상태에서 잠시 추세가 정체 중이거나, 패턴 반전의 실패일 가능성이 있다.

그러므로 T1이라는 되돌림 영역이 타입 2의 형태를 판별함에서 중요한 기준이 되며, 관리 단계로 들어서기 전 터미널 바의 컨펌을 확인하는 전략이 패턴 식별 이후 실행 단계에서 가장 중요하다 할 수 있다.

하모닉 패턴의 관리에서는 기본적으로 추세선을 사용해 시장의 반전 지속성을 판별해야 하며, 타입 2 같은 경우에는 시간이 더 걸릴 수 있지만 더 큰 반전이 실현될 수 있음을 기대한다.

타입 2 반전 타입은 PRZ 영역을 리테스트하는 별도의 기술 전략으로, 타입 1과 구분된다. 타입 2는 터미널 바를 설정하고 패턴이 완료됨에 따라 확인하고 시나리오를 미리 세워두는 전략이 필요하다. 타입 1과 타입 2 사이에 형성되는 이차적인 작은 패턴의 조합을 예상하고 활용해 사용할 수도 있다. 타입 1 반전 시 초기 추세선의 형성 및 구조 판독에 따라 타입 2의 가능성이 있는

그림 5-7 | 타입 2 실제 예시

지 확인해야 한다. 타입 2 반전은 타입 1의 초기 이익 목표가 실현된 이후 전개될 수 있다.

그림 5-8을 보자. 샤크 패턴의 T1값인 0.5 구간에 도달하지 못했다. 타입 1의 반응 후 타입 2 반전 성공이 아닌, 타입 1에서 추세를 바로 반전시키지 못하고 말아 올려(Rollover), 다시 한번 저항 테스트를 했다. RSI 컨펌이 확정되면서 1.27의 하모닉 최적의 가격(HOP)에서 반전을 잘한 경우라 해석할 수 있다. 즉 가격이 반전해야 하는 구간에서 바로 반전하지 않고 PRZ를 리테스트 했지만, 이 경우는 단지 반전 실행 시간이 지연된 타입 1의 반전에 성공한 것이다.

타입 1 당시의 짧은 랠리에 상관없이 타입 2의 PRZ 리테스트는 원래의 반전 영역 구간에서부터 다시 초점을 맞추어야 한다. 타입 2에서는 반전이 전개

그림 5-8 | HOP에서 RSI를 사용하는 전략

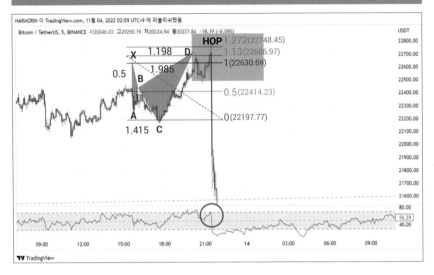

됨에 따라 더 많은 통합을 허용하는 것이 중요하다. 타입 2는 첫 번째 반전에서는 큰 반전으로 이어지지 못했지만, 두 번째 반전 시도에서 진정으로 반전이 이루어질 가능성에 대한 설정이라 볼 수 있다. 그러므로 일반적으로 타입 1에서는 T1을 초기 이익 목표가로 설정한다면, 타입 2에서는 T2의 구간을 초기 이익 목표로 설정한다.

타입 1의 반응이 완료된 후 원래의 PRZ 영역의 숫자들을 테스트한 후 '타입 2의 터미널 바'를 새롭게 기준으로 설정할 수 있다. 이후 바로 반전에 성공할 수도 있지만, 이 경우에도 몇 개의 캔들 막대 바로 시간이 필요할 수도 있다. 또한 일반적으로 지지 또는 저항을 재차 확인한 상태이므로, 보편적으로 T2의 구간을 초기 이익 목표로 설정한다. 타입 2 반전은 하모닉 패턴이 확인된 이후 이전보다 더 큰 움직임의 가능성이 잠재된 상황이다.

그러나 타입 2 반전의 가능성에서 또렷한 추세 반전 없이 기존 추세를 유지하려는 양상이 보인다면, 기존 추세를 지속하려는 힘이 강하다는 것을 의미한다. 이럴 때는 추세 추종 전략을 사용하는 것이 좋다. 타입 3은 더 이상 없다.

하모닉 타입 1, 타입 2 유형 결론

즉각적인 반전과 약간의 통합의 시간이 필요한 반전 사이에는 분명한 차이가 있다. 이 기본적인 이해에는 첫 번째에 패턴이 완료된 이후 추세가 어떻게 진행되는지, 만약 그렇지 않다면 2차 리테스트를 거쳐 다시 한번 반전에 성공하는지의 중요성을 인지하고 있어야 한다.

하모닉 패턴의 반전은 매번 이상적이지 않다. 그러므로 경우의 수에 따라 차별화되고 구별되어야 이익을 극대화하고 하모닉 패턴을 전반적으로 사용할 수 있다.

또한 패턴 완료 시 확인하는 컨펌 전략은 모든 실행에서 기회를 검증하는 가장 효과적인 수단 중 하나다.

타입 1과 타입 2 반전 개념은 전체 방법론의 필수적인 개념이며, 각 상황에서 구체적인 기대치가 있으므로 가격의 흐름을 살펴 적극적으로 관리해야 한다. 또한 반전은 잠재적인 이익 목표에 대해 큰 기대치를 가지지만, 이러한 상황에서는 여러 가지 확인되어야만 하는 요소들을 재차 평가하고 지속적인 모니터링을 통해 판단해야 할 것이다.

추세와 기울기를 이용한 관리 전략

이익 실현 관리 전략 2가지

•

이익 실현 전략은 크게 2가지로 나뉜다. 첫 번째는 기계처럼 최소 이익 목표가 설정을 통해 자동화된 관리를 하는 자동 이익 목표 설정이 있고, 두 번째로는 추세와 다른 요소들을 스스로 판별하여 지켜보면서 이익의 극대화를 노리는 재량 이익 목표 설정 전략이 있다. 이러한 전략은 개인의 재량과 선호도에 따라 선택할 수 있다.

익절 전략

- 자동 이익 목표 설정: 기본 설정대로 기계적으로 익절하는 전략
- 재량 이익 목표 설명: 이익을 최대한 많이 실현하기 위한 전략

이 2가지 전략의 장단점을 비교해 보자.

자동 이익 목표 설정(Automatic Profit Targets)

이 전략의 목적은 최소한의 수익이라도 보장하기 위함에 있다. 또한 최소

이익 목표가를 정할 때는 일반적으로 통용되는 타겟 1 목표가의 기본 설정 기준을 따른다.

대표적인 장점으로는 감정을 배제하고 일관된 매매 방식을 구사할 수 있다. 그러므로 스윙 트레이딩이나 데이 트레이딩에 적합하다. 그러나 만약 익절한 이후 오래도록 기존 추세가 유지된다면 아쉬울 수 있다.

재량 이익 목표 설정(Discretionary Profit Targets)

이 전략은 반전의 잠재력을 최대한 실현해 가능한 한 오래 포지션을 유지해 수익을 극대화시키는 것에 목적이 있다. 포지션을 길게 유지하는 장기적인 전략을 구사하는 방식에 적합하다. 한 추세가 강한 방향성을 띨 때 크게 수익을 가져갈 수 있다는 장점이 있으나, 이익이 본절로 돌아오는 경우가 생긴다면 아쉬움이 생길 수 있다.

이러한 선택과 집중을 함에 있어 자금 관리와 분배, 거래 방식과 투자 기간 등을 고려해 2가지를 혼합해서 사용하는 전략 또한 생각해 볼 수 있으며, 추세선과 기울기를 이용하는 전략은 판단할 때 매우 효과적이고 중요하다 할 수 있다.

『하모닉 트레이더』의 저자 스콧 카니는 다음과 같이 말했다.

이것은 주관적인 규칙이지만, 너무 큰 욕심을 부리지 않는 것이 중요하다.

기본 추세선과 가속 추세선

•

'추세선(Trendline)'을 사용하는 것은 거래 관리의 정확성을 높이기 위한 전략으로 목표가와 함께 적극적으로 사용될 수 있으며, 효과가 좋다. 추세선을 이용해 모든 위치를 관리하고 상황에 따라 최적의 성공과 실패 영역을 표시해 대응하도록 하자.

하모닉 패턴은 본디 피보나치 비율을 바탕으로 대칭성 있는 모양을 시각화시켜 쉽게 익힐 수 있도록 패턴화했고, 의미 있는 자리들을 도출해 놓은 상태다. 하모닉 패턴의 완료 후 반전을 시도했고, 이후 성공해 가격 행동이 안정되고 새로운 랠리가 시작되었다면 추세선을 이용한 이익 관리를 위한 구체적인 전략이 필요하다. 얼마나 추세를 잘 지키는지, 그리고 추세의 힘을 판단해야 한다. 완료된 패턴에서 반전 후 가격 작용으로 확립된 추세선의 정도를 2가지로 분류했다. 반전 시 추세의 기울기는 일반적으로 기본 추세선과 가속 추세선을 구별해 측정한다.

① 기본 추세선(Primary Trendline) ≥ 45도 기울기 이상
② 가속 추세선(Accelerated Trendline) ≥ 60도 기울기 이상

기본 추세선은 45도가 기준이며, 가속 추세선은 60도가 기준이다. 45도 이상이라는 것은 이상적인 수치다. 그 수치에 조금 못 미치더라도 추세의 강도가 좀 약하다고 이해하고, 추세선을 그려두어 살펴야 한다. 강력한 반전이 이루어질 때는 최소 45도 이상의 각도를 유지하는 기본 추세선의 결정적인 연속성과 함께 가파른 가속 추세선을 갖는 경우가 많다.

그림 5-9 | 가파른 추세선의 예시

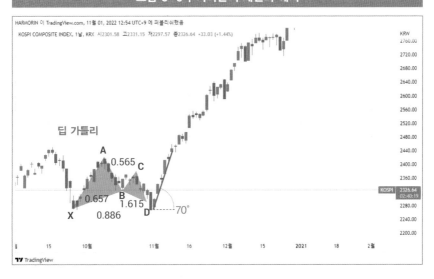

그림 5-10

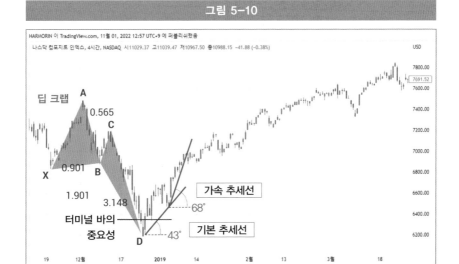

각도는 차트의 모양을 변형시킴에 따라 변할 수 있다. 그러므로 여기서는 기본 상태에서의 설정 각도를 이야기하며, 약간의 유연함을 허용한다.

예시를 살펴보자. 그림 5-10은 기본 추세선이 45도에 조금 못 미쳤으나 어떠한 반전 추세의 형태를 띠고 있다. 항상 현실과 이상의 차이에는 약간의 오차가 발생할 수 있다. 그렇기 때문에 이 구간에서는 확인된 추세를 표시해야 하며, 이후 가속화되는 추세선으로의 연결은 종종 나타난다. 가속 추세선은 보통 짧게 가지고 가는 경우가 많으므로, 추세선을 계속 그려가며 대응해야 한다.

또한 관리 단계에서 추세선과 함께 패턴 완료 시 형성된 터미널 바를 눈여겨보아야 한다. 보통 반전에 성공할 때는 터미널 바 테스트를 거친다. 짧은 형태의 랠리를 거쳐 재차 테스트를 시도했으나 상승의 힘이 터미널 바를 지지하면서 반전에 성공하며 신호를 다시 한번 확인했고, 이후 크게 상승했다.

RSI 추세 전략

•

앞서 RSI 뱀에서 다루었듯, RSI는 하모닉 패턴에 없어서는 안 될 핵심 전략의 일부다. RSI를 판독함으로써 하모닉 패턴의 관리 전략에서도 유용하게 사용할 수 있다.

그림 5-11을 보자. RSI를 같이 살펴보면, 패턴이 생성되는 과정에 하락 추세선을 그려볼 수 있다. 이후 패턴이 완료되면서 RSI가 기나긴 하락 추세선을 돌파하는 순간이 보인다. 이 지점에서 돌파하는 것이 보인다면, 반전의 성공을 확인할 수 있는 신호로 작용한다.

또 다른 예시를 살펴보자. 그림 5-12는 먼저 패턴 완료 지점에 도달했으나,

그림 5-11

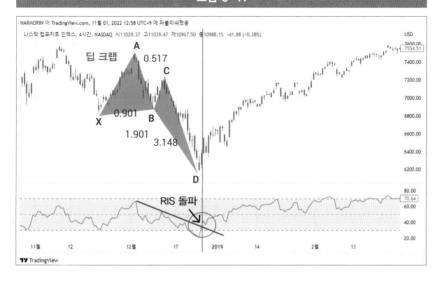

그림 5-12

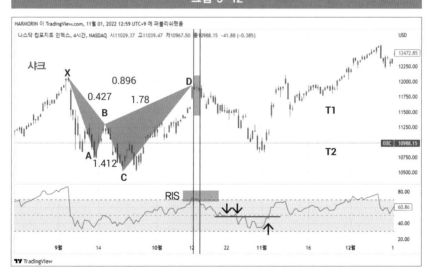

RSI가 과매수 영역에서 시간이 지연되며 닫히지 않고 있다. 그렇다면 일단 상황을 지켜볼 필요가 있으며, RSI가 닫히는지 지켜보아야 한다. RSI가 정상 영역의 범주 내로 닫혀야 반전이 시작될 수 있다.

만약 RSI가 닫히지 않고 계속 추세를 이어 나간다면 크게 올라갈 수 있는 것이다. 그런 이유로 RSI가 컨펌이 나는지 꼭 지켜보아야 하며, 가격 역시 시간을 끌며 패턴의 반전에 약간의 통합의 시간을 거치고 있다. 이후 상승의 추세를 지속시키지 못하고 반전에 성공하게 된다. 이 경우 RSI의 50선 관찰을 통해 살펴볼 수 있다. 50선 이하로 떨어진 후 재차 50선 위로 올라가려고 시도했으나, 저항에 부딪혀 올라가지 못하는 모습이다. 관리 단계에서 이런 부분은 아직 이익 포지션을 정리하지 않아도 된다는 신호이며, 만약 50선 위로 재차 올라가게 된다면 추세가 바뀔 수 있다는 신호다. 따라서 RSI 50선을 살펴야 하며, 관리에 적극적으로 이용할 수 있다.

큰 추세 속 작은 추세를 고려하는 복합 전략

추세 내에서 패턴을 분석할 때, 모든 패턴은 반전에 잠재적인 가능성이 있는 가격의 미래 일정표이지 확신을 가지는 정해진 일정표가 아니라는 원칙을 항상 기억해야 한다.

이러한 패턴들은 더 큰 추세의 맥락과 함께 살펴야 하며, 패턴이 겹쳐 있을 때 복합적인 가격 신호를 제공할 수 있다. 또한 하모닉 이론이 대체적으로 역추세 매매라는 편견이 있는데, 이를 잘 생각해 보아야 한다. 큰 추세의 흐름에서 작은 추세를 판별할 때 하모닉 패턴을 이용한 전략으로 역추세와 추세 모두 구사할 수 있어야 하며, 추세와 역추세 모두를 따르는 매매가 가능하다.

① 확립된 추세 내에서 하모닉 패턴의 완성은 가까운 추세의 중요한 표지판 역할을 할 수 있다.

② 추세 내에서 잠재적 반전 영역(PRZ)은 이러한 연속 영역이 완료되는 위치를 측정하고 정확하게 파악하는 역할을 한다.

③ 하모닉 패턴은 고유의 특성을 가지고, 채널의 상단·중단·하단 부분에서 지지 또는 저항의 역할을 판별할 때 채널 안에 갇혀 있는 틀 안에서 판단에 큰 도움을 줄 수 있다. 이 채널 안에서 추세 방향과 역추세 방향을 모두 구사될

수 있다.

④ 때로는 되돌림 패턴들은 제한된 채널 내에서 채널 연결의 통합적 영역으로 발전될 수 있다. 확장 패턴들은 구조적으로 확장이라는 뜻이 내포되어 있으므로 더 극단적인 가격 행동을 보여주는 경향이 있다. 이러한 방식으로 우세한 추세는 기존의 채널 지속성을 위협하는 행동을 취할 수도 있다.

확립된 추세 채널 내에서의 AB=CD 패턴

●

추세 채널 내에서 판별할 수 있는 가장 간단한 구조는 AB=CD 패턴이다. 실제로 많은 AB=CD 패턴은 우세한 방향성 안에 계속되는 최소한의 요구 사항이다.

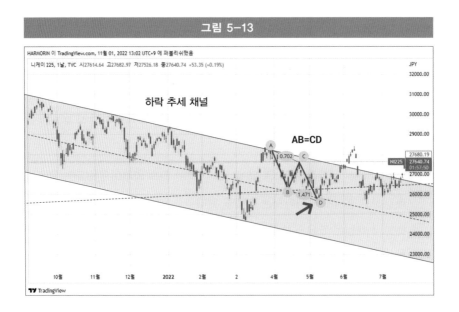

그림 5-13

그림 5-13을 보자. 큰 하락 채널의 상단 부분을 뚫지 못하고 하락했다. 이후 AB=CD 패턴을 완성했고, 채널 중단에 도달했다. 이후 채널을 중단에서 지지받으며 상승했고 이런 경우 하모닉 패턴을 이용해 긴 하락 추세 속에서 역추세 진입에 성공할 수 있다.

그러나 다시 돌아와 채널 상단에 도착했고, 뚫었지만 다시 하락해 채널에 재진입한다면, 관리 측면에서 포지션 정리를 할 수 있어야 한다. 이러한 부분은 추세 채널 안에서 주요 채널의 상·하단 영역을 계속 테스트하는 것 또는 채널을 이탈하는 것을 염두에 두고 이익을 지키려는 전략을 세워두어야 한다.

추세 채널을 이용한 하모닉 패턴

•

많은 경우 채널 내에서 형성된 복잡한 패턴은 기존 추세의 지속을 알리는 경우가 많다. 또한 이러한 패턴들은 확립된 추세 채널 안에 갇혀 위치할 때 훨씬 더 큰 의미가 있다.

그림 5-14를 보면 하락 추세를 형성했고, 채널 내에서 가틀리 패턴이 형성되었다. 0.618을 B점으로 가지는 패턴에는 가틀리 패턴과 크랩 패턴을 생각해 볼 수 있다. 이 경우 추세선을 고려한다면 가틀리 패턴에 일단 무게를 두는 방식을 생각해 볼 수 있었다. 약세 가틀리 패턴은 작은 추세를 판별할 수 있고, 현재 큰 추세 방향인 하락 추세와 같은 방향을 표시하고 있으므로 좋은 수익을 얻을 수 있다고 판단할 수 있다.

이후 반등에 짧게 성공했지만 재차 하락한다. 이 경우 0.618의 B점에서 지지했고, 다시 재차 상승을 시도했으나 실패한다. 다시 한번 B점을 넘어서려

그림 5-14

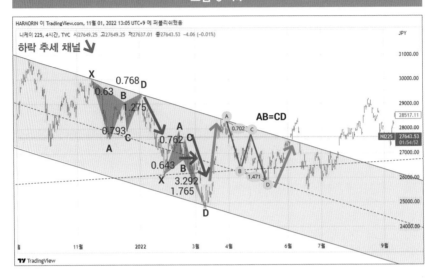

그림 5-15

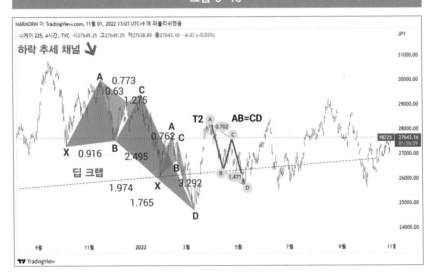

는 가격의 시도가 있었지만, 채널 중단을 넘지 못하고 실패한다. 이 경우 뱀 이론을 접목시켜, 미리 크랩 패턴의 완성 가능성과 함께 계속되는 큰 하락 추세의 연장을 생각해 볼 수 있다. 채널 하단부에 도달한 이후 반등에 성공했으나 채널 상단 부분에서 저항을 받았고, 다시 하락하는 과정에서 강세(Bullish) AB=CD 패턴이 완성되었다. 채널 중단에서 다시 한번 지지를 받은 뒤, 반전에 성공해 짧은 상승 랠리를 시작했다.

그림 5-15를 보자. 큰 딥 크랩 패턴 안에 속해 있는 작은 패턴들까지 복합적으로 생각해 보면 하모닉 패턴을 아주 유용하게 사용할 수 있다. 작은 가틀리 패턴은 큰 딥 크랩 패턴의 A와 C점을 구성하고, 채널 안에서 크랩 패턴과 딥 크랩 패턴이 같은 방향으로 흘러가고 있다. 그러므로 가능성 있는 기회의 조건을 좀 더 비중 있게 생각해 볼 수 있으며, 이후 반전의 가능성에서 좀 더

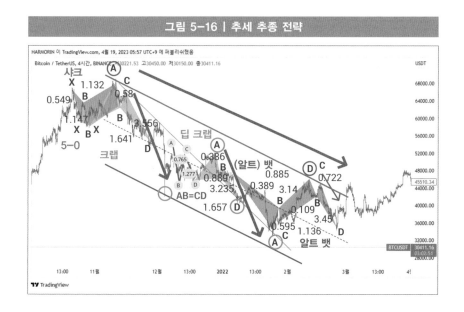

그림 5-16 | 추세 추종 전략

높은 확률의 이익을 기대해 볼 수 있다. 이렇게 복합적으로 생각의 흐름을 늘려나가는 게 중요하다.

채널 내에서, 크게는 추세를 추종하는 전략의 실전 예시를 함께 살펴보자.

하모닉은 추세를 추종하며 추세에 따라 효과적으로 사용될 수 있다. 그림 5-16에서 큰 추세의 흐름을 하락 추세라고 보면 기본적으로 패턴 완성 후 하락 추세로 반전이 점쳐지는 약세(Bearish) 패턴이 예상될 때 매우 좋은 진입 자리가 될 수 있다. 큰 추세의 흐름에 따라 채널링을 한 후, 채널이 어느 정도 윤곽이 잡히면 하모닉 패턴들이 채널 안에서 생성된 모습을 찾아볼 수 있다. 그러면 채널의 틀 안에서 하모닉 패턴들에 따른 좋은 진입 자리가 나타날 수 있다.

채널 하단 부근에서 예측되는 패턴에서는 롱 포지션을 진입하기 좋고, 채널 상단 부근에서 예측되는 패턴들은 숏 포지션을 진입하는 계획을 세워 볼 수 있다. 또한 일반적으로 큰 추세가 하락 추세일 경우, 같은 추세 방향인 매도(Short, 숏) 진입을 노린다면 좀 더 큰 수익이 날 수 있고, 매수(Long, 롱) 진입 시 추세의 세기가 약할 수 있다. 그러므로 추세에 반하는 매매를 하고 있다면, 하모닉 패턴의 PRZ에 도달하더라도 필요하다면 최소한의 이익을 취하고, 지속적인 모니터링을 통해 포지션을 관리해야 한다.

그림 5-16에서 크랩 패턴을 보면 0.382 구간의 되돌림만 준 채 강한 하락 추세의 모습으로 짧은 반등 이후 강하게 내리꽂았다. 이는 큰 추세가 하락 시에는 강세(Bullish) 크랩 같은 확장 패턴들의 PRZ에서 반전을 기대했더라도 더 큰 역추세 매매임을 인지하고 조심해야 함을 알 수 있다.

하모닉 시간론: 시간 고려 사항
(Time Considerations)

추세라는 것은 항상 흐름이 같은 것은 아니다. 추세의 방향이 바뀔 때는 급하게 변할 수도 있겠지만, 대부분 새로운 추세를 시작하는 데는 시간이 필요하다. 어떠한 시간 프레임이 기준인지에 상관없이 각 하모닉 패턴의 반전에는 패턴의 크기에 따라 일정 시간이 필요할 수 있다. 추세 기반 피보나치 시간 툴을 사용해, 대략으로 측정해 볼 수 있다. 물론 가격의 흐름만큼 중요하지는 않지만, 그래도 중요하다.

① 대칭성 있는 동등한 시간 완료
② 대체 시간의 범주

하모닉 이론의 시간론에서는 크게 2가지의 요소를 생각해 보는 것이 중요하다. 물론 언제나 같지 않고, 규격에 정확하게 딱 들어맞지 않을 수도 있다.

시간의 대칭성

•

일반적으로 하모닉 패턴에서 X점부터 B점까지의 시간은 나머지 대칭하는 패턴을 완성하기까지 어느 정도 비슷한 시간이 걸린다. 이를 하모닉 패턴의 시간에도 패턴과 마찬가지로 어느 정도의 대칭성을 생각해 볼 수 있다. AB=CD도 유사한 방식으로 대칭 패턴을 완성하는 데는 동등한 시간이 걸린다. 동등한 시간 동안 대칭 패턴을 완성하고 PRZ로부터 가파른 추세로 반전을 하는 것은 매우 이상적인 경우다.

중요한 것은 패턴을 예측할 시 동일한 시간에 도달할 때까지 패턴이 완성되지 않고 옆으로 가거나 하면, 의구심을 가지고 패턴 파기를 생각해 보아야 한다는 것이다.

대체 시간 계산

•

기본 하모닉 트레이딩 비율의 동등한 시간은 언제나 일어날 수는 없다. 시간적인 흐름의 고려 사항은 보통 0.382에서 시작해 1.618까지 확장된다. 대칭 패턴이 동일한 시간에 완료되지 않는 경우도 많다. 그러나 너무 짧은 시간에 가파르게 CD가 완성된다면, 패턴의 완성과 반전에 대해 의구심을 가져야 한다.

X에서 B까지 걸린 시간에서 나머지 대칭 패턴이 완성되는 데 걸리는 시간은 최소한 0.382만큼은 채워야 한다. 또한 너무 빨리 패턴이 완성되면 일정 시간이 채워질 때까지 가파른 반전을 하지 않고 시간이 더 필요할 때가 있다.

시간 1을 채우는 순간 강하게 반전할 수 있다. 요약하면 0.382로 안 채워주는 너무 짧은 시간 안에 완성이 된다면, 반전이 지연되거나 다시 한번 PRZ를 테스트할 수 있으며, 패턴 완성의 여부 또한 재고되어야 하기에 중요하다.

그림 5-17 | 1:1의 이상적인 소요 시간

HARMORIN 이 TradingView.com, 11월 01, 2022 13:07 UTC+9 에 퍼블리쉬했용
알리바바 그룹 홀딩즈 Ltd., 4시간, NYSE 시64.25 고64.38 저63.58 종63.62 -0.66 (-1.01%)

X 0.933
0.513
D
B 1.707
A 1.159
C

52봉 37날 볼륨 19,689M 54봉 40날 볼륨 16,953M

시간 0 0.382 0.618 1 1.382 1.618 2 2.382

그림 5-18 | 추세 기반 피보나치 시간 툴로 측정

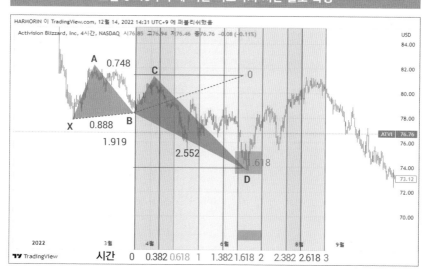

HARMORIN 이 TradingView.com, 12월 14, 2022 14:31 UTC+9 에 퍼블리쉬했용
Activision Blizzard, Inc, 4시간, NASDAQ 시76.85 고76.94 저76.46 종76.76 -0.08 (-0.11%)

A 0.748
C 0
X 0.888 B
1.919
2.552
1.618
D

시간 0 0.382 0.618 1 1.382 1.618 2 2.382 2.618 3

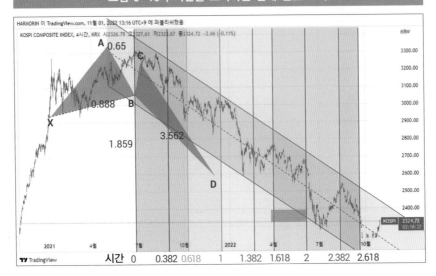

그림 5-19 | 시간을 고려하는 실패 신호 포착

그림 5-17은 시간을 1로 거의 동등하게 마무리했으며, 반전도 아주 잘된 이상적인 케이스다. 물론 1이라는 시간은 대안 가능하기 때문에 시간이 지나도 대체 가능한 시간의 폭이 있다. 그러므로 1을 넘었는데 반전이 지연된다 해서 섣불리 패턴 실패를 예측해서는 안 된다. 그림 5-18의 경우에는 1보다 더 큰 시간인 1.618 정도의 시간이 필요했다. 시간이 조금 지체되었을 뿐 반전은 아주 훌륭하게 된 경우라 할 수 있다.

반면 시간의 요소를 고려해 반전 실패의 신호 또한 포착할 수 있다. 그림 5-19는 1.618이라는 긴 시간까지 반전에 뚜렷한 방향성을 나타내지 못했다. 이런 경우에는 반전의 성공 가능성에 의구심을 가져볼 근거로 사용될 수 있다.

일반적으로 아무리 짧게 오른쪽 대칭 부분이 완성되어도 0.382의 시간보다

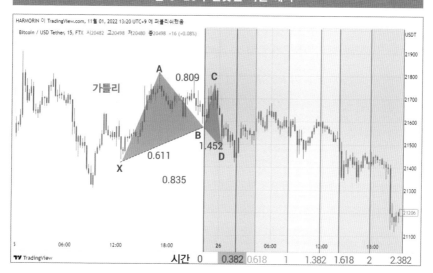

그림 5-20 | 잘못된 식별 예시

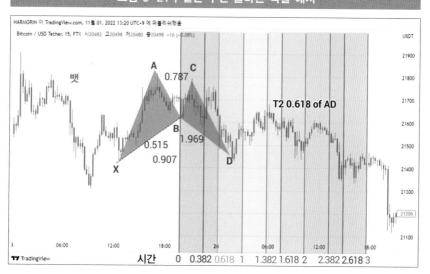

그림 5-21 | 같은 구간 올바른 식별 예시

는 더 필요로 한다. 만약 0.382의 시간에 도달하기 전에 패턴 완성이 되었다면 PRZ 리테스트를 염두에 두는 것도 하나의 전략이 될 수 있다.

그림 5-20과 같이 이 구간에서 가틀리 패턴으로 해석하는 것은 좋지 않다. 첫 번째로 오른쪽 부분이 완성된 시간이 너무 짧다. 보통 최소한 0.382 이상의 시간이 필요하다. 이런 경우 오히려 이런 식의 대칭성 있는 안정된 구조의 하모닉 패턴을 구사하는 것이 맞다. 여러 가지 근거를 항상 복합적으로 생각해 결정을 내리는 것은 당연하며, 가격의 흐름을 따라가는 것은 단순하지 않다. 그림 5-21은 동일 구간을 다른 패턴으로 해석한 것이다.

반전에 실패한 패턴 사용법

대부분의 실패하는 패턴은 신호가 명백하지만, 할당된 판단의 시간은 매우 촉박하다. 우리는 신호를 알아차리지 못하거나 헷갈릴 수도 있으며, 이 판단의 순간은 매우 짧다. 그러므로 패턴이 완료되고 확인 후 들어가는 것도 하나의 좋은 전략이 될 수 있는데, 기술적인 증거들을 찾아 확인해야 한다. 그러나 때로는 원칙을 세워 놓았음에도 불구하고 잘 지키지 못할 때도 많다.

이 단계를 진행하는 과정에서 우리는 때때로 패턴을 그려 놓고 반대쪽 시선을 덮어버린 채 편향된 사고를 하기도 한다. 하지만 예상 시나리오의 실패를 고려해야 한다. 패턴이 실패하고 기존 추세를 강하게 이어 나가더라도 실패한 패턴을 전략적으로 잘 이용한다면, 이것을 성공적인 수익으로 이끌 수 있다.

패턴이 중첩되어 예상되는 경우

실패한 패턴을 뒤집어 생각해 이러한 상황을 올바르게 식별하면 훌륭한 거래 기회를 잡을 수 있다.

실패한 패턴을 트레이딩하는 아이디어는 '기존 추세가 우세하다는 논리'

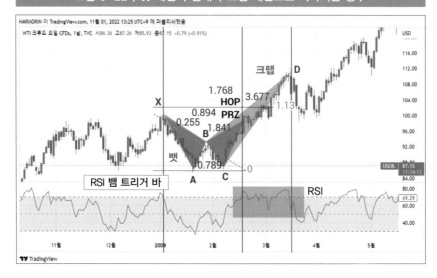

그림 5-22 | 뱃 패턴의 실패가 크랩 패턴으로 이어지는 경우

를 기반으로 한다. 패턴 완료 시 반전을 막연히 기대하는 고정관념의 틀에 갇히지 말자. PRZ가 내포하고 있는 의미와 하모닉 패턴의 5개 점이 가지고 있는 지지와 저항의 의미를 존중해야 하며, 언제나 중립적인 자세를 취해야 한다.

그림 5-22은 뱃 패턴이 먼저 형성되었으며, 뱃 패턴의 RSI 뱀도 잘 형성된 상태다. 그러나 패턴 이후의 단계에서 RSI가 떨어지지 않고 있음을 볼 수 있다. 그렇다면 패턴의 실패를 염두에 둘 수 있다. 더 큰 패턴의 맥락에서 크랩 패턴의 성공 가능성을 미리 파악해 염두에 두었다면, 패턴의 실패를 추세의 강한 지속성과 함께 생각해 성공으로 이끌 수 있다.

또 다른 예시를 살펴보자. 우선 첫 번째로 고려해야 할 점은 뱃 패턴은 크랩 패턴으로 발전할 수 있다는 생각이다. 그림 5-23은 RSI 뱀 형성이 정확하게

그림 5-23

HARMORIN 이 TradingView.com, 11월 03, 2022 21:42 UTC+9 에 퍼블리쉬했음
Decentraland / TetherUS, 1시간, BINANCE 시0.6387 고0.6431 저0.6361 종0.6376 -0.0011 (-0.17%)

되었으며, RSI도 굉장히 높은 상태였기에 추세가 충분히 0.886 구간에서 꺾일 것으로 생각할 수 있다.

그러나 30분봉 차트를 살펴보면 장대 양봉이 나오며 PRZ 구간을 강하게 위반하며 올라갔기 때문에, 패턴의 반전 실패를 예측해 볼 수 있다. 미리 반전을 염두에 두고 섣부르게 진입했다면 손실이 날 수 있으며, 뱃 패턴이 아니라고 해서 반드시 크랩 패턴으로 이어지는 것은 아니다. 그러므로 먼저 위반한 패턴 이후 나올 가능성이 있는 좀 더 큰 패턴의 반전을 막연하게 기다리는 것 또한 피해야 할 전략이라 할 수 있다.

다음 예시는 시총이 작은 코인 차트다(그림 5-24). 이런 경우에는 특히 순식간에 강하게 위반하며 힘을 크게 밀어붙이기 때문에 극히 조심해야 한다. 샤크 패턴은 PRZ 범위가 넓어 판단하기 어려울 수 있다. 그러나 예상했던 해당

그림 5-24 | 패턴 반전 위반의 강력함

구간에서 반전하지 않는다면 RSI의 과매수 구간에서 정상 범주로 들어와 하락 가속화되는 현상이 생기는지, RSI 컨펌 여부 등을 꼭 확인해야 한다.

이러한 전략의 설정을 통해 기대할 수 있는 목표는 반전 실패 여부와 상관없이 '패턴에 대한 중립적인 입장'을 취함으로써 수익으로 이끌 수 있어 매우 중요하다. 실패한 패턴은 초기에 생각했던 결과를 산출하지 못할 수 있지만, 종종 우세한 추세를 잘 파악해 수익을 가져갈 수 있다. 어떤 유형의 패턴이 형성될 수 있는지에 상관없이, 완성된 구조는 더 큰 추세의 맥락에서 복잡한 가격 행동으로 나타나며, 잠재적인 미래의 방향에 관한 중요한 정보를 제공한다.

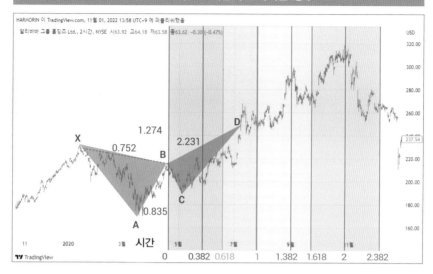

그림 5-25 | 1:1 시간이 초과되는 경우

시간을 고려하는 전략

　패턴 완료 후 시간을 이용해 다양한 전략을 세울 수 있다. 그중 대표적인 하나는 터미널 캔들 바 이후 30개 캔들 막대 완성을 지켜보며 기다리는 전략이고, 다른 하나는 '추세 기반 피보나치 시간' 툴을 이용한 전략이다.

　그림 5-25의 경우에 1을 기점으로 패턴 반전의 실패를 예측했다면 시간론의 1을 넘었다는 사실을 하나의 근거로 사용할 수 있다. 따라서 때에 따라 해석을 다르게 판단해야 하며, 하나의 근거를 더하는 용도로 이 시간론을 유연하게 해석해 유용하게 사용할 수 있다.

　이 같은 패턴들은 잠재적으로 연속점을 정의하기 위해 확립된 피보나치 비율의 정렬에 의존한다.

이러한 구성은 잘 확립된 추세 내에서 실행 영역을 파악할 수 있으므로 중요하다. 패턴의 완성은 예상 결과를 산출하지 못할 수도 있지만, 일반적으로 이동의 강도에 대한 증거를 미리 제공한다. 추세와 관련된 하모닉 패턴의 분석은 트레이딩에서 중요한 고려 사항이다. 어떠한 시간 프레임과 상관없이, 가격 행동은 일정한 채널을 고수하는 경향이 있다. 모든 가격 행동의 경우가 그런 것은 아니지만, 잘 정의된 채널을 보여주는 하모닉 트레이딩 상황에서 명확한 수익의 기회를 나타낸다.

지속적인 관리의 중요성

모든 거래 관리 변수는 미리 평가하고 계획을 세워두어야 한다. 언제나 반전이 크게 일어나서 큰 수익을 안겨주면 좋겠지만, 항상 반응(Reaction)의 관점에 반전(Reversal)이 명확해질 때까지는 주의 깊게 살펴보며 보수적으로 관리할 필요가 있다.

또한 터미널 바에 관한 판단과 해석이 아주 중요하며, 터미널 바의 형성은 실행 영역의 시작점을 알리는 구간이다. 따라서 이후의 시장 환경을 잘 정의해 적절한 예측과 계획을 세워야 한다.

수익 목표에 대한 전략에서 반전 후 초기 신호 모니터링은 아주 중요하다. 보조 지표 RSI의 진행 또한 유심히 파악하라. 꼭 RSI일 필요는 없다. 다른 근거와 여러 전략을 함께 사용하면 관리 전략을 훨씬 잘 세울 수 있을 것이다.

관리 단계는 최종 수익의 결과물을 위한 단계다. 현명하게 진입하는 것만큼이나 현명하게 정리하는 것은 중요하며, 여러 가지 복합적인 마음을 잘 다스리는 것이 무엇보다 중요하다.

HARMONICS

하모닉스
(HARMONICS)

하모닉에 대한 이해

하모닉 제대로 알기

•

하모닉(Harmonic)이라는 단어는 우리말로 '고조파'라고 한다. 고조파 하면 고주파를 떠올릴 수 있지만 고주파는 주파수가 높은 전자기파를 말하며, 고조파는 주기적 신호의 구성 요소로서 바로 하모닉을 뜻하는 것이다. 완전히 다른 개념이다. 하모닉은 기본 주파수(Fundamental Frequency)의 배수 주파수 성분을 말한다.

모든 고조파는 기본 주파수에서 가지고 있는 어떤 주기적 성분이 있다. 그 주파수가 2배, 3배, 4배와 같은 배수의 지점에서 유사한 특성을 가지게 되는 논리다(그림 1).

이러한 하모닉의 원리를 이용하는 대표적인 현대 기술로는 무선 주파수(Radio Frequency, RF) 기술이 있으며, 특히 전자기기를 사용하는 분야에서 중요성이 두드러진다. 스마트폰, 블루투스, 와이파이(Wi-Fi), 5G 등을 비롯해 RF 기술 전반에 걸쳐 전파를 송수신하는 거의 모든 분야에서 사용되고 있다.

이렇게 주파수의 수학적 물리학적 개념에서의 하모닉 특성은 음악에서도 사용된다.

그림 1 | 고조파

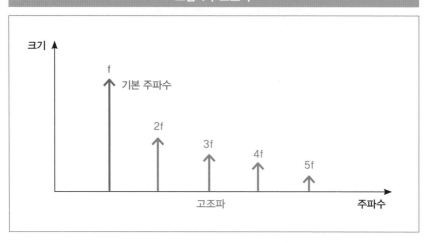

그림 2 | 파셜, 배음, 고조파

빈도	주문	이름 1	이름 2	이름 3	정상파 표현
1×f=440Hz	n=1	1차 부분	기본 톤	1차 고조파	
2×f=880Hz	n=2	2차 부분	1배 배음	2차 고조파	
3×f=1320Hz	n=3	3차 부분	2배 배음	3차 고조파	
4×f=1760Hz	n=4	4차 부분	3배 배음	4차 고조파	

음악에서 하모닉은 악기에서 소리를 생성하는 방법으로 여러 음을 만드는 원리다. 다양한 음으로 조화로운 음색을 만들어 어우러지게 함으로써 아름다운 음악을 구성하며, 이것을 음악에서 조화로운 화음이라는 뜻으로 하모니(Harmony)라 부른다. 현악기에서 하모닉은 현을 울리는 동안 현의 정확한 지점을 손으로 누르는 형태로 음의 높이를 조절하고 여러 테크닉을 구사하며 연주된다.

건반 악기에서의 대표적인 형태 하모닉이라는 용어는 음계(Scale)에서 사용된다. 음계는 장음계(Major Scale)와 단음계(Minor Scale)의 2가지로 크게 나뉜다. 우리가 흔히 아는 다장조(C Major)의 '도레미파솔라시도'가 하나의 장음계라 하면, 그 장조에는 관계되는 단조가 있다. 현대에서 사용되는 건반 악기에서의 단음계는 크게 3가지의 형태가 있다. 첫 번째는 자연 단음계(Natural Minor Scale)이며, 기본 형태다. 여기에서 파생된 2가지의 음계의 형태로 하나는 하모닉 단음계(Harmonic Minor Scale)이며, 나머지는 가락 단음계(Melodic Minor Scale)다.

이 중 하모닉 단음계는 가장 기본이 되는 화성 단음계로 불리며, 자연 단음계의 제7음을 반음 높인 단음계다. 자연 단음계에서 부족한 음색을 더해주는 기능으로 주로 화음(Chord)에 이용되기 때문에 붙은 명칭이며, 실제로 더 조화로운 화음과 음색을 가지고 있다.

이렇듯 하모닉이라는 용어는 음악, 물리학, 음향, 전자 전력 전송, 무선 기술 등 다양한 분야에서 사용되고 있다.*

---

*   Harmonic, Wikipedia

그림 3 | 현악기 줄에서의 하모닉

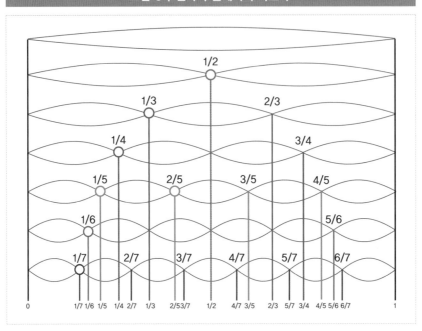

그림 4 | 하모닉 단음계

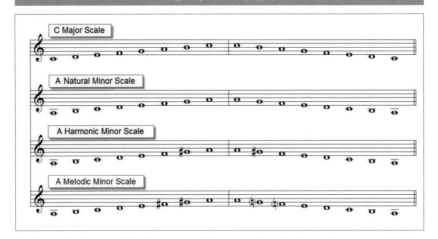

하모닉에서의 선형 차트와 비선형 차트

•

일반적으로 차트는 크게 선형 차트(Linear Scale)와 비선형 차트(Logarithmic Scale)로 나눌 수 있다. 여기에서 말하는 차트는 금융뿐만 아니라 수학, 에너지 물리학 등 다양하게 사용되는 것이다.

첫 번째 선형 차트는 우리가 일반적으로 사용하는 차트다. 금융 시장에서의 선형 차트는 주가 수준에 상관 없이 차트 위에 각 포인트가 같은 거리를 차지한다. 즉 트레이딩할 때 가격의 매수 및 매도 목표에 도달하기 위해 얼마만큼 움직여야 하는지 시각화되어 있어 눈으로 보고 판단하는 데 도움이 된다. 이런 이유로 변동성이 크지 않은 자산을 분석할 때 유용하다.

두 번째는 로그 차트로 광범위한 수량을 분석할 때 자주 사용되는 대표적인 비선형 차트다. 금융 시장에서 로그 차트 위의 동일 거리는 동일 비율을 나타내며, 일반 차트보다 덜 심각하게 상승 또는 하락을 보이는 경향이 있다. 장기 추세를 파악해 장기 관점을 분석하는 데 유용하게 사용된다.

3가지 다른 함수가 그래프로 표시된 그림 5를 살펴보자. 그림의 각 구간은 동일한 증분으로 증가하는 대신, 로그 요소가 적용되면 배수로 증가한다. 로그 방정식이 의미하는 바는 수의 제곱을 표현하는 방식으로, y의 각 값에 대해 x값이 10배 증가하고 그 반대도 마찬가지라는 것이다. 로그를 사용하면 척도를 압축하고 데이터를 이해하기 쉽게 그래프를 만들 때 유용할 수 있다.[*]

즉 지금까지 일반적으로 대부분의 기술 분석 플랫폼 또는 금융 사이트에서 가장 널리 통용되고 있는 기법은 축의 칸을 균등하게 나누고 각 칸이 같은 양

---

[*]   Encyclopedia, Logarithmic scale

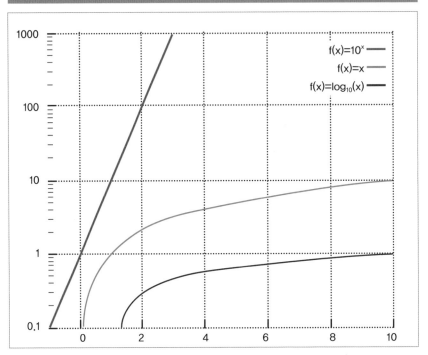

자료: energyeducation.ca/encyclopedia/Logarithmic_scale

을 표시하는 일반적인 선형 차트다. 그런데 로그 차트를 사용하면 가격의 축위의 지점에서 차트상에 보이는 균등한 거리는 동일 수치의 변동이 아니라 동일한 백분율 '비율'의 변동을 가리킨다. 따라서 선형 차트에서 동일한 가격을 나타내는 하나의 칸이 로그 차트에서는 위로 갈수록 좁아진다. 선형 눈금의 가격 차이는 항상 동일한 간격으로 표시되지만 가격 차이는 로그 척도에서 동일하게 표시되지 않는 것이다.

요약하면, 선형 차트에서는 '가격 차이'가 같으면 가격 막대의 길이가 동일

그림 6 | 선형 차트(위)와 로그 차트(아래)

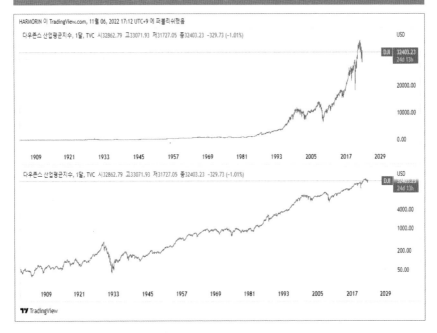

하지만, 로그 차트에서는 '가격 변동률'이 같으면 길이가 동일하게 표시된다. 로그 차트에서 피보나치 비율 분석 도구를 사용한다면 반드시 피보나치 툴의 설정을 열어 로그 스케일에 따른 피보나치 레벨 설정에 체크를 했는지 확인해야 한다.

우리가 알아야 할 가장 중요한 것은 여러 방법으로 가격 움직임을 분석할 수 있는 도구가 있다는 것이다. 로그 차트를 일반 선형 가격 차트와 비교하면 새로운 통찰력을 얻을 것으로 생각한다.

하모닉 패턴은 일반적으로 선형 차트에 그린다. 로그 차트는 보편적으로 큰 시간 단위의 장기 추세를 보는 분석에 사용되는데, 장기 로그 차트로 한 패턴

그림 7

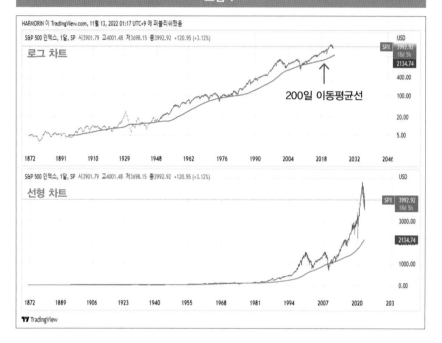

이 수십 년 동안 형성하는 과정에 있을 수도 있지만, 수십 년 동안 한 하모닉 패턴을 형성한다는 것은 반전이 일어나기까지도 수십 년이 걸릴 수도 있으며, 그 폭도 수십 년 동안 형성되었기 때문에 크다고 할 수 있다. 그러나 이 이론은 더 짧은 시간 내에서도 충분히 활용할 수 있을뿐더러, 큰 추세 내에서 단기적으로 살펴보고 마지막의 주요한 변곡점을 잡는 용도로 사용될 수 있다. 그러나 로그 차트에 적용해도 되는지에 대한 의견은 분석가마다 상이할 수 있다.

미국 시장의 대표적인 지수 S&P를 통해 살펴보자.

그림 7에서 위쪽 로그 차트를 보면 몇백 년 전의 차트도 굴곡이 있게 표현이 되나, 아래쪽의 단순히 가격만을 놓고 표현된 선형 차트에서는 그냥 납작

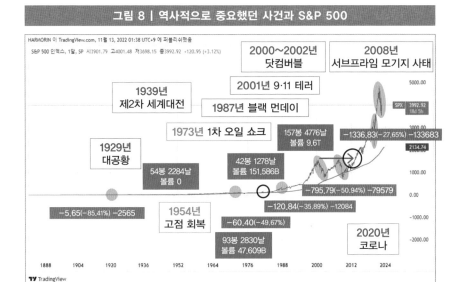

그림 8 | 역사적으로 중요했던 사건과 S&P 500

HARMORIN 이 TradingView.com, 11월 13, 2022 01:38 UTC+9 에 퍼블리쉬했음
S&P 500 인덱스, 1일, SP 시3901.79 고4001.48 저3698.15 종3992.92 +120.95 (+3.12%)

2000~2002년
닷컴버블

2008년
서브프라임 모기지 사태

1939년
제2차 세계대전

2001년 9·11 테러

1987년 블랙 먼데이

1973년 1차 오일 쇼크

157봉 4776날
볼륨 9.6T

−1336.83(−27.65%) −133683

SPX 3992.92 18d 5h

1929년
대공황

42봉 1278날
볼륨 151,586B

54봉 2284날
볼륨 0

2134.74

−795.79(−50.94%) −79579

−5.65(−85.41%) −2565

1954년
고점 회복

−120.84(−35.89%) −12084

−60.40(−49.67%)

93봉 2830날
볼륨 47,609B

2020년
코로나

5000.00

1000.00

0.00

−1000.00

−2000.00

1888 1904 1920 1936 1952 1964 1976 1988 2000 2012 2024

TradingView

하게 보일 뿐이다. 이렇게 큰 장기 로그 차트에서 하모닉 패턴이 수십 년 동안 형성된 것을 찾기도 힘들뿐더러, 만약 완성되었다 해도 다시 거기서 반응과 반전이 일어나기까지 기다리는 것은 매우 힘들 것이다.

또한 단기 추세를 판별하는 데는 일반적으로 로그 차트를 사용하지 않는다. 대표적인 로그 차트 사용 이유는 장기간이라는 시간에 맞는 비율을 고려한 추세를 보기 위함이다. 그러므로 이런 경우에는 오히려 장기 차트를 조금 더 자세히 들어가서 더 작은 시간 단위로 살펴본다면 우리는 역사적으로 중요한 시기의 변곡점을 잡아내는 데 선형 차트로서 하모닉 패턴이 중요한 변곡점을 잡아내고 있음을 알 수 있다. 미국 시장에서 역사적으로 중요했던 시기와 함께 S&P 500 차트를 살펴보자(그림 8).

① 1929~1930년 대공황: 하락률 -85%

첫 번째로는 미국 역사상 가장 최악의 경제위기 시기였던 대공황(The Great Depression)이다. 이 시기는 1929년 미국을 중심으로 발생한 세계적인 경제 공황을 통칭하는 것이며, 경기 침체로 금융 시장의 혼란 및 대규모 실직 사태가 일어나며 역대 최악의 경기 침체 사전으로 평가받는다. 이후 주가가 다시 회복하는 데 약 25년이 걸렸다. 특히 이 시기에 주가 회복이 더뎠던 이유는 바로 1939년 9월 1일부터 1945년 9월 2일까지 제2차 세계 대전이라는 극도의 불안감과 두려움이라는 공포 때문이었다.

기본 선형 차트이며, 그림 9는 그림 8의 1달이라는 시간 프레임에서 1주 간격으로 좀 더 자세히 확대했다. 이렇게 펼쳐 놓고 보면 하모닉적인 요소로 변곡점을 분석할 수 있다.

이 구간은 이제 가틀리의 기원이라고 할 수 있는 패턴이 보인다. 신저점을 경신하지 않고 시장이 지지를 받았으며, 바닥을 확인한 매수자들은 눌림목 구간에서 다시 서서히 투자 심리를 회복했다고 해석할 수 있다(그림 10).

② 1973년 제1차 오일 쇼크: 하락률 -49%

두 번째는 제1차 오일 쇼크(Oil Shock)다. 이 사건 역시 전쟁의 영향이 크다. 1973년 시리아의 이스라엘 침공으로 시작된 제4차 중동 전쟁은 이스라엘과 이집트, 시리아 등 아랍연합군의 전쟁이었다. 원유를 생산하던 아랍은 석유를 정치적인 수단으로 이용하며 가격이 약 4배 정도 상승했다.

그 결과 오일 쇼크는 제2차 세계대전 이후 1960년대까지 계속된 장기 상승 추세를 종료시키고, 경기 침체로 인해 생산과 소비가 줄어드는 상태를 의미하는 스태그네이션(Stagnation)과 물가 상승을 의미하는 인플레이션(Inflation)이

그림 9

HARMORIN 이 TradingView.com, 11월 13, 2022 03:26 UTC+9 에 퍼블리쉬한용
S&P 500 인덱스, 1주, SP 시3780.71 고4001.48 저3744.22 종3992.92 +222.36 (+5.90%)

1954년
고점 회복

1939년
제2차 세계대전

54봉 2282날
볼륨 0

1929년
대공황

−25.65(−85.41%) −2565

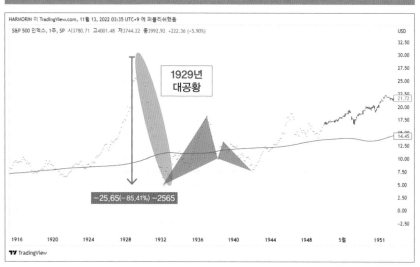

그림 10

HARMORIN 이 TradingView.com, 11월 13, 2022 03:35 UTC+9 에 퍼블리쉬한용
S&P 500 인덱스, 1주, SP 시3780.71 고4001.48 저3744.22 종3992.92 +222.36 (+5.90%)

1929년
대공황

−25.65(−85.41%) −2565

그림 11

그림 12

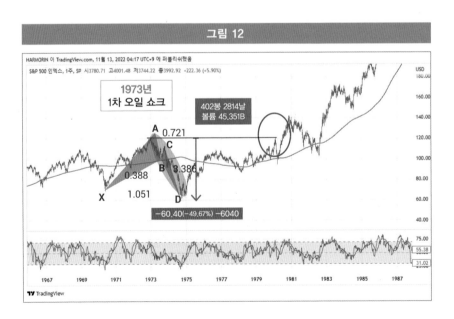

동시에 진행되는 스태그플레이션(Stagflation)의 시대를 초래한 대표적인 사례가 되었다. 이 사건으로 석유 의존도가 높은 국가에서는 한정된 자원이 불러 일으킬 수 있는 문제에 대해 강하게 깨닫게 되는 계기가 되었다.

또 1979년 석유 수출국인 이란에 혁명이 일어나 하루 만에 석유 수출량이 반 토막 나며 다시 한번 석유 공급 불안감에 따른 가격 폭등을 일으켰다. 그 결과 1980년대 초 석유는 사상 최고의 가격에 이르렀고, 이를 제2차 오일쇼크라 한다. 이때 당시 차트를 보면 사건 전의 고점을 다시 회복하는 데 7년 정도 걸렸다.

그림 12 바닥에서의 선형 차트의 하모닉 패턴을 살펴보자. 스톱 헌팅의 의미를 지니는 알트 뱃 패턴을 형성하며 저점을 확인시켜주었고, 이후 상승세를 유지하며 지속적인 추세를 유지했다.

RSI를 살펴보면 다이버전스 또한 형성되었다.

③ 1987년 블랙 먼데이: 하락률 −35%

블랙 먼데이(Black Monday)의 의미는 역사적으로 특별하다. 이 사건은 '하루'만에 지수가 22%가 빠진 미국 증시 사상 최대 규모의 폭락이다. 이로 인해 만약 월요일에 시장이 대폭락한다면 흔히 '블랙 먼데이'라 지칭하는 용어가 되었다.

컴퓨터 트레이딩 시스템 도입이 막 되던 시기인 1987년 10월 19일, 너무나도 빠른 트레이딩 봇의 결과물로 악재 뉴스에 대한 대량 매도세가 한꺼번에 들어오면서 시장이 대폭락했다. 이 여파로 여러 세계 시장의 주요 지수들이 영향을 받아 연쇄적으로 20~30% 하락했다.

당시 이전 고점의 주가 회복에는 2년이 걸렸지만 곧 재하락했고, 실질적으

그림 13

HARMORIN 이 TradingView.com, 11월 13, 2022 04:46 UTC+9 에 퍼블리쉬했음

S&P 500 인덱스, 1주, SP 시3780.71 고4001.48 저3744.22 종3992.92 +222.36 (+5.90%)

1987년
블랙 먼데이

−64.57(−22.80%) −6457

그림 14

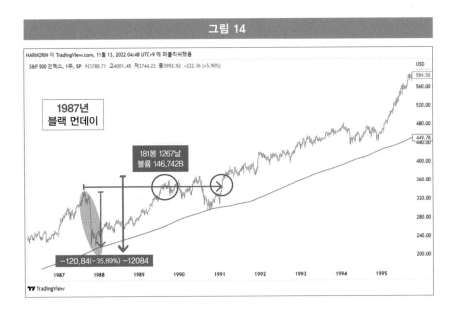

HARMORIN 이 TradingView.com, 11월 13, 2022 04:48 UTC+9 에 퍼블리쉬했음

S&P 500 인덱스, 1주, SP 시3780.71 고4001.48 저3744.22 종3992.92 +222.36 (+5.90%)

1987년
블랙 먼데이

181봉 1267날
볼륨 146.742B

−120.84(−35.89%) −12084

로 수익 구간에 접어든 건 약 4년 후였다.

이 사건으로 '서킷 브레이커(Circuit Breaker)'라는 제도가 생기게 된다. 미국 증권 거래 위원회(SEC)는 충격을 완화하기 위해 조치했으며, 일정 수준 가격 변동이 생기면 잠시 시장이 멈추며 휴식 시간을 갖는 것을 뜻한다. 예를 들면 S&P 500의 경우에는 하루 거래 중 7% 이상 하락할 경우 레벨 1 서킷 브레이커가 발동되며, 15분간 거래가 중지되었다가 재개된다. S&P 500과 같은 세계 주요 지수의 경우에는 가격이 하락할 때만 발동되며, 개별 종목은 가격이 상승할 때도 발동될 수 있다. 현재 미국뿐 아니라 세계 여러 금융 시장에서 적용되고 있다.

④ 2000년 닷컴버블 붕괴~2008년 서브프라임 모기지 사태: 하락률 −50%

이 구간은 묶어서 설명하겠다. 하나의 샤크 패턴으로 설명되기 때문이다.

닷컴버블(Dot-com Bubble)은 인터넷 관련 분야의 주식 시장이 몇 년에 걸쳐 급속하게 상승한 거품 경제 현상이다. 이후 시장이 붕괴하며, 나스닥 종합 주가지수는 2000년 3월부터 2002년 10월까지 고점 대비 약 78% 하락했다. 나스닥 역사상 최악의 하락 폭이다.

이 시기는 2001년 9.11테러까지 겹치며 힘든 시기였다. 7년 후 고점을 회복하지만 서브프라임 모기지(Subprime Mortgage)라 부르는 저소득층을 대상으로 하는 주택 담보 대출이 부동산 거품이 꺼지며 대출금을 회수하지 못하게 되었으며, 이는 서브프라임 모기지 사태(Subprime Mortgage Crisis)라 부른다. 세계 금융에 위기를 불러왔고, 당시 이 사건으로 인해 미국의 투자은행 '리먼 브러더스(Lehman Brothers)'가 2008년 660조 원이라는 엄청난 부채로 파산

그림 15

하게 되었다.

이 시기의 차트를 살펴보자(그림 15). 2000년 닷컴버블의 붕괴로 고점에서 하락하기 시작한다. 2001년 9.11테러라는 힘든 시간이 겹친다. 이후 저점을 두 번에 걸쳐 재확인했고 서서히 회복했지만, 2008년 서브프라임 모기지 사태가 발생하며 다시 하락한다. 이 시기에 차트를 살펴보면 주봉상 샤크 패턴이 완성되었고, 이후 재하락했다.

2000년 붕괴 사건의 실질적인 고점 회복은 약 13년 뒤인 2013년이라고 할 수 있다.

큰 장기 추세 속에 본다면 작은 패턴일 수 있으나, 선형 차트에서 발견되는 하모닉 패턴들은 과거 역사의 중요한 지점에서 변곡점을 알아낼 수 있었으며, 이 반전 지점들은 큰 장기 추세를 결정 짓는 중요한 단서가 될 수 있었다.

하모닉스

•

하모닉 패턴은 하모닉 접근법을 토대로 정의된 기술적인 규칙을 이용해, 포지션의 진입부터 실행, 포지션을 닫을 때까지의 전반에 걸친 총괄적인 전략론으로 발전되어 하모닉스라 불리고 있다. 하모닉 패턴은 궁극적인 단순히 매수, 매도 신호를 나타내는 것이 아니다. 하모닉 패턴은 언제나 잠재적인 미래 가격 향방의 이정표이며, 우리는 패턴의 성공 또는 실패와 상관없이 최종적으로 우리의 거래를 수익으로 마무리 지을 수 있다.

언제나 '잠재적인'이라는 말은 성공도 할 수 있지만 실패도 할 수 있음을 의미한다. 시장을 더 넓게 해석하고 바라보는 과정이 필요하고, 하모닉 패턴에 관한 포괄적인 해석을 통해 중립적으로 시장의 신호를 인식하고, 주요 추세의 흐름을 읽어야 한다. 시장 전반에 걸쳐 큰 그림을 이해하는 복합적인 사고가 필요하다.

하모닉 이론은 처음 패턴의 전신이 된 가틀리가 제시한 그 예시가 이루고자 하는 목적과 본질을 잊어선 안 된다. 기원이 된 바로 그 패턴은 거래 시 위험(Risk)을 감소시키는 데 근원적인 목적이 담겨 있다. 손실을 줄이는 것이 곧 수익일 수 있으며, 조금 덜 공격적이더라도 리스크를 줄이는 것이야말로 이 이론의 핵심일 수 있다. 리스크라는 것은 포지션을 정리할 때 결정하는 것이 아니라 포지션에 진입할 때 내리는 결정이다.

하모닉 이론은 패턴의 피보나치 비율 측정 및 가격 패턴 식별 기술로 시작해, 연구는 많은 패턴의 분화로 이어졌고, 5개의 점으로 이루어진 가격 구조로 정의되는 새로운 정확성을 가진 이론으로 발전했다.

이후 패턴에서 이론으로 발전함에 따라 패턴 식별 기술은 단지 출발점이라고 강조하고 싶다. 하모닉 기법은 정확하게 측정하고 분석하는 포괄적인 틀의 역할을 하고, 다른 후행성의 이론들과는 달리 잠재적인 상태에 관한 정보를 미리 제공할 수 있다. 또한 다른 기술 연구이론과 함께 추세 내에서 분석하거나 RSI를 이용한 뱀 이론 등의 전략을 추가해 잠재적 반전의 가능성이 있는 PRZ 지점에서 반전에 성공하거나 실패할 수 있지만, 지배적인 방향의 중요한 연속이 발생할 수 있는 중요한 지점에 대해 정확하게 제시해준다. 패턴 식별 기술과 피보나치 비율 활용의 조합은 하모닉 트레이딩의 가장 큰 자산이며 괄목할 만한 성장이라 할 수 있다. 또한 RSI 지표에 관한 연구는 하모닉 이론을 전체적으로 끌어 올려주는 역할을 했다.

하모닉 이론은 H. M. 가틀리를 비롯해 래리 페사벤토, 브라이스 길모어, 스콧 카니 등의 선구자가 수년간 연구한 끝에 금융 시장을 효과적으로 분석하는 방법론으로 발전했으며, 기술을 확장하는 새로운 전략들로 이어졌다.

기술적 이론들과 하모닉 이론

여러 가지 기술적 이론들에는 중요한 수준을 나타내는 구간이 유사한 경우가 많다. 엘리어트 파동이론 또한 하모닉 트레이딩과 마찬가지로 미래의 반전 구간을 예측하기 위해 사전 측정 기법을 사용하고 있다. 파동을 통해 시장 움직임을 해독할 수 있는 효과적인 수단을 제공한다.

"거래량이 먼저이냐, 가격 변화가 먼저이냐. – 닭이 먼저냐? 알이 먼저냐?"*

이러한 논쟁은 어느 쪽의 주장 하나 틀린 것이 없다. 근원을 찾다 보면 돌고 돌아 결국은 의미 있는 결론을 영원히 내지 못한 채 서로 다른 해석과 근거들만 무성해지게 된다.

가틀리의 책『주식 시장의 이익』에서 가장 인기 있는 부분 중 하나는 거래량에 관한 부분이라고 한다. 거래량 분석 또한 수요와 공급에 대한 이해가 바탕이 되어야 한다.

---

*   H. M. Gartley, Profits in the stock market, 1935

우리가 거래량을 공부하는 이유는 수요와 공급의 측정을 믿기 때문이다. 경제학의 주요 원칙으로 많은 양이 제공되었으면 너무 많기 때문에 가격은 하락하고, 반대로 만약 사람들에게 많은 양이 필요하다면 가격은 상승한다고 가정하는 것에서 규칙이 출발한다. 금융 시장에서의 가격 변동은 주식의 매수와 매도로 이루어진 거래 결과다. 즉 모든 차트는 수요와 공급의 결과물이다.

> 금융 시장에서는 인간의 집단적 편견이 결정을 내린다. 이 결정은 거래소에서 가격의 형태로 나타난다. 가격은 다른 참여자들에게 영향을 미치고 그들은 일반적인 시장 추세에 따라 결정을 내린다. 따라서 가격은 주식 시장에서 많은 사건의 미래 결과를 형성하는 데 중요한 역할을 한다.
>
> – J. C. 코폴라(J.C.Coppola)[*]

그러나 이러한 이론에도 언제나 예외는 존재한다. 이러한 주제를 더 깊이 연구하면 연구할수록 구체적인 결론은 불가능하다는 것을 깨닫게 된다.

거래할 때는 언제나 추세를 살펴야 한다. 거래량이 증가하면서 추세가 상승 흐름을 탄다면 일반적으로는 기업 형태의 성장을 반영한다. 그러나 추세라는 것은 항상 장기적인 추세뿐 아니라 중기 추세, 단기 추세까지 같이 살펴보아야 한다. 활동 추이를 전체적으로 조사해야 하고 포지션 진입 시에는 초단기 추세까지도 살펴보고 거래하는 것을 추천한다.

이동평균선도 매우 보편적인 판단 기준이 되는 지표다. 이동평균선에서는 장기 이동평균이 가지고 있는 의미는 추세의 흐름에 있어 중요하다 할 수 있

---

[*]   Buff Dormeier, Investing with volume analysis, 2011

으며, 이동평균으로 이루어진 리본 지표도 대중적이다. 이동평균선의 중요 포인트는 이동평균선은 곡선으로 이루어져 직각의 움직임을 가질 수 없다는 것이다. 즉 추세를 크게 바꾸는 데는 시간이 필요하다. 이 곡선이라는 선이 가지고 있는 근원적인 의미를 깨달아야 한다.

다우 이론의 기원은 〈월스트리트 저널〉에 찰스 다우가 게재한 연재물에서 시작되었다. 오늘날 추세 추종 차트 분석은 대중적인 방식이며, 주요 추세를 인식하는 데 중요 요소를 두고 있다. 추세 추종과 추세 반전을 정확하게 파악하는 것에 투자의 성패가 달려 있다.

갠(GANN) 이론은 하모닉 패턴에도 지대한 영향을 끼친 이론이다. 창시자인 윌리엄 갠은 미래의 저항과 지지 영역으로 역사적인 저점과 고점을 매우 중요하게 생각했다. 이 이론은 '시간과 가격'을 수학적·기하학적으로 조합해, 이 요소들을 정사각형을 이용해 기하학적 각도라는 분석 틀에 의해 분석했다. 갠이 생각한 중요한 2가지 구성 요소는 바로 시간과 가격이며, 시간을 가격의 움직임과 연동시켜 생각했다. 특히 그중에서도 갠은 비율과 시간을 중요시했다. 시간이 주가 변동 추세선의 길이를 결정하고, 시간이 가격 반전 예상 시점을 결정하는 중요한 요소라고 믿었기 때문이다.

엘리어트 파동(Elliott Wave)이론 또한 이러한 기술적 분석학을 계승했다 할 수 있다. 엘리어트 파동이론은 크게 1-2-3-4-5의 동인파동과 a-b-c의 조정 파동으로 구성되어 있다. 파동을 분석하는 방법에는 크게 2가지가 있다. 첫 번째는 패턴으로 분석하는 방법이며, 두 번째는 소파동을 카운팅하며 분석하는 방법이 일반적이다. 파동이론에서 흔히 나오는 패턴은 대각삼각형, 쐐기형, 깃발 패턴 등이 있다. 이 이론에서는 무엇보다 피보나치 비율의 조합에 따른 해석이 관건이라 할 수 있다.

이러한 이론들은 하모닉 이론의 정립에 지대한 영향을 끼쳤다. 많은 학자는 하모닉 이론을 정립해 나가는 과정에 다른 기술적 학문을 익혔으며, 그러한 영향으로 동시대의 다른 이론들과 하모닉 이론은 비슷한 면이 대단히 많다. 하모닉 이론 또한 지지와 저항을 판별하는 피보나치 비율 정렬은 필수적이며, 피보나치 비율을 중시하는 기조도 다른 이론들과 마찬가지로 중요시된다.

또한 추세를 살피는 기법과 RSI와 함께 사용하는 기법들은 하모닉 이론이 다른 이론들과 결합해 더 효과적인 결과물을 만들어 낼 수 있다는 것을 입증한다. 다른 이론들에 대한 이해는 하모닉 이론에 대한 이해에 도움이 될 수 있으며, 결국 모든 것은 자연의 조화로운 법칙 안에서 행해지는 반복성에 대한 연구라는 사실을 이해해야 한다.

하모닉 심리학

　많은 사람이 패턴의 성공률과 신뢰도를 궁금해하며 질문한다. 일반적으로 하모닉 패턴은 85~95%에 이르기까지 다양한 패턴 성공률 통계를 보인다. 다음의 연구 결과는 굉장히 높은 성공률을 보이는데(그림 16), 3천 개 이상의 패턴을 가지고 통계를 내었다고 한다.

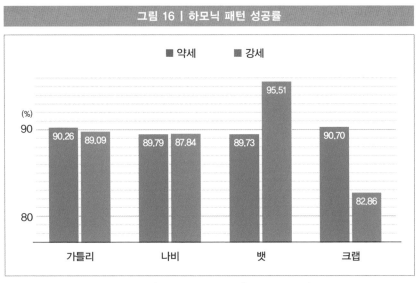

자료: www.geocities.ws/tradeharmonics/harmonic–pattern–success

가틀리는 『주식 시장의 이익』(1935)에서 가틀리 패턴의 기원을 설명하며, 10건 중 8건은 가치 있는 수익을 제공하는 랠리가 이어지며, 나머지 2건은 헤드앤숄더 패턴과 이중 바닥 패턴 둘 중 하나가 생길 확률이 높다고 했다. 이외에도 『보이는 것을 거래하라』의 저자인 래리 페사벤토 역시 지난 40년간의 연구에서 가틀리 패턴이 70% 이상의 높은 성공률을 가지고 있음을 입증했다.

그러나 패턴의 '성공'이라는 단어와 어느 만큼의 반전 가격 폭을 보여주었는가는 다른 질문이다. 그렇기 때문에 단순하게 '패턴 성공=큰 수익'이라는 사고는 접어두어야 한다.

하모닉 트레이딩은 패턴이 막연히 성공할 것이라는 믿음에 의존하기보다는 가격 흐름이 진행되면서 어떻게 트레이딩을 하느냐의 전략 구사와 거래 요령에 따라 성공과 실패가 완전히 달라진다. 그렇기 때문에 패턴 식별에 대한 훈련뿐 아니라 실행 이후 결과와 관리에 걸친 전반적인 연구를 통해 다양한 전략과 요령을 습득하길 바란다. 또한 트레이딩은 심리적 전술이며, 매수와 매도는 시장 참여자들의 수요와 공급에 따라 결정되는 것이다. 일반적으로 강세장이 약세장보다 훨씬 오래 지속된다. 이 말은 시장은 오르는 것보다 훨씬 더 빠르고 강렬하게 하락하는 경향이 있다고 해석할 수도 있다. 대부분 이런 심리는 탐욕보다 두려움이 더 강하다는 심리가 전제되어 있다.

투자와 트레이딩도 마찬가지다. 우리의 목적은 보통 단 한 가지로 귀결된다. '수익을 낼 것', 손해를 보지 않는 것, 즉 잃지 않는 것이 가장 중요하고 우리의 유일한 목적이다.

하모닉 패턴의 형성 과정에도 이러한 심리가 반영되어 있다. 가격의 움직임은 총 3가지 형태가 있다. 올라가거나, 내려가거나, 또는 횡보하며 옆으로 가거나, 이것이 전부다. 예를 들어 약세(Bearish) AB=CD 패턴은 다음처럼 진행된다.*

초기에 상승하며 사람들의 관심을 사로잡는다. 그러다 어느 순간에 뉴스가 나올 수 있어 가격의 상승세를 이끈다. 이때가 보통 AB선의 끝, 정점을 의미한다. 이후 가격은 하락을 시작한다. 이 시점에 꼭대기에 물린 사람은 막막하고 약간의 두려움이 들 수도 있는데, 이 심리가 전체적인 하락세를 이끌어 나갈 수 있다. 가격이 하락할수록 첫 번째 좋은 매수 타이밍을 놓쳤을지도 모른다는 생각을 한 새로운 매수자들이 들어온다. 그러면 가격이 다시 상승하고 매도세가 진정되면, 가격이 어느 순간 지지를 받게 된다. 재차 상승해 꼭대기에 물린 일부는 손익분기점이 가까워지면 포지션을 정리할 수 있고, 다시 정상 근처에서 이익을 얻는 것을 놓친 일부도 이익을 취하고 빠져나갈 수도 있다. 그러나 시간이 지남에 따라 C점이 확인되었다면, 가격이 더 상승함에 따라 너무 빨리 팔았다는 아쉬움에 구매자들이 재매수에 뛰어들 수 있다. 이 새로운 급증 매수세는 B점을 강하게 지나가며 D점을 향해 가고, 머지않아 목표에 도달해 패턴을 완성한다.

실전 예시를 살펴보자. 일론 머스크의 트위터 인수 건과 관련해, 시간의 흐름에 따라 차트의 AB=CD 패턴을 살펴보겠다. 우선 이해를 위해 AB=CD 패턴이 형성되기 이전을 시간의 흐름에 따라 관련 내용을 재구성했다.

2022년 4월 4일 일론 머스크의 트위터 주식 9.2% 보유 사실 공개, 트위터 최대 주주 등극

---

*   Larry Pesavento, Trade what you see, 2007

2022년 4월 5일 이사회 합류 발표

2022년 4월 11일 트위터 이사 합류를 거부하며 트위터 인수설이 제기

2022년 4월 14일 일론 머스크, 트위터 측에 인수 합병 제안

2022년 4월 25일 트위터, 제안을 받아들임

2022년 5월 5일 일론 머스크, 인수 자금 확보

2022년 5월 13일 인수 제안 보류 발표

2022년 6월 6일 인수에서 손을 떼겠다고 발표

2022년 7월 8일 일론 머스크의 트위터 인수 철회 언론 보도

AB=CD 패턴 형성 과정에 담긴 심리상태를 시간 구성에 따라 살펴보자.

그림 17

① A점 형성: 2022년 7월 12일 트위터 측, 머스크에게 소송 제기

뉴스로 관심을 끌고 주가 상승세가 시작된다. 사람들의 관심을 사로잡는 뉴스가 나온다.

② B점 형성: 2022년 8월 13일 트위터 주주들, 머스크에게 매각 방안 승인 소식

가격 상승세를 이끌며 어느 순간 호재 뉴스가 나오는데, 이때가 보통 한 파동의 끝, 정점을 의미한다. 이후 가격은 하락을 시작하며, 꼭대기에 물린 사람은 막막하고 약간의 두려움이 들 수 있다.

이때 악재 뉴스(2022년 8월 23일 내부 고발자, 트위터가 진짜로 그동안 가짜 계정을 축소 보고했다며 폭로)까지 나온다면 두려움이라는 심리가 전체적인 하락세를 이끌어 나갈 수 있다.

③ C점 형성: 2022년 9월 14일 트위터 주주총회

가격이 하락할수록 좋았던 첫 번째 매수 타이밍을 놓쳤을지도 모른다는 생각을 하는 새로운 매수자들이 들어온다. 트위터의 주주총회를 앞두고 가격이 살짝 반등한 이후 매도세가 진정되었다. 가격이 어느 순간 지지를 받게 된다.

시간이 흐름에 따라 C점의 지지가 확인되었다면 지나치게 빨리 팔았다는 아쉬움에 구매자들이 재매수에 뛰어들 수도 있다. 뉴스(2022년 10월 4일 일론 머스크, 기존 제시 가격으로 트위터 인수 다시 제안)가 터지며 밀어 올린다. 이 새로운 급증 매수세는 B점을 강하게 지나가며 D점의 도달을 향해 가는 추진력을 지닌다.

④ D점 완성: 2022년 10월 28일 일론 머스트 인수 완료

새로운 급증 매수 거래량이 붙으며 강하게 올려 마침내 목표 지점에 도달한다.

그림 17의 차트를 살펴보면 AB=CD 패턴을 완료하는 동안 뉴스와 맞물려

사람들의 심리가 패턴 안에 고스란히 반영되어 목표 지점까지 완성하는 것을 알 수 있다. 사람들의 탐욕과 두려움 그 모든 것이 맞물려 패턴을 구성하는 것이다. 그렇기 때문에 심리에 관한 연구와 이해는 하모닉 이론을 연구함에서 필수적이다.

가틀리는 저서에서 가틀리 패턴의 기원이 된 그림을 설명하며 "최고의 트레이딩의 기회 중 하나(One of the Best Trading Opportunities)"라 했는데, 이러한 작업을 수행하기 위해 제시한 4가지 심리 지침은 다음과 같다.

① 상당한 비율의 감소가 발생할 때까지 기다릴 인내심을 가질 것
② 정해진 모든 조건이 존재하는지 관찰할 것
③ 바닥을 시험하는 사소한 반응이 끝날 조짐을 보이면 바로 살 수 있는 용기를 가질 것
④ 최대한 이익을 얻고 최소한 손실을 보호하려고 하는 결단력을 가질 것

따라서 일반적으로 많은 기술적 분석학의 학자들이 중요하게 생각하는 바는 몇 가지로 귀결된다.

• 인내심을 가질 것
• 손익비와 확률을 생각해 자금을 관리할 것
• 감정을 줄이고 냉정하게 바라보고, 훈련을 통해 기계적으로 대응할 것
• 최대한 리스크를 낮추는 전략을 구사할 것

---

*   H. M. Gartley, Profits in the stock market, 1935, p. 221

- 위험에 처했을 때는, 즉각 통제해야 다음을 기약할 수 있음을 인지할 것

포지션을 잡는다는 것은 손실을 허락했음을 의미하기도 한다. 어떠한 경우에도 세상의 이치를 언제나 완벽하게 이해할 수는 없다. 하모닉 이론 또한 자연이 주는 유한한 기회 내에서 제공되는 것이다. 설령 이론이 완벽하다 해도 사람인 우리는 본질적으로 조각을 100% 맞출 수는 없다. 신이 되려 하지 마라. 또한 패턴은 완벽하게 100%의 성공률을 가지고 있지 않다. 그것을 인지하는 것이 이 이론을 이해하는 핵심이다. 판단은 언제나 실패할 수 있고 그 트레이딩에 대한 책임을 인정하자.

"침체되어 있는 시장에서 절대로 공매도를 하지 마라."

큰 그림을 보면 긴 상승장 추세 중인데 잠시 침체해 있다고 해서 함부로 공매도를 하지 말라는 뜻이다. 이는 월가의 유명한 문구로, 이를 절대적으로 지킨다면 여러 기회를 날릴지도 모르지만, 이 원리는 주요 추세의 방향에 따라 달라진다. 따라서 우리는 이 원리를 융통성 있게 받아들여 주요 상승 추세 안에서 침체된 시장을 절대 과소평가하지 말아야 한다는 교훈을 얻을 수 있다. 만약 우리가 이 원리를 받아들여 반대로 말한다면 다음처럼 될 것이다.

"침체되어 있는 약세장에서 절대 매수하지 마라."[**]

[**] H. M. Gartley, Profits in the stock market, 1935, p. 221

하모닉 이론을 정리하며

1930년대에 가틀리 패턴이 제시된 뒤, 많은 하모닉 선구자가 이 패턴을 하나의 일관성 있는 이론으로 발전시키기 위해 노력했다. 정확성을 높이기 위해 노력한 결과 지금의 하모닉 이론으로 발전하게 되었다. 다만 모든 패턴과 상황은 다를 수 있고, 기술적 분석이라는 것은, 자연이 주는 유한성 내에서 예측 가능한 범위를 생각해 보는 것이며, 본질적으로 완전하지 않다는 사실을 이해해야 한다. 기술적 분석이라는 학문에 대해서는 이 사실을 인지하고 깨닫는 것으로부터 출발한다 해도 전혀 과언이 아니다.

이 이론 공부에 도전하는 사람들이 처음에 가장 오해를 많이 하는 것은, 패턴이 완성되면 홈런을 치듯 바로 엄청난 수익을 가져다줄 것이라는 생각이다. 이러한 사고는 이론의 본질을 오해하게 만들고, 그 기대감에 가려 패턴이 완성된 이후의 식별보다 더 중요한 부분인 실행과 관리 영역을 놓칠 수 있게 한다. 이러한 오해는 잘못된 실망으로 이어질 수 있다고 생각한다.

세상 그 어떠한 흐름도 단편 일률적이지 않으며 단순하지 않다. 이 이론에 대한 올바른 이해는 자연의 법칙에 순응해 어떠한 상황에서 우리가 취해야 할 것을 확률적으로 생각하는 것이다. 시장을 보는 직관적인 느낌을 개발하는 것은 예술과 과학, 수학 등이 다양하게 어우러지는 영역이라 했다. 시장을 판단하는 감각은 우리가 흔히 말하는 동물적 감각, 예술적인 측면이 있다고 한다. 하모닉의 전반적인 전략과 계획된 기술들은 전체 시장의 흐름을 이해하는 데 도움이 됨에도 불구하고, 미래의 시장의 흐름을 100% 정확하게 다 예측할 수는 없다.

물론 동물적 감각이라 부르는 '감'은 훈련과 경험으로 형성된 뛰어난 안목과 탁월한 능력일 가능성도 있다. 그러나 고점과 저점을 정확히 예측하기란 쉽지 않다. 고점과 저점, 둘 중에 어느 것을 맞추기 더 쉽냐고 묻는다면 많은 사람은 저점이라고 말한다. 왜냐하면 저점이라는 것은 과거의 경험이 반복되면서 도출된 결과물이 있기 때문일 것이다. 그러나 고점은 그 누구도 본 적이 없는 미지의 영역이기에 고점 매도 또한 어려운 숙제임에는 분명하다.

차트의 흐름이라는 것은 수요와 공급이라는 요소가 사람의 심리상태와 맞물려 나타나는 것이다. 이것은 객관식 수학 문제 100% 확률의 정답을 맞히는 것과는 엄연히 다르다. 이것을 반드시 이해해야 한다. 동물적인 감각 또한 선천적인지, 후천적인 훈련에 의한 것인지는 확실치 않지만, 경험이 곧 최고의 감각일지도 모른다.

> 다양한 기본, 통합, 추세, 거짓 천장, 거짓 지지영역, 거짓 출발, 그리고 폭락을 인지하는 방법을 배워라. 이 모든 것들은 미래의 시장 액션에 중요한 관계를 가지며, 내부적인 변화를 일으킨다. 이러한 형태를 포착할 수 있다면, 당신은 주가 움직임을 예측하는 노하우를 습득할 수 있을 것이다.
>
> – 테드 워렌(Ted Warren)[*]

---

[*] Ted Warren, How to make the Stock Market Make Money for You, 1966

시장에 대한 감각을 키우는 것이 노력으로 많은 부분이 채워진다면, 훈련의 목적과 이유가 생기는 것이다. 인내심을 가지고 오랜 세월에 걸쳐 훈련과 노력, 습득을 해야 할 것이다.

하모닉 이론은 다른 패턴들처럼 기술적 가격 패턴을 표준화해 시작 단계를 구성한다. 하모닉 패턴의 5개 점은 지지와 저항의 영역으로 이루어져 있고, 하모닉 트레이딩의 핵심 원리 중 하나는 5개 점 구조의 여러 피보나치 계산의 수렴으로 가격 행동을 분석한 것이다. 그러므로 오래전의 패턴이라도 하모닉의 각 점은 지속적으로 지지와 저항의 영역이라는 것에 변함이 없다. 따라서 지지와 저항의 기본적인 개념에 대해서 반드시 이해하고 있어야 하며, 이미 지난 패턴도 그냥 지나갔다고 생각하지 말고 계속 염두에 두고 있어야 한다.

하모닉 패턴을 식별한 이후 이익을 극대화하고 손실을 최소화하기 위한 계획과 함께, PRZ 영역에서의 터미널 바를 존중해 모니터링을 통해 반전 성공과 실패를 구별해 사전에 대응할 준비가 되어 있어야 한다. 반전해야 할 자리에서 실패한다면, 과감히 정리할 수 있어야 한다. 그래야 다음 기회를 잡을 수 있으며, 관리 단계에 들어선다면 추세의 지속성을 찾아야 한다.

거래(Trading)의 성공은 눈을 떼지 않고 주시하는 데 있다. "강한 자가 시장에서 살아남는 것이 아니라, 시장에서 오래 살아남는 자가 강한 자이다."라는 말이 있듯이, 효과적인 투자에는 언제나 규칙과 인내심이 필요하다. 또한 거래는 언제든 실패할 수 있으니 그 가능성을 염두에 두고 조심해야 한다. 상황에 따라서는 손절할 수도 있어야 하고, 손실을 최소화하고 다음 거래로 넘어가는 것이 바로 핵심이다.

특히 현물 거래가 아닌 선물 거래의 경우는 마음을 다스리는 데 더욱 초점을 맞추어야 한다. 만약 한 번의 거래 또는 단기간에 얼마나 큰 수익을 이루어

냈는지, 수익률이나 평단가를 과시하는 자료가 있다면 볼 필요도, 들을 필요도 없다. 앙드레 코스톨라니는 "어느 정도 경험이 있는 주식투자자라면, 특정 시점의 다우존스 지수를 콕 찍어 예견하는 '자칭' 주식계의 스승을 절대 따르지 않을 것이다."라며 예측을 쫓는 부화뇌동 투자에 대해서 비판했다.*

　거래의 핵심은 '돈을 얼마나 덜 잃느냐'이다. 트레이더는 수백 번의 거래를 하게 된다. 수익을 낼 수도 있지만, 손해를 감수해야 할 경우도 생긴다. 수백 번의 거래를 하게 된다면, 누구나 틀리는 경우가 생길 수밖에 없다. 그 누구도 이 진실을 피해 갈 수 없다. 현물과 선물 거래의 큰 차이점은 시간의 차이라 할 수 있다. 선물은 그만큼 더 이른 시일 안에 생각의 결정을 요구한다. 어떤 거래의 형태이든 거래 시 이론에 따른 분석을 마치고 계획의 실행에 들어갔다면, 그다음에는 한 가지만 생각하라. 돈을 덜 잃어야 한다. 돈을 지키기 위해 필사적이어야 한다. 그것이 핵심이자 본질이다. 수익의 관건은 내가 얼마를 벌었느냐가 아니라, 내가 틀렸을 시점에 얼마만큼 잃느냐가 관건이라 할 수 있으며 잃지 않기 위해 필사적이어야 한다. 그것이 수익성 있는 거래의 핵심이자 본질이다.

　사람은 생각과 감정이 있는 동물이다. 그러므로 누구나 알고 있지만, 지키기 어려운 것이다. 또한 사람은 기계와 달리 고통을 느낀다. 이것은 본능적이므로 아무리 벗어나려 해도, 절대로 그 고통이 무감각해지지 않는다. 손절했을 때의 좌절과 고통이 얼마만큼의 값어치가 있을지에 대해 생각하고 임하길 바란다. 항상 한 번에 베팅하는 금액은 고통을 감당할 수 있는 만큼의 수준이어야 한다. 삶에서 어떠한 물질적 가치도 행복감을 완벽하게 만족시킬 수

---

*　앙드레 코스톨라니, 『돈, 뜨겁게 사랑하고 차갑게 다루어라』, 미래의창, 2005

는 없다. 본인에게 가장 행복을 주는 요소가 무엇인지, 무엇이 행복인지 생각하고 언제나 그 행복을 지키기 위한 트레이딩을 하고 행복이 고통으로 바뀌지 않을 만큼의 베팅을 해야 한다. 부자가 되고 싶은 이유는 행복해지기 위해서 이지만, 행복은 마음속에 있음을 기억하라.

하모닉이라는 용어는 기술적 분석학에서 사용되기 이전부터 과학, 수학, 그리고 예술 등에 걸쳐 사용되고 있으며 자연의 법칙과 순리에 따라 형성되며 연결되어 있다. 하모닉 트레이딩 방법론의 틀 안에서 일관되게 분석하는 것은 손해를 줄이기 위한 필수 요소다. 인내심을 가지고 끈기 있게 훈련하고 간절한 노력과 함께 시장에 머문다면 누구에게나 기회는 찾아올 수 있다.

금융 시장에서 자산을 늘리고 엄청난 수익과 성공을 거두기 위한 가장 중요한 필수 조건이란, 어쩌면 세상에서 제일 훌륭한 기술과 전략을 아는 것이 아닌 인내심이 아닐까 생각한다. 인내심이야말로 트레이더가 지녀야 할 최고의 자질이며, 기회가 왔을 때 잡을 수 있는 용기를 가져다줄 것이다. 그리고 확실한 것은 차트의 기술적 분석은 연구를 통해 어느 정도 시야를 넓히고 조급해지는 마음을 다스리는 훈련을 통해 최소한의 이성적인 판단을 기르고 성공적인 투자에 도움을 주는, 없어서는 안 될 최소한의 절대적인 기본 도구라는 것이다.

하모닉 패턴 작도 비율표

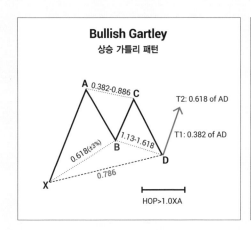

Bullish Gartley
상승 가틀리 패턴

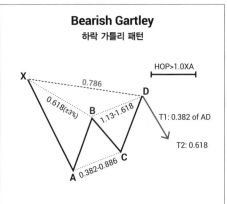

Bearish Gartley
하락 가틀리 패턴

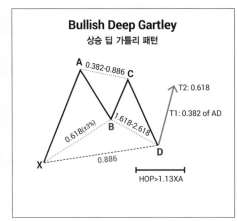

Bullish Deep Gartley
상승 딥 가틀리 패턴

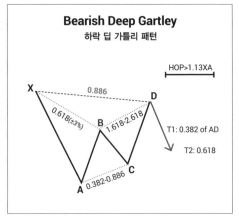

Bearish Deep Gartley
하락 딥 가틀리 패턴

Bullish Bat
상승 뱃 패턴

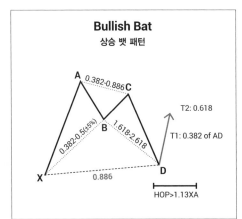

Bearish Bat
하락 뱃 패턴

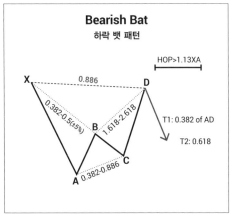

Bullish Alt Bat
상승 알트 뱃 패턴

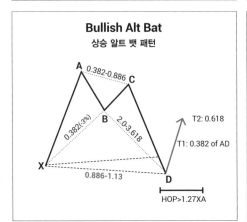

Bearish Alt Bat
하락 알트 뱃 패턴

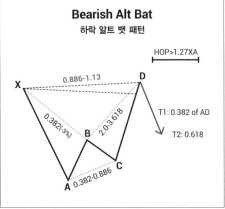

Bullish Crab
상승 크랩 패턴

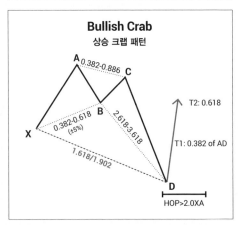

Bearish Crab
하락 크랩 패턴

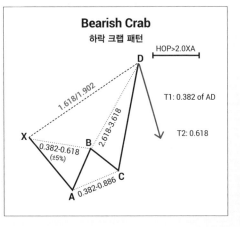

Bullish Deep Crab
상승 딥 크랩 패턴

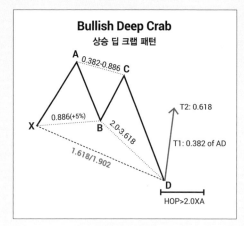

A
0.382-0.886 C
0.886(+5%)
X B
2.0-3.618
1.618/1.902
D
HOP>2.0XA
T2: 0.618
T1: 0.382 of AD

Bearish Deep Crab
하락 딥 크랩 패턴

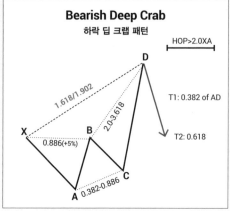

HOP>2.0XA
D
1.618/1.902
2.0-3.618
X B
0.886(+5%)
T1: 0.382 of AD
T2: 0.618
A
0.382-0.886 C

Bullish Butterfly
상승 나비 패턴

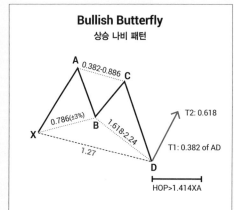

A
0.382-0.886 C
0.786(±3%)
X B
1.618-2.24
1.27
D
HOP>1.414XA
T2: 0.618
T1: 0.382 of AD

Bearish Butterfly
하락 나비 패턴

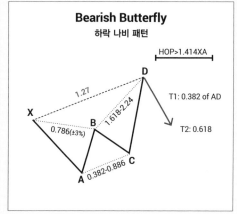

HOP>1.414XA
D
1.27
1.618-2.24
X B
0.786(±3%)
T1: 0.382 of AD
T2: 0.618
A
0.382-0.886 C

Bullish Shark
상승 샤크 패턴

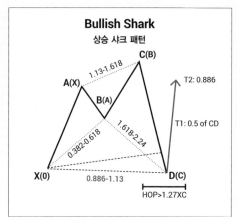

C(B)
1.13-1.618
A(X)
B(A)
0.382-0.618
1.618-2.24
T2: 0.886
T1: 0.5 of CD
X(0)
0.886-1.13 D(C)
HOP>1.27XC

Bearish Shark
하락 샤크 패턴

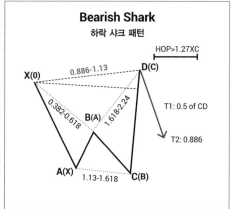

HOP>1.27XC
X(0)
0.886-1.13 D(C)
0.382-0.618
B(A)
1.618-2.24
T1: 0.5 of CD
T2: 0.886
A(X)
1.13-1.618 C(B)

Bullish 5-0
상승 5-0 패턴

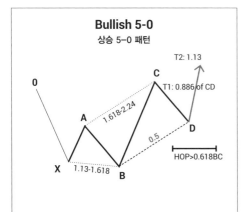

Bearish 5-0
하락 5-0 패턴

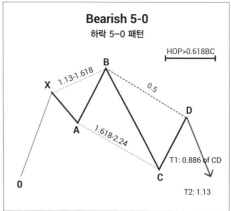

Bullish Cypher
상승 사이퍼 패턴

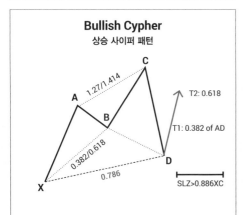

Bearish Cypher
하락 사이퍼 패턴

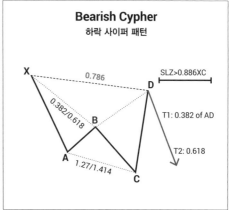

Three Drives
3 드라이브 패턴

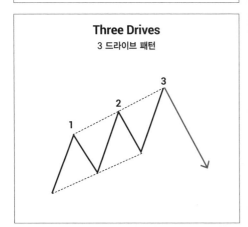

Harmonic
Head and Shoulders
하모닉 헤드앤숄더 패턴

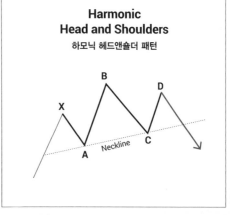

하모닉 이론

초판 1쇄 발행 2023년 5월 11일
초판 2쇄 발행 2023년 5월 19일

지은이 | 하모린
펴낸곳 | 원앤원북스
펴낸이 | 오운영
경영총괄 | 박종명
편집 | 최윤정 김형욱 이광민
디자인 | 윤지예 이영재
마케팅 | 문준영 이지은 박미애
등록번호 | 제2018-000146호(2018년 1월 23일)
주소 | 04091 서울시 마포구 토정로 222 한국출판콘텐츠센터 319호(신수동)
전화 | (02)719-7735   팩스 | (02)719-7736
이메일 | onobooks2018@naver.com   블로그 | blog.naver.com/onobooks2018
값 | 39,000원
ISBN 979-11-7043-405-4 03320